Fünf Männer für mich

Annette Meisl

Fünf Männer für mich

Ein SEXperiment

südwest°

ISBN 978-3-517-08759-7
© 2012 by Südwest Verlag, einem Unternehmen der Verlagsgruppe
Random House GmbH, 81673 München

Alle Rechte vorbehalten. Vollständige oder auszugsweise Reproduktion, gleich welcher Form (Fotokopie, Mikrofilm, elektronische Datenverarbeitung oder andere Verfahren), Vervielfältigung und Weitergabe von Vervielfältigungen nur mit schriftlicher Genehmigung des Verlags.

Textcoach: Gertrud Teusen, www.gertrud-teusen.de
Lektorat: Angela Stangl, www.lektorat-stangl.de
Umschlaggestaltung: Katja Muggli
Autorenfoto: © Udo Ernhuber – pido media creative consulting
Layout und Satz: Lore Wildpanner, München
Druck und Verarbeitung: GGP Media GmbH, Pößneck

Printed in Germany

Verlagsgruppe Random House FSC-DEU-0100
Das für dieses Buch verwendete FSC®-zertifizierte Papier
Munken Premium liefert Arctic Paper Munkedals AB, Schweden.

817 2635 4453 6271

Per a Lola

Inhalt

Vorwort 8

Prolog – Ich erkläre Anna mein Projekt 11

Die Stunde null 15

Das erste Mal 39

Der zweite Versuch 68

Der dritte Mann 112

Die vierte Chance 139

Der fünfte Tibeter 168

Der sexte Tag 211

Die sieben Plagen 236

Das achte Gebot 270

Mein neu(nt)es Leben 300

Zum Weiterlesen 303

Vorwort

"Fünf Männer für mich" – das ist ein provozierender Gedanke. Mal ganz ehrlich, finden Sie diese Idee nicht auch reizvoll, zumindest als Gedankenspiel? Fünf Männer für mich, das war mein Vorsatz in den letzten drei Jahren, meine persönliche Zielmarke, meine Idealvorstellung. In diesem Buch geht es nicht um eine alternative Lebensform mit einem männlichen Harem für die Frau. Vielmehr geht es um weibliche Selbstfindung, Sex und Liebe. Meine Geschichte ist weder abgehoben noch frei erfunden. Eigentlich ist meine Geschichte ganz normal – am Anfang jedenfalls gleicht sie einer Erfahrung, die viele Frauen mit mir teilen. Sie beginnt mit der Trennung von meinem Mann, nach 15 Jahren Ehe.

Ich habe meine persönliche Stunde null überlebt. Ich habe mich entschieden, nicht das arme Opfer zu sein. Und habe festgestellt: Wir sind keine Marionetten, wir werden nicht von unbekannten Mächten ferngesteuert. In Wirklichkeit haben wir unser Schicksal selbst in der Hand.

Ich behaupte, dass das Unterbewusstsein mit schlafwandlerischer Sicherheit genau diejenigen Menschen und Situationen auswählt, die wir brauchen, um unsere Lektionen zu lernen und einen Schritt weiterzukommen. Es ist wie in der Schule: Wenn wir nicht lernen, wird die Lektion wiederholt, immer wieder, so lange, bis wir endlich verstanden haben. Nachdem ich das begriffen hatte, zog ich mich an den eigenen Haaren aus dem Sumpf. Gleichzeitig lernte ich, andere um Hilfe zu bitten. Ich lernte, den Mund aufzumachen und zu sagen, was *ich* brauche. Das klingt einfach? Für mich war es neues Terrain. Das will erst mal gelernt sein!

Noch eine wichtige Erkenntnis: Schmerz lässt sich aushalten – ohne Medikamente, ohne Alkohol. Dabei ist der Seelenschmerz schlimmer als die Entzündung eines Weisheitszahns. Doch er scheint die Begleiterscheinung jeder Verwandlung zu sein.

Wunderbare Freundinnen, die erst wiederentdeckt werden wollten, halfen mir auf meinem Weg. Und ich fand auch neue Wegbegleiterinnen mit dem Herzen am rechten Fleck. Freundinnen sind der größte Schatz einer Frau, das wurde mir erst klar, als meine eigene Welt ins Wanken geriet. Jede Frau sollte wissen: Männer kommen und gehen, aber Freundinnen bleiben.

Aber ich lernte auch eine ganze Reihe außergewöhnlicher Männer kennen und lieben. Mit großem Wissensdurst erforschte ich die männliche Seele – und ihr körperliches Pendant. Ja, genau das.

Mein sexuelles Spektrum erweiterte sich um zahlreiche Varianten. Ich entdeckte, welch bunte Welt sich da so lange vor mir versteckt gehalten hatte, und stürzte mich mit Begeisterung hinein. Ich lernte die zwei wichtigsten Worte unseres Vokabulars zu unterscheiden und ihre Wirkung auszuprobieren. Ich rief viele lustige, verschwörerische und neckische JAs. Gleichzeitig erkannte ich, dass NEIN ein magisches Wort ist, dessen Verwendung unbekanntes Terrain eröffnet. Ein Nein erschreckt mich nicht mehr. Es ist der Ausdruck der Wertschätzung meiner selbst. Die Angst, durch ein Nein etwas zu verlieren, ist der Sicherheit gewichen, dass alles, was ich verliere, nicht wert ist, bei mir zu bleiben.

Meine innere Stimme hat sich gemeldet und ich habe gelernt, auf sie zu hören, sie ernst zu nehmen. Wie ein Navigationssystem leitet sie uns vom ersten Atemzug an auch durch gefährlichstes Fahrwasser. Doch wir werden dazu erzogen, sie zum Schweigen zu bringen. Meine innere Stimme war bis zum Tag null eingesperrt, in eine fest zugenagelte Kiste mit dicken Holzwänden. Bis die Stimme die Nase voll hatte und die Kiste zerschlug, um endlich an ihren Platz in meiner Mitte zurückzukehren. Ich habe mich bei ihr bedankt. Jetzt zeigt sie mir immer den richtigen Weg. Plötzlich ist alles ganz einfach. So ist die Einfachheit zu einem weiteren wichtigen Wegweiser in meinem Leben geworden.

Ich habe gelernt, wer der wichtigste Mensch in meinem Leben ist: Ich. Erst wenn ich mich selbst akzeptiere, meine Schwächen annehme, meine Vergangenheit positiv betrachte und mich als einzigartigen und liebenswürdigen Menschen sehe, kann ich Frieden schließen und die schönste Liebesbeziehung führen, die das Universum für uns Menschen bereithält: *Ich liebe mich.*

Und dann, erst dann, bin ich bereit für die Liebe zum anderen und kann wirklich lieben.

Ihre
Annette Meisl

PS: Alle Menschen, die in diesem Buch vorkommen, sind reale Personen. Um sie zu schützen, habe ich ihre Namen und wichtige Details zu ihrer Person unkenntlich gemacht, außerdem wurden einige Personen miteinander verschmolzen und so zu fiktiven Charakteren überarbeitet.

Prolog – Ich erkläre Anna mein Projekt

„Ich will keinen einzelnen Mann", sage ich und ignoriere Annas fragenden Blick.

Seit der Stunde null leide ich unter zu hohem Blutdruck. Vor ein paar Tagen blickte mich mein Arzt ernst über den Rand seiner metallenen Designerbrille an und sagte feierlich: „Ab morgen nimmst du Betablocker. Für den Rest deines Lebens." Ich werde sie nicht nehmen. Das fehlt noch: Dass ich wegen Herrn X – wie ich meinen Exmann am liebsten nur noch nenne – mein Leben lang Pillen schlucke. Also muss ich genau aufpassen, was ich denke und rede. Denn kaum verirrt er sich in meine Gedankenwelt, schnellen meine Werte nach oben.

Ich erzähle Anna also nicht, wie es zu unserer Trennung kam. Schlimm genug, dass sie eben ausrief: „Was? Ihr seid getrennt? Wir haben im Sommer doch noch Grillpartys in eurem Garten gefeiert ..."

Das war in einem anderen Leben. Das verwilderte Stück Grün war bei Sonnenschein Treffpunkt unseres Viertels: Künstler, Journalisten und Nachbarn saßen um den windschiefen Tisch, den ich irgendwann vom Sperrmüll aufgelesen hatte, tranken Rotwein und aßen Frikadellen und Bratwürste, die wir auf einem improvisierten Grill an der Backsteinmauer brutzelten. Bevor Herr X mitten in dieser idyllischen Farbfotografie auftauchen kann, schiebe ich diese Gedanken schnell wieder weg. Ich will ihn nicht mal mehr in meiner Erinnerung sehen, geschweige denn in natura.

Anna scheint meine innere Sprechweigerung zu spüren: „Gibt es einen neuen Mann in deinem Leben?"

Ich schlucke. Wie soll ich antworten, ohne mich in stundenlange Erklärungen zu verstricken? Wie soll ich meine nagelneue Lebensphilosophie kurz und knapp darlegen?

„Einen Mann? Nein. Also eigentlich doch, aber nicht einen." Ihrem irritierten Blick entgegne ich: „Ich will keinen einzelnen Mann."

Die Fragezeichen in ihren Augen wachsen. Anna ist das, was die Vertreter der Gattung *Homo sapiens maskulines* als „Granate" bezeichnen. Ihre Freundinnen beneiden sie um Harald, ihren sportlichen, zehn Jahre jüngeren Mann.

„Ich will nicht *einen* Mann, keine Beziehung, keine feste Beziehung. Ich habe ein Projekt!", platzt es aus mir heraus. Jetzt weiß sie es.

„Ein Projekt?", fragt sie erstaunt.

„Ich bin mir sicher, dass jede Frau fünf Liebhaber haben sollte. Das ist meine These, die ich jetzt im Selbstversuch teste. Ich möchte für mich ausprobieren, ob ich mit fünf Liebhabern parallel leben kann, und ich möchte herausfinden, ob das auch für andere Frauen umsetzbar ist."

„Fünf?", echot Anna entgeistert.

„Na ja, fünf ist nur ein Richtwert, der darf auch mal variieren. Übrigens: Alle fünf Lover sollten dauerhafte und gute Beziehungen sein. Keine reinen Sexgeschichten, sondern richtige Freundschaften, eben mit dem gewissen Extra."

Sie schweigt. Das muss sie erst verdauen.

„Meiner Meinung nach ist die Monogamie ein Irrtum. Sie wurde von Männern als Falle aufgestellt, um Frauen in einen goldenen Käfig zu sperren. Kaum sitzen wir da drinnen fest, werden wir nach Strich und Faden betrogen. Die eingesperrte Frau gibt dem Mann Sicherheit und Geborgenheit. Sie ist

Mutter und Geliebte, Schwester und Gefährtin in einem. Da das auf Dauer nicht zusammenpasst, ist sie irgendwann nur noch Mutter oder Gefährtin, und den heißen Sex sucht sich der Typ woanders."

Anna hängt an meinen Lippen. „Erzähl weiter …!"

„Er verrät ihr nichts von seinen wahren Gedanken, von seiner Gier nach fremder Haut. Er spielt den treuen Ehemann, damit sie an seiner Seite bleibt. Sie soll sich in einer monogamen Beziehung wähnen, brav sein Leben wärmen wie ein niedlicher Heizofen."

Anna nickt. Sie scheint so was schon mal erlebt zu haben.

„Aus dieser komfortablen Situation heraus macht sich der Mann erneut auf die Jagd. Er beginnt mit heimlichen Affären hinter ihrem Rücken. Die Ehefrau kann sich jetzt entweder blind stellen und irgendwann das böse Erwachen erleben oder alles mitkriegen und leiden, leiden, leiden."

Bums. Das sitzt. Ich beobachte die Wirkung auf meine Gesprächspartnerin mit Neugierde und ein wenig schlechtem Gewissen: Anna hat erst vor ein paar Jahren ihren Traumprinzen gefunden und genießt jetzt ein Familienleben wie aus dem Bilderbuch. Der Beweis ist ihr goldgelocktes Engelchen, das neben unserem Tisch im Kinderwagen schlummert.

Was zum Teufel gibt mir das Recht, ihr solche Worte entgegenzuschleudern? Ich kann fast dabei zuschauen, wie ihr Gehirn rattert: „Betrügt er mich? Betrügt er mich nicht?" Gemeinerweise füge ich hinzu: „Ein Großteil der Männer ist untreu, ich kann dir die genaue Prozentzahl nicht nennen, aber sie ist hoch. Mit meinen aktuellen Lovern spreche ich offen darüber, sie sagen die Wahrheit. Bei mir brauchen sie ja nicht zu lügen. Daher schätze ich, dass es mindestens 90 Prozent sind."

Sie kontert: „Nicht nur Männer betrügen. Ich kenne auch Frauen, die das machen. Neulich sagte eine Arbeitskollegin zu mir: ‚Wenn's in der Ehe mal nicht so prickelt, such ich halt außerhalb was Nettes. Mein Mann soll nichts davon wissen. Und trennen würde ich mich nie deswegen.'"

Das widerlegt meine These nicht, widerspricht ihr nicht mal. Ich stelle klar: „Männer wie Frauen sind vermutlich nicht monogam. Das hat nichts mit dem Geschlecht zu tun. Wir sind vom Wesen her sexuell neugierig, doch aufgrund gesellschaftlicher Regeln haben wir gelernt, unsere Natur ein Leben lang zu unterdrücken. Das macht uns unzufrieden und unausgeglichen. Daher stelle ich die herkömmliche Zweierbeziehung infrage, denn der Mensch ist in meinen Augen polygam."

Ich habe mich in Fahrt geredet: „Wir dürfen unsere Liebe nicht an einen einzigen Mann verschwenden. Die Gefahr, uns unsinnig zu verlieben, ist zu groß. Wir brauchen Netz und doppelten Boden, damit wir nicht eines Tages in den Abgrund stürzen. Und wir brauchen ein Spektrum: verschiedene Männer für verschiedene Bedürfnisse."

Nach kurzer Pause fragt Anna zaghaft: „Hast du die fünf Lover eigentlich schon zusammen?"

„Lass mich mal zählen." Ich bin mir nicht sicher, wer alles dazugehört, und sage: „Sagen wir mal viereinhalb und dann noch Cast und Warteliste."

„Und wer ist die halbe Nummer? Einer, den du gerade testest – oder was?"

Darauf antworte ich nicht, das ist eine neue Entwicklung, noch nicht spruchreif.

Der kleine Engel ist aus dem Mittagsschlaf erwacht und fängt an, laut zu schreien. Anna flüstert mir verschwörerisch zu: „Bitte erzähl mir mehr davon, beim nächsten Mal!"

Ich schaue sie staunend an. Kann es sein, dass ihr mein Projekt gefällt?

Die Stunde null

Seit Tagen schon geht sie mir aus dem Weg. Einen Rat wollte ich von ihr, aber sie hatte keine Zeit. Ich passe sie in unserem Stadtviertel vor einem Café ab: „Yasemin, was ist los? Ich muss mit dir reden, dringend!" Geistesabwesend sieht sie durch mich hindurch und sagt diesen einen Satz: „Vielleicht müssen wir unsere Freundschaft beenden!"

Ich verstehe nicht.

„Was …?"

Keine Antwort.

„Was ist denn in dich gefahren?"

Yasemin schiebt ihr Fahrrad weiter die Straße entlang. Ich folge ihr wie ein Hund seinem Herrchen. Ein Hund, der gerade einen Fußtritt bekommen hat. „Was habe ich dir denn getan?"

Wortlos klemmt sie ihre Aktentasche auf den Gepäckträger. Der Halter schnappt auf das glatte Leder.

„Bitte erklär mir doch …" Weiter komme ich nicht. Yasemin hat sich auf den Sattel geschwungen und ist auf und davon. Wie angewurzelt stehe ich da und blicke ihr nach.

20 Jahre kennen wir uns schon. Sie wohnt im gleichen Stadtviertel einige Häuser weiter und manchmal kocht sie abends für uns. Dafür habe ich selbst keine Zeit. – Ich habe eine Künstleragentur und arbeite täglich bis zu zwölf

Stunden. Yasemins aus diversen Kochbüchern herausgepickten Essenskreationen sind immer eine Nuance zu salzig oder angebrannt. Doch bevor ich mein Gesicht verziehen kann, sagt sie jedes Mal mit kindlichem Stolz: „Hey, wie lecker!" Dann nicke ich aufmunternd und schlucke den Bissen brav runter.

Jedes Detail aus ihrem Leben vertraut sie mir an. Ihre Eltern kamen in den Sechzigerjahren als türkische Gastarbeiter nach Deutschland. Sie, ihre zwei Schwestern und zwei Brüder wurden hier geboren. Ich kenne alle, weiß, wie es ihnen geht und was sie gerade tun. Ob Ümit gerade sein erstes Buch veröffentlicht oder Zafer beschlossen hat, sich scheiden zu lassen, ob Hadan ein Baby aus China adoptieren möchte oder Gülay auf der Suche nach einem neuen Mann ist, all diese Details einer eher untypischen türkischen Familie bekomme ich Tag für Tag berichtet.

Yasemin nennt mich zärtlich „Schwesterchen" und ihre große Schwester Gülay, die in Istanbul lebt, pflegt den gleichen Ton in ihren täglichen E-Mails an mich. Sie lieben meine langen dunkelbraunen Kringellocken. „Du hast türkische Haare", lachen sie und drehen daran. Sie empfehlen mir orientalische Haarkuren für den echten Korkenziehereffekt und legen mir die türkische Enthaarungsmethode für die Bikinizone nahe: Agda, eine klebrige Masse aus geschmolzenem Zucker und Zitronensaft, die auf die Körperhaare geschmiert wird, um diese mit Hauruck bis zur Wurzel auszureißen.

„Mein Herzens-Schwesterchen", schreibt Gülay zuckersüß, „meine Schutzengel passen auf dich auf." Sie schreibt, wie sehr sie mich vermisst. Dass sie mich bewundert, weil ich Geschäftsfrau bin, ständig durch die Welt jette und weil die Frauen meinem Mann auf der Straße verstohlene Blicke zuwerfen. Sie nennt ihn „Baba", Papa, was mich irritiert – schließlich sind die beiden gleich alt. Sie ist eben eine verrückte Nudel.

Gülay erzählt mir von ihrer Einsamkeit. Seit Jahren geschieden, wünscht sie sich einen neuen Partner. Immer ist sie auf der Suche nach ihm, im Internet und im realen Leben. Wenn ich sie in Istanbul besuche, hecken wir gemeinsam Pläne aus, wie sie ihren Mr Right findet. Gülay ist die einzige der fünf Geschwister, die ins Heimatland der Eltern zurückgekehrt ist. Aber Istanbul ist weit weg. Vor vier Jahren brach die Verbindung zu ihr plötzlich ab. Keine zärtlichen E-Mails mehr, keine Herzchen, keine Engelchen aus der Metropole am Bosporus. Ich vermutete, dass die Distanz eben doch zu groß war.

Oft scherze ich mit Yasemin: „Irgendwann schreibe ich eure Geschichte auf, die Story der Yasemin-Sisters und -Brothers. Das wird bestimmt ein Bestseller."

Zehn Minuten nach der Begegnung mit Yasemin im Treppenhaus ruft mich mein Mann an.

„Alles klar bei dir?", fragt er. Nichts ist klar! Die Geschichte sprudelt aus mir heraus. Kein Kommentar seinerseits. Ich hake nach: „Yasemin will mir die Freundschaft kündigen! Sie sagt nicht mal, warum!" Deniz ist kein Freund von vielen Worten. Ich kenne ihn nicht anders. Das Gespräch ist kurz und endet, ohne dass ich klüger bin.

An Arbeit ist nicht zu denken, in mir rumort es. Wie merkwürdig: Warum ist Yasemin böse auf mich? Ich rufe sie auf dem Handy an. Es läutet dreimal, dann ertönt das Besetztzeichen. Ich versuche es in ihrem Büro – keiner geht dran, nur die Mailbox. „Bitte sag, was passiert ist! Du kannst nicht ohne Erklärung ..." Drei Pfeiftöne zerschneiden meinen Satz. Es fühlt sich an wie ein Schlag in den Magen.

Vor drei Tagen bin ich mit meinem Mann aus dem Urlaub zurückgekommen, den wir seit Jahren in einem winzigen Fischerdorf auf einer Insel der Dardanellen verbringen. Ich erinnere mich an den letzten Abend. Wir waren zu Gast bei Freunden und saßen zusammen am üppig gedeckten Abendbrottisch auf der Terrasse ihres Landhauses, das idyllisch inmitten der Weinberge liegt und von dem aus man einen wunderbaren Blick auf das dunkelblaue Mittelmeer hat. Sie schmunzelten: „Wie erfrischend! Ihr seid schon so lange zusammen und noch so verliebt ..." Ich griff nach der breiten Hand von Deniz, der noch immer eine starke Wirkung auf mich hat. Er zog die Hand weg, er mag keine Zärtlichkeiten in der Öffentlichkeit. Das vergesse ich manchmal. Seine kräftige Gestalt, der dunkle Teint, die grünen Augen lassen auch nach 15 Ehejahren mein Herz flattern. Ich habe tiefes Vertrauen zu ihm, das Gefühl, mich anlehnen zu können – immer. Mein ganzes Leben lang.

Reich sind wir nicht, aber wir müssen nicht jeden Euro umdrehen. Beruflich bin ich oft auf Reisen und er begleitet mich, besteht regelrecht darauf mitzukommen, sonst darf ich nicht weg. Ich finde das süß, irgendwie. Eifersüchtig ist er nicht, wie er betont. Er hat auch keinen Grund dazu, denn ich bin ihm immer treu gewesen. Niemals käme ich auf die Idee, ihn zu betrügen.

Wir leisten uns ein Leben zwischen zwei Kontinenten, eine Wohnung in Istanbul und eine in Köln. Deniz ist immer wieder monatelang in seiner Heimat, die er so vermisst, wenn er im kalten Nordeuropa ist. Er sieht sich selbst als Künstler, hat ein Auge für Fotomotive. Er schießt Bühnenfotos von den Musikern und Tänzern, die ich auf Tournee schicke. Sein Talent, die Bewegung, den Moment der Inspiration einzufangen, wenn er auf den Auslöser drückt, hat ihm eine beachtliche Ausbeute an ausdrucksstarken Bildern beschert. Wer weiß, vielleicht wird er ja eines Tages entdeckt.

Der schlimmste Tag

Nach unzähligen Versuchen habe ich Glück und Yasemin geht endlich ans Telefon. Sie klingt abweisend, willigt aber ein, mich zu treffen. Die Stunden schleichen dahin – zäh wie Kaugummi unter einer Schuhsohle.

Als wir uns endlich bei einer Latte macchiato gegenübersitzen, schweigt sie.

Ich halte es nicht länger aus und frage: „Worum geht es denn?"

Keine Antwort.

„Ist es, weil ich dir die DVD zu spät zurückgegeben habe?", taste ich mich langsam vor.

Sie schüttelt den Kopf und presst die Lippen zusammen.

„Ist es, weil ich meinte, dass du, wenn du die Konditionen deines Arbeitgebers akzeptierst, auch gleich als Prostituierte arbeiten kannst? – Das war nicht so gemeint."

Sie schüttelt den Kopf.

„Hat es was zu tun mit …"

Ich lasse die letzten Tage und Wochen Revue passieren: Was habe ich ihr bloß getan? Plötzlich durchfährt es mich wie ein Blitz: „Hat es was zu tun mit meinem Mann?"

„Ja." Sie klingt fast ein bisschen erleichtert.

Fest umklammere ich die Daumen beider Hände mit meinen Fingern, fast so, als wollte ich sie vor Diebstahl schützen. Ich hake nach: „Ist es wegen Gülay?"

„Ja."

Mir wird eiskalt. Kein weiterer Gedanke mehr. Stillstand. Ich höre das Ticken einer altertümlichen Wohnzimmerstanduhr. Dabei steht da gar keine in dem Café. Ich hatte es gespürt, geahnt. Und wollte es nicht sehen. Ich hatte mich blind gestellt.

Vor vier Jahren hatte ich einen konkreten Verdacht. Mein Mann war damals wochenlang in Istanbul. Auch Yasemin war für einen Kurzurlaub in die Türkei geflogen und wohnte einige Zeit bei ihrer Schwester.

Eines Tages rief ich dort an. Gülay war am Apparat, doch statt zwitschernder Liebeserklärungen gab es diesmal nur Einsilbiges.

„Ist Yasemin da?"

„Nein."

„Wann kommt sie wieder?"

„Keine Ahnung."

„Wie geht es dir?"

„Ich muss auflegen."

Es knackte. Die Leitung war tot.

Als Yasemin eine Woche später wieder in Köln war, fragte ich nach Gülay. „Was ist mit deiner Schwester los? Warum spricht sie nicht mehr mit mir?"

Yasemin wich mir aus. „Du kennst sie ja, sie ist eigen. Man weiß nie, woran man bei ihr ist. Mach dir nichts draus."

Dann kam mein Mann zurück. Erstaunt bemerkte ich, dass er ständig SMS-Nachrichten bekam. Seit wann wusste er, wie das geht? Wo hatte er das gelernt? Eines Tages, als sein Handy wieder mal „Pling" machte, fragte ich: „Na, wer hat dir geschrieben?"

„Ach, das ist Gülay."

„Gülay?", fragte ich. „Hast du Kontakt mit ihr?" Und dachte bei mir: Gülay ist doch meine Freundin und nicht deine ...

„Wir sehen uns ab und zu", sagte er lapidar. Davon hatte er mir nie etwas erzählt.

Wie eine hängen gebliebene Schallplatte nistete sich der Verdacht in meinem Kopf ein, sie könnten ein Verhältnis haben. Ich fragte Yasemin.

„Also, soviel ich weiß, ist Gülay verknallt. In deinen Mann. Jeden Tag ruft sie mich an und fragt: ,Was macht Deniz, wann kommt Deniz, wo ist Deniz?' Ich habe sie gebeten, mich in Zukunft mit dem Thema zu verschonen. Keine Ahnung, was da los ist. Wahrscheinlich nichts. Sie ist ein verrücktes Huhn, das weißt du doch. Frag doch Deniz, aber bitte erwähne das Thema nie wieder, ich will nicht zwischen euch stehen, du bist meine beste Freundin – und sie ist meine Schwester."

Also fragte ich Deniz. Er wies den Verdacht empört von sich: „Sei doch nicht albern", und umarmte mich. „Wie kommst du auf so dumme Ideen, Schatz?"

Er sagte sonst nie „Schatz" zu mir. Aber ich schämte mich und war zugleich erleichtert. „Sei dir bitte nur im Klaren, dass sie in dich verliebt ist", klärte ich ihn auf. „Gib ihr bitte keine falschen Signale."

Alles war im Reinen. Ich atmete auf. Die Menschen, die mir am nächsten standen, hatten keinerlei Grund zu lügen. Ich hatte offen gefragt, sie hatten offen geantwortet. Gülays Name verschwand von einem Tag auf den anderen aus dem Wortschatz meiner Liebsten. Nie wieder wurde sie erwähnt. Weder von Yasemin noch von Deniz. Als hätte sie sich in Luft aufgelöst.

Bis heute. Gülay, da ist der Name wieder. Vier Jahre ist es her, dass meine Intuition ins Schwarze getroffen hatte. Wie Schuppen fällt es mir von den Augen, warum das Thema Gülay seit jenem Tag tabu ist. Führte Herr X vier Jahre lang ein Doppelleben zwischen Deutschland und der Türkei? Yasemin erklärt mir die Lage.

„Was ich jetzt aber gar nicht verstehe", flüstere ich ermattet, „warum du mir die Freundschaft kündigen willst? Was hast *du*, was hat unsere Freundschaft damit zu tun?" Ich bin überfordert. Zu viele Fragen gehen mir durch den Kopf.

Yasemin wirkt plötzlich hilflos. „Ich halte diese Heimlichtuerei nicht mehr aus."

Kurz denke ich darüber nach, ob ich jetzt lachen oder weinen soll. Muss ich sie jetzt etwa trösten? Ich bestelle eine Flasche Mineralwasser und trinke sie in einem Zug leer.

„Es hat mich belastet, es all die Jahre zu wissen."

Es hat sie belastet? Sie sackt nach vorne, senkt das Kinn Richtung Ausschnitt. Meine Freundinnen-Antennen signalisieren mir: Sie braucht Trost.

„Was wird nun aus unserer Freundschaft?", fragt sie kläglich und legt den Kopf schief.

„Was hat das eine mit dem anderen zu tun?", frage ich verwundert zurück, als könne ich das alles schon erfassen. Das ganze Ausmaß der eben stattgefundenen Enthüllung ist mir noch nicht bewusst.

„Komm, wir rufen ihn an", schlägt Yasemin vor.

Eine halbe Stunde später schlendert Herr X lässig ins Café. Ich frage: „Du weißt, worum es geht?" Er schaut von mir zu Yasemin, die seinem Blick ausweicht, und nickt. Ich mustere die Bücherregale an den Wänden des Cafés. Er studiert die Speisekarte auf dem Tisch.

„Was ist mit dir und Gülay?"

Er sagt: „Wir haben eine Beziehung. Na und?"

Fast fühle ich mich verpflichtet, ihn um Verzeihung zu bitten. Wie konnte ich es wagen, seinen seelischen Frieden mit meinen platten Fragen zu stören? Die Tatsachen sind eine Nummer zu groß für mich und den kurzen Moment, der vergangen ist. Ich blicke hilflos von einem zum anderen. Ich erwarte irgendeine Erklärung, ein Zauberwort. Ich hoffe, eine kleine magische Bewegung beendet diesen Albtraum und alles ist wieder so, wie es vorher war. Doch es ist wie bei einem Unfall. Etwas ist unwiderruflich zerstört, aber der Verstand kann es noch nicht fassen. Das hier ist bitterböse, schwarze Zauberei. Mein Leben wurde von einer Sekunde zur anderen weggezaubert. Ich stehe vor dem großen Nichts.

Nach einer kurzen Ewigkeit stehe ich auf. Die beiden bleiben stumm am Tisch sitzen. Mein Weg führt mich direkt in unsere Wohnung. In einer Viertelstunde habe ich ein paar Klamotten und Kosmetikartikel in eine Tasche gepackt und schon bin ich weg. Zu diesem Zeitpunkt weiß ich noch nicht, dass dies der endgültige Abschied von der Wohnung ist, die 15 Jahre lang mein Zuhause war.

Von der Straße aus werfe ich einen letzten Blick auf das Haus mit den weißen Klinkersteinen. Es ist nicht das Schmuckstück des Viertels, aber die Hausgemeinschaft hält zusammen wie Pech und Schwefel. Einmal im Jahr feiern wir eine Party über alle Stockwerke hinweg, die legendär ist in der gesamten Straße.

Die Wohnung selbst ist 80 Quadratmeter groß und vollgestopft mit den Sachen von Herrn X. Er sammelt Bierdeckel, Weinkorken, alte Plakate, Fotos, Postkarten, Werkzeug und eine ganze Reihe von anderen Gegenständen, deren Nutzen mir immer verborgen geblieben ist. Meine private Ecke ist im Schlafzimmer, neben unserem großen Doppelbett, und besteht aus einer kleinen, schwarzen Kommode und ihrem spärlichen Inhalt: Wäsche, ein bisschen Schmuck, Notizbücher. Ich schiebe alle Gedanken weg und radle mit der Tasche auf dem Rücken in mein Büro, wo ich erst mal unterschlupfen werde. Meine Mitarbeiterinnen dürfen nur nichts davon merken. Niemand soll etwas merken. Ich werde mein Bettzeug immer hinterm Aktenschrank verstecken und so früh aufstehen, dass ich alle Spuren beseitigen kann, die darauf hinweisen, dass ich über Nacht da war.

Den restlichen Tag erlebe ich wie in eine Wattewolke gehüllt. Abends bin ich alleine. Draußen ist es dunkel. Ich ziehe die Vorhänge zu. Ich finde es zu hell hier drinnen mit all den Bürotischlampen. Ich mache eine nach der anderen aus. Ich will Dunkelheit. Die Nacht lockt sanft die Tränen aus meinem Bauch. Ich fange an zu weinen. Ganz sanft. Ich hab es gar nicht verlernt, auch wenn ich während meiner Ehe nie weinen durfte. Komisch, denke ich, so was verlernt man also nicht. Die Tränen blubbern angenehm nach oben und ölen das leise Wimmern, das sich dazugesellt. Das Wimmern gewinnt an Intensität, entwickelt sich zum Schluchzen. Handfest. Ein ordentliches, hörbares Schluchzen. Wie eine Wölfin im Käfig fange ich an, im Büro hin und her zu laufen. Etwas steigt in mir hoch. Aus dem tiefsten Innern meines Körpers löst sich ein Schrei. Mit Wucht schießt er nach oben, bahnt sich seinen Weg durch die Körpermitte, durch die Brust, den Hals bis in die Mundhöhle und birst hinaus in die Luft des Büros. Staunend stehe ich neben mir, höre diesem Schrei zu, der gar nicht mehr aufhören will, der eine Energie hat wie ein Lavastrom. So habe ich diese Stimme noch nie gehört. Wem gehört sie? Wer ist das, der da in mir schreit?

Da reißt mich Gepolter auf den alten Treppenstiegen und ungeduldiges Klopfen an der Türe aus meiner Trance. Nachbarn sind herbeigeeilt. „Annette, mach auf!", rufen Stimmen im Hausflur. Ich lasse sie rein. Auch meine beste Freundin Yasemin steht da und schickt die anderen Nachbarn weg.

„Ich kümmere mich schon", ruft sie, eilt ins Bad, macht Handtücher nass. „Leg dich hin", befiehlt sie mir mit einem leichten Zittern in der Stimme. Sie hantiert geschäftig wie eine Krankenschwester, legt ein kühles Tuch auf meine Stirn. Ich verstehe nichts. „Es geht dir gleich besser." Sie gibt mir eine Beruhigungstablette. Der Schrei ist weg. Wieder verschluckt von meinem Bauch. Aber die Stimme hat ihr Gesicht gezeigt. Sie wird mein Leben verändern.

Mein neues Zuhause

Jetzt habe ich ein richtiges Zuhause. Eins, das nur mir gehört. Ich habe unser ehemaliges Gästeapartment für meine Notsituation zurückerobert. Endlich einen Kleiderschrank für mich allein – ohne Männershorts und Männersocken zwischen zarten Dessous. Ein eigenes Bücherregal – ohne stapelweise Philosophie, ohne Abhandlungen über Politik und Soziologie. Eigene vier Wände, an denen ich nach Lust und Laune Bilder aufhängen kann – ohne die Kunstwerke des Herrn X. Die kleine, schwarze Kommode aus meiner ehelichen Wohnung hat Flügel bekommen. Der Geist ist aus der Flasche entwichen.

Mein Refugium ist 18 Quadratmeter klein, mit efeuüberwucherter Terrasse, die in den verwunschenen Garten meines Freundes Gregor ragt. Hier fühle ich mich wie Dornröschen, kurz nachdem sie vom Prinzen wachgeküsst worden ist. Doch der Prinz war für mich kein Prinz, nicht mal ein Frosch, sondern ein böses, stinkendes Stacheltier, und der Kuss war entsprechend schmerzhaft. Mir stecken die Dornen noch in den weichen Lippen, selbst die Zunge ist durchbohrt. Ein einziges Nadelkissen bin ich innerlich. Keine Ahnung, wie mein Körper all das Stachel- und Nagelzeug wieder loswerden soll.

Ich liebe mein verwunschenes Burgzimmerchen. Wenn ich eintrete, atmet mein Herz. Ich fühle mich wie der kleine Prinz auf seinem Planeten, den er liebevoll pflegt. Abends verwandelt sich das Zimmer manchmal in die Gummizelle einer Irren, dann drehe ich die Musik bis zum Anschlag auf und tanze wild die zwei Meter lange Küche hoch und runter. Dabei muss ich aufpassen, dass ich nicht an den Esstisch stoße, und entdecke, dass der dritte Stuhl ein Luxus ist, den diese kleine Hütte nicht verkraftet. Es kommt so selten Besuch, sprich gar keiner, dass der von ihm okkupierte Fast-Quadratmeter zu teuer bezahlt ist – also wird der Stuhl verbannt. Zwei Stühle müssen reichen. Einer für mich und der andere für meine Klamotten.

Mein wilder Tanz mündet oft in wildem Weinen, in unaufhaltsamen Schluchzern. Der arme Nachbar unter mir muss einiges mitmachen. Dass er sich noch nicht beschwert hat, liegt sicher an seiner Befürchtung, dass ich die Türe öffnen und ihn in meinen Irrsinn hineinziehen könnte.

Ich hatte nicht gewusst, dass die Seele schlimmer schmerzen kann als ein entzündeter Backenzahn. Ich dachte, die Seele sei ätherisch, eher eine Idee als eine Realität, nichts zum Anfassen und daher auch nichts, was wehtun kann. Dann kam der Tag null und der Zusammenbruch meiner bisher bekannten Welt. Ich kenne mich nicht mehr aus in meinem Leben, weiß nicht mehr, wer ich bin und was ich will.

Dieser Zustand ist so unerträglich, dass ich irgendwann versuche, mich selbst auszutricksen. Ich beginne, eine Liste mit Befindlichkeitsnoten zu führen. Listen haben sich bei mir immer als hilfreich erwiesen.

Jeder Tag wird benotet. Schlechte Tage bekommen ein Minus, gute ein Plus, neutrale eine Null. Leider überwiegen die Tage mit den Minuszeichen. Die Liste macht mir trotzdem Hoffnung, denn ich entdecke gewisse Regelmäßigkeiten. Nach fünf Tagen „sauschlecht" kommen meistens zwei Tage „Null". Immerhin! Manchmal wechseln sich sogar „Null-Tage" und „Plus-Tage" ab. Ich muss also nur tapfer aushalten, die besseren Tage kommen auf jeden Fall wieder.

Spurensuche

Ich denke über das Liebesleben der Menschen nach. Gesünder wäre es, mich dem Liebesleben der Ameisen zu widmen, aber ich erlaube mir keine weitere Flucht. Wie konnte es nach 15 Jahren Ehe zu dieser Katastrophe kommen? Ist dieser Mensch schuld, den ich anderthalb Jahrzehnte als „meinen" Mann betrachtete? Was ist in meinem Leben passiert? Was ist in meiner Ehe geschehen? In diesen 15 mal 365 Tagen mal 24 Stunden mal 60 Minuten mal 60 Sekunden? Wie konnte mein komplettes Leben in nur einer Minute in sich zusammenfallen wie ein Kartenhaus? Hatte ich mit einem Fremden gelebt? War es möglich, dass ich meinen Mann gar nicht richtig kannte? Oder kannte ich ihn doch? Diese Fragen bohren in mir und quälen mich Tag und Nacht.

Ich schreibe Herrn X einen Brief mit all meinen Fragen, sechs Seiten lang. Aber ich spüre schon jetzt, dass ich ihn nicht absenden werde. Meine Antworten muss ich selber finden.

Da fallen mir drei Pappkartons ins Auge, in denen seit Jahren meine gesammelten Tagebücher schlummern. Schon immer habe ich geschrieben. Mit sieben Jahren fing ich damit an und habe seither nicht mehr aufgehört. Streckenweise habe ich täglich Seite um Seite mit meinem Leben gefüllt – und die Bücher danach weggelegt und vergessen.

Der Gedanke, in meinen Aufzeichnungen Hinweise zur Lösung des Rätsels zu finden, macht mich euphorisch. Von diesem Tag an sitze ich Abend für Abend auf dem Teppichboden meines Dornröschenzimmers und wälze die vollgeschriebenen Notizbücher. Erst ordne ich sie nach Datum und kann dabei meine Ungeduld kaum zügeln. Endlich ist es so weit! Ich sauge die Worte auf wie einen Thriller.

Die Situation von damals taucht wieder vor mir auf. Gerade frisch von meinem langjährigen Lebenspartner Roberto getrennt, hatte ich mir im Zentrum von Köln ein helles und freundliches Apartment gemietet. Zum ersten Mal in meinem Erwachsenenleben war ich alleine. Annette, ein Single. Auf einer Party von Yasemin lernte ich Deniz kennen. Er beeindruckte mich sofort durch seine männliche Statur, seine schwarzen Locken und seine lässige Art. Er gab nichts auf Konventionen und sein Lieblingssatz war „Ist mir doch egal". Damals fand ich das unglaublich cool. Eines Abends schlug Yasemin mir vor, ihn gemeinsam zu besuchen. „Er hat osmanische Spezialitäten für uns gekocht!", sagte sie lachend und ich war mir sicher, dass sie an ihm interessiert war und mich nur als Anstandswauwau mitnehmen wollte. Aber es kam ganz anders. Sie hatte das Knistern zwischen uns auf ihrer Party gespürt und sich in den Kopf gesetzt, meinem Singledasein möglichst schnell ein Ende zu setzen. Die Chemie zwischen uns stimmte und wir landeten noch in derselben Nacht auf dem Klappsofa seiner kleinen Dachwohnung und trieben es auf dem orientalischen Teppich, dem Tisch und dem Badewannenrand. Danach war nichts mehr wie zuvor. Seine Berührungen auf meiner Haut fühlten sich an, als würden meine Batterien mit doppelter Stromstärke aufgeladen. Einen so potenten Mann hatte ich noch nie erlebt. Ich war berauscht und süchtig nach seinem Körper. Das Drama nahm seinen Lauf.

Tagebuchnotizen
05.07.1992
Was mach ich nur? Das kann doch nicht normal sein! Er geht mir nicht aus dem Kopf. Gibt es keine objektiven Merkmale des Verliebtseins? Wie kann man entscheiden, ob es nicht doch nur Einbildung ist? Ich fühle mich kaputt, mir ist schlecht, ich hab Kopfweh. Dann bekomme ich einen dicken Knoten im Magen. Die Sache mit Deniz ist wahrscheinlich eine einzige große Seifenblase. Ich bin ganz unglücklich. Ich kann ihn nicht mehr anrufen. Er muss sich doch auch mal von selbst melden. Ich kann die ganze Sache nicht einschätzen. Warum hält er sich so zurück? Er sagt, es liegt daran,

dass er frisch von seiner Freundin getrennt ist. Er möchte niemandem wehtun. Stimmt das?

13.07.1992
Deniz hat sich wieder mit seiner Freundin versöhnt.

20.07.1992
Er hat sich entschieden, seine Beziehung zu retten, und ich will auch keine neue Beziehung eingehen. Ich glaube, ich muss mich einfach auf mich selbst konzentrieren und unabhängig von den Männern meine Entscheidung treffen.
...
Deniz verdient eine Frau wie mich ja gar nicht!

Wird er sich bei mir melden? Ich würde ihn gerne ab und zu sehen, obwohl er ein verdammter Hund ist. Aber ich bin keine Frau der zweiten Wahl!
...
Und Deniz ruft nicht an. Ich muss mir diesen Mann aus dem Kopf schlagen. Ich bin ja nicht mal sicher, was ich für ihn empfinde. Leidenschaft? Ersatz für ...? Es ist doch beunruhigend zu sehen, dass ich mir ausschließlich Männer angele, die mich links liegen lassen. Warum? Und die, die sich wirklich für mich ins Zeug legen, lasse ich zappeln ...

Ich mache mir Sorgen um mich. Es ist ein totales Ungleichgewicht. Ich bin wahnsinnig wild auf den Mann. Das ist mir noch nie passiert. Muss schrecklich aufpassen, um mich noch selbst unter Kontrolle zu halten. Dabei denke ich immer wieder, ich bin doch gar nicht verliebt. Bin einfach nur verrückt nach ihm. Eine körperliche Leidenschaft, die noch nie da war. Und er unternimmt nichts, um mich zu sehen. Dann hat er noch eine andere Flamme. Ich bin tierisch eifersüchtig. Das war auch noch nie da. Ich misstraue ihm. Denke alles Mögliche und Unmögliche. So darf es nicht sein. Er kommt sofort, wenn ich ihn anrufe ... Das ist unglaublich, dass ich mich von so einem dahergelaufenen Typen so in die Zange nehmen lasse ...

12.01.93
Es ist schön mit Deniz, auch wenn ich manchmal erschrecke über diese Nähe. Die paar Mal, die ich nicht angerufen habe, ist er einfach von selbst gekommen. Wir essen, schlafen, frühstücken zusammen. Ich liebe seinen Körper, seine Wärme, seine Haut, seinen Geruch, seine Augen. Aber habe ich mich selbst gefunden?

17.01.93
Warte auf Deniz, wie so oft. Wird er kommen? Und wenn nicht, ist es vielleicht besser? Ist er vielleicht nur eine Fantasiegestalt? Und: Warum bin ich so misstrauisch?
...
Die Situation ist dramatisch, wenn er seine Deutschprüfung im April nicht besteht, wird seine Aufenthaltsbewilligung auf keinen Fall verlängert. Dann muss er zurück in die Türkei, es sei denn, er heiratet. Er hat schon oft gesagt, dass er auf jeden Fall heiraten wird. Aber wen?

21.01.93
Warum schreibe ich das Datum vor jeden Eintrag? Ich glaube, ich muss mich erst mal zurechtfinden. Wo bin ich? Zumindest das Datum lässt sich ohne Zweifel bestimmen. Dann der Ort. Aber das war's schon: Ich fühle mich neben mir. Nicht bei mir, in mir.
Ein Freund hat mal gesagt, ich könne meine Grenzen nicht ziehen, nicht sagen: bis dahin und dann stopp. Ich lass vieles zu nahe an mich ran. Identifiziere mich zu sehr mit den Menschen um mich herum, vor allem mit denen, die mir nahestehen. Ich sauge die Gefühle der anderen auf wie ein Schwamm und vergesse darüber mich selbst.
...
Deniz zeigt keine großen Gefühle für mich, neulich hat er gesagt: „Du bist gefährlich für mich, ich will mich nicht verlieben." Manchmal denke ich auch, er ist alleine, ich bin alleine und da haben wir uns einfach zusammengetan, um nicht ein-

sam zu sein. Ich habe auch gar keine Lust, irgendwem über uns zu erzählen, außer den paar wenigen, die eh schon davon wissen. Er ist „cool" – entzieht sich immer irgendwie – ist aber doch immer da.

Denk ich an Deniz, finde ich es oft seltsam, mit ihm zusammen zu sein, ach bist du verrückt, Annette. Denk mal an dich, allein an dich!

Mit brennenden Augen lege ich meine Notizen bei Tagesanbruch zur Seite. Ich hätte die Katastrophe vermeiden können. Mein Bauchgefühl hatte damals alle Register gezogen: Knoten im Magen, Übelkeit, Kopfweh. Waren das Zeichen des Verliebtseins? Nein, das waren Warnsignale. Warum nur habe ich nicht darauf gehört?

Er hatte weder um mich gekämpft noch Gefühle gezeigt. Er wollte wohl einfach „irgendjemanden" heiraten, um seine Papiere zu bekommen. Warum hab ich nicht einfach der Realität ins Auge gesehen? Es war doch glasklar, ich selbst hatte es schwarz auf weiß dokumentiert. Aber ich wollte mich ja unbedingt in rosarote Wolken hüllen und an eine romantische Lovestory glauben. Mit einem Mal fiel es mir wie Schuppen von den Augen: Hat mich Herr X womöglich nie wirklich geliebt, hat er mich nur ausgenutzt – von Anfang an? Und ich hab es nicht gemerkt. Das ist es eigentlich, was mich am meisten kränkt. Ich bin einem Phantom nachgejagt, habe geglaubt, was ich glauben wollte, und die Augen fest vor der Realität verschlossen.

Panik überfällt mich

Kurz nach Tag null habe ich einen merkwürdigen und intensiven Traum. Ich schaue auf eine Excel-Tabelle mit unendlich vielen Zellen, die ich irgendwie sortieren muss – die guten ins Töpfchen, die schlechten ins Kröpfchen. Nach Kriterien, die mir selbst nicht bewusst sind, verschiebe ich die Zellen.

Ich schufte wie eine Verrückte und wache gegen Morgen schweißgebadet auf. Von diesem Tag an nistet sich ein Satz in meinem Kopf ein, den ich von nun an bei jeder Gelegenheit sage: „Bloß nichts vermischen!" Ich spüre, dass ich in Zukunft alles sauber voneinander trennen muss: Job und Privatleben, Sex und Liebe, Freundschaft und Leidenschaft – wie auch immer das gehen mag.

Die Krise hat mich in ihren Fängen, aber heute sollen die Sonnenstrahlen alle dunklen Gedanken verscheuchen. Vor drei Tagen habe ich Herrn X verboten, in meine Nähe zu kommen. Jede Begegnung mit ihm verursacht bei mir so schlimme Zustände, dass sich meine Freunde um mich sorgen. Sobald ich ihn sehe, schneidet es mir die Luft ab und ich habe das Gefühl, nicht mehr atmen zu können. Ich habe förmlich das Gefühl, ersticken zu müssen, und möchte nur noch wegrennen. Und es bleibt nicht bei dem Impuls. Sobald ich Herrn X sehe, sprinte ich über die Straße und springe ins nächste Taxi. Ich bedanke mich jedes Mal beim Universum, wenn ich bei einer solchen Aktion nicht überfahren werde.

Eines Tages lande ich nach solch einer Flucht im Kölner Dom. Ich finde mich unter lauter Touristen wieder, die Fotos knipsen und dabei Aah und Ooh machen. Eine gefühlte Sekunde später hat sich das Szenario verwandelt. Keine Touristen mehr, dafür jede Menge Gläubige, die auf den Kirchenbänken kniend einen Rosenkranz beten.

Zwischen den beiden Szenen fehlt ein Stück. Tränen strömen aus meinen Augen und wildfremde Menschen reichen mir Taschentücher. Als ich die Geschichte später meinem Freund Gregor erzähle, warnt er mich halb im Scherz, aber mit besorgter Miene: „Mach so was bloß nicht noch mal, sonst sprechen sie dich noch heilig!"

Nach solchen Momenten der Orientierungslosigkeit kribbeln meine Hände und mein Gesicht und ich kann nicht mehr aufhören zu heulen. Dieses Gefühl, das zum ersten Mal im Kölner Dom über mich kam und das mich seither immer wieder hinterrücks und ohne Vorwarnung überfällt, benenne ich mit dem spanischen Wort „Angustia". Sie ist zu meiner ständigen Begleiterin geworden. Warum kann ich dieses Gefühl nicht auf Deutsch benennen? Wäre das Wort „Angst" zutreffend? Angst, nicht geliebt zu werden? Verlustangst? Ich weiß es selbst nicht. Ich habe Panikattacken – und das versetzt mich erst recht in Panik.

Verzweifelt bitte ich meinen Hausarzt und Freund Bert um Hilfe: „Gib mir irgendein Medikament. Beruhigungstabletten, Schlaftabletten, irgendwas!"

Doch er weigert sich auch zwei Monate nach Tag null standhaft und sagt: „Das schaffst du auch ohne Chemie. Du bist stark!"

Er holt einen Gegenstand aus seiner Schublade und versteckt ihn neckisch hinter seinem Rücken. „Ich hab eine Überraschung für dich! Beim nächsten Mal atmest du so lange hier rein, bis du dich wieder beruhigt hast."

Er zaubert einen Plastikhandschuh hervor. Auf meinen fragenden Blick erklärt er: „Du hyperventilierst, das übersäuert das Blut. Wenn du Pech hast, verkrampfst du und dann kommst du da nicht mehr alleine raus."

Ich sehe mich schon mit spastischen Anfällen in der Straßenbahn oder an der Kasse im Supermarkt zusammenklappen. Da ist der Plastikhandschuh eindeutig die bessere Alternative. Ich probiere es unter seiner Anleitung. Die Öffnung des Handschuhs wird luftdicht um den Mund gelegt, dann atmet man durch den Mund in den Handschuh aus. Dieselbe Luft atmet man durch den Mund wieder ein.

„Das kennst du aus diversen Hollywood-Filmen, die nehmen da meist Brötchentüten", ergänzt er. Er weiß nicht, dass ich ohne Fernseher aufgewachsen bin und auch heute noch keinen besitze. Ich will mir keine Blöße geben und nicke tapfer.

Der Effekt ist lustig: Beim Auspusten füllt sich der Handschuh und mit einem leichten „Plopp" strecken sich alle Gummifinger. Beim Einatmen macht es „Zwtschhhh" und das Teil platscht zusammen und erinnert an ein ausgeleiertes Kondom.

„Diese Übung kann ich doch nicht in der Öffentlichkeit machen", wende ich zaghaft ein.

„Renn schnell irgendwo aufs Klo", empfiehlt mir Bert, den ich jetzt gerne als Gott in Weiß betrachte, und ich nicke ehrfürchtig und gebe mich geschlagen ob solch geballter Weisheit. Der Handschuh befindet sich seit jenem Tag immer in meiner Handtasche und gehört zu meiner Grundausstattung, zusammen mit Lippenstift, Handy, Geldbeutel und Tagebuch, ohne die ich das Haus nicht verlasse. Jetzt kann nichts mehr schiefgehen, welch Erleichterung!

Tief im Inneren spüre ich Dankbarkeit. Mein Körper hat mir die Luft abgeschnitten, damit mir nichts anderes übrig bleibt, als Herrn X aus meinem Leben zu verbannen. Ohne die Atemnot wäre ich niemals zu einer solch drastischen Maßnahme fähig. Mein Körper schafft Tatsachen. „Schick den Mann weg oder stirb!", lautet die wenig charmante Aufforderung. Die nächsten zwei Jahre wird mich die Atemnot unsanft bis hart lenken, wie eine Kandare das Rennpferd.

Der erste schöne Abend nach Tag null

Heute Abend geht es mir etwas besser. Ich komme spät nach Hause und sehe an der Türe meines Freundes Gregor einen sympathischen, dunkelhaarigen Typen, der gerade dabei ist, ein paar Koffer aus seinem Auto zu laden. Ich frage ihn nach Gregor und er sagt: „Der kommt gleich wieder, soll ich ihm was ausrichten?"

„Grüß ihn einfach von Annette."

Ich öffne meine Wohnungstüre, lege mich aufs Bett und schlafe auf der Stelle ein. Ich bin total erschöpft, da ich seit Tag null jede Nacht höchstens fünf Stunden geschlafen habe. Plötzlich weckt mich mein Handy. Es ist Gregor: „Hast du Lust, mit uns abendessen zu gehen?"

Ich konzentriere mich, um meiner Stimme einen hellwachen Ausdruck zu geben, und sage: „Klar! Gerne!"

In Windeseile springe ich aus dem Bett, ziehe mich an, schminke mich fast blind vor dem winzigen Rasierspiegel im Schrank und schon renne ich die Treppe runter, so sehr freue ich mich!

Während der Jahre meiner Ehe verschwanden meine Freunde peu à peu von der Bildfläche. Niemand hatte mehr große Lust, uns zu besuchen, mein Mann war oft ungesellig. Ich erklärte mir sein Verhalten mit seinem Heimweh, stürzte mich in die Arbeit und träumte von einer märchenhaften fernen Zukunft mit ihm irgendwann in der Türkei.

Vor dem Haus warten drei Männer auf mich: Mein Freund Gregor, der junge Mann von eben und ein blonder Mittdreißiger, den ich noch nicht kenne. Wir gehen in das italienische Restaurant *Bella Italia,* das inzwischen zu meinem zweiten oder besser gesagt ersten Wohnzimmer geworden ist. Der Abend ist unterhaltsam. Die drei Freunde sprechen über ihre Arbeit. Ich höre ihnen zu, sage kaum was und freue mich einfach an ihrer Gesellschaft. Besser als die Einsamkeit in meiner Bude. Alfredo, der Wirt, bezirzt mich mit Komplimenten, lecker wie Erdbeeren mit Schlagsahne. Ich schwebe. Ich bin nicht alleine. Gegen ein Uhr nachts verlassen wir das Lokal, die Jungs begleiten mich wie echte Gentlemen bis an meine Haustüre.

Um halb fünf Uhr morgens reißt mich die Klingel aus dem Schlaf. Ich springe aus dem Bett. Bei mir hat außer der Müllabfuhr noch nie jemand geklingelt, seit ich hier wohne – und erst recht nicht um diese Uhrzeit! Ich habe heftiges Herzklopfen. Wer kann das sein? Ich presse mein Ohr gegen die Wohnungstüre und versuche Herrin der Lage zu werden. Was soll ich tun? Es klingelt wieder, es klingelt Sturm! Wilde Szenarien spuken durch meinen Kopf. Ist es mein Ex? Will mich jemand überfallen? Die Balkontür ist zwar zu, aber sie ist nur aus Glas. Ein Faustschlag und der Vergewaltiger steht mitten im Zimmer, was heißt im Zimmer, er fällt aufs Bett, das ja direkt vor der Balkontür steht.

Vor lauter Nervosität und in der innigen Hoffnung, das minutenlange Klingeln möge endlich aufhören, drücke ich auf den Türöffner der Haustüre. Und öffne die Wohnungstüre einen winzigen Spalt, um herunterzurufen: „Wer ist da?"

Ich bemühe mich, meiner Stimme einen entschiedenen Tonfall zu geben, was mir gelingt. Ich klinge richtig aggressiv. Soll der Typ bloß nicht denken, ich hätte Angst. Das hat scheinbar gewirkt, ich höre eine leise Männerstimme, die ein Wort sagt, das ich als „Bastei" identifiziere und mir merke. Ich will mich unbedingt morgen noch daran erinnern, um den Übeltäter dingfest machen zu können.

Ich schreie ins Dunkel des Treppenhauses: „Hauen Sie sofort ab, sonst rufe ich die Polizei!", und knalle die Wohnungstüre wieder zu. Der verdrucksten Stimme nach zu urteilen kann es sich nur um einen perversen Gewaltverbrecher handeln. Das Sturmgeklingel geht weiter. Plötzlich fällt mir die Lösung ein. Ich rufe meinen Freund Gregor auf dem Handy an. Er wohnt nebenan, er wird mich retten, keine Frage. Mit zitternden Händen wähle ich seine Nummer. Es klingelt und klingelt, aber Gregor nimmt nicht ab.

Dann die Erkenntnis: Ich kann die Polizei rufen! Warum komme ich erst jetzt auf diese Idee? Endlich hört das Klingeln auf. Nach einem langen Moment wohltuender Stille klingelt es erneut. Ich vertraue meinem Schicksal und öffne. Zwei freundliche Beamte stehen vor mir. „Gibt es hier einen Keller, einen Hof, wo man sich verstecken kann?", fragen sie. Ich erkläre die örtlichen Begebenheiten und sie machen sich auf die Suche nach dem penetranten Quälgeist. Nachdem sie alle Ecken erfolglos kontrolliert haben, geben sie einen kurzen Lagebericht ab: „Wir haben niemanden gefunden, aber vor der Haustüre lag eine leere Flasche eines alkoholischen Mixgetränkes, vermutlich ist er wieder abgezogen." Ich bedanke mich für ihre Hilfe und lasse mich erschöpft in die zerwühlten Kissen meines Bettes fallen.

Am nächsten Morgen weckt mich ein Anruf meines Freundes Gregor. „Was ist passiert?", fragt er besorgt. „Du hast mich gestern Nacht 17 Mal angerufen!" Ich erzähle ihm von meinem Albtraum. Als ich das seltsame Wort erwähne, das der Klingelwahnsinnige sagte, stutzt Gregor: „Dann war es doch nicht am Ende Bastian, mein Freund von gestern Abend? Auch wenn es ihm völlig wesensfremd wäre."

Ich breche in lautes Lachen aus. „Ist die Fantasie mit dir durchgegangen? Dieser nette, gebildete junge Mann? Im Leben nicht! Komm bitte zu dir!"

Gregor hat manchmal wilde Komplott-Theorien, wie ich finde, aber jetzt ist er definitiv zu weit gegangen. Dieser süße Typ von gestern Abend? Wie gemein von Gregor, ihm so etwas zuzutrauen.

„Ich werde das für dich rausfinden, keine Sorge", versichert er. „Aber Bastian fliegt heute erst mal für ein paar Wochen in Urlaub. Lass mir ein bisschen Zeit."

Sollte das nach meiner Trennung wirklich mein erster Kontakt mit dem anderen Geschlecht gewesen sein? Was für ein Einstieg.

Wer bin ich?

Wieder legt sich die Nacht über mein Stadtviertel. Der Tag ist vergangen, ohne dass ich etwas Nennenswertes getan habe. Früher war ich die Effektivität in Person, sprühte vor Schaffenskraft. Freunde munkelten etwas von „Workaholic". Jetzt bin ich froh, wenn ich die Kennzahlen feststelle, die mein Leben umgeben. Dazu gehört das Ablesen des Datums vom Handy. Welche Info-Flut! Welcher Monat ist gerade: Ach, es ist Oktober. Mildes Licht, weil Herbst ist. Welcher Wochentag? Sonntag? Oh, ein Grund, nicht im Büro zu sein und schnell wieder den PC auszuschalten. Und meine Visitenkarte, was da alles steht! Mein Name, eine klare Bestimmung meiner Person. Der Name meiner Straße. Mein Zuhause,

Heimat ist lebenswichtig. Der Name meiner Stadt, auch sie ist Heimat, im weiteren Sinne.

Ich schalte zurück auf den Vornamen. Das reicht. Wochenlang schreibe ich überall meinen Vornamen hin. Den Schreibtisch dekoriere ich mit einer chinesischen Kalligrafie. Ich hänge Namensschildchen an mein Fenster und füge die Jahreszahl in großen Lettern hinzu. Jahreszahl und Vorname.

Sind Wochen oder Monate vergangen seit dem Tag null? Mein Zeitgefühl ist verschüttet. Zum Glück schreibe ich jeden Tag mehrmals in meine zerfledderten Notizbücher, die ich bei mir trage wie eine Katze ihre halb tot gebissenen Mäuse. Ich lese das Geschriebene immer wieder durch, damit ich überhaupt weiß, wo ich stehe und was ich gerade getan habe. Ich habe einen Therapieplatz bei einem Psychologen bekommen. Herr Thieme diagnostiziert eine schwere Depression. Schön, jetzt hat diese grausliche Qual wenigstens einen Namen!

Zur ersten Sitzung bei Herrn Thieme fahre ich mit dem Fahrrad eine Viertelstunde von meiner Wohnung zu seiner Praxis. Auf dem Rückweg verirre ich mich. Verfranse mich in allerlei Einbahnstraßen, fahre an Schrebergärten vorbei und lande schließlich auf einer Autobahnzufahrt. Ich und mein rotes Fahrrad, auf das ich so stolz bin. Ich habe es mir zum Trost vor ein paar Wochen selbst geschenkt. Wie ein Häuflein Elend stehen wir da. Autos und Lkws düsen an uns vorbei und ich breche in Tränen aus. Über eine Stunde benötige ich, um den Rückweg zu finden.

Alle Alarmglocken schrillen. Die Orientierungslosigkeit meiner Seele hat die Realität erreicht. Mein bisher bekannter Kosmos hat sich als Trugbild erwiesen. Der glückliche Planet, bevölkert von grinsenden, Hand-in-Hand spazierenden Pärchen ist ein Irrbild.

Nichts ist mehr wie vorher in meiner Welt. Es gibt kein Oben und kein Unten mehr, kein Rechts und kein Links. Ich muss die Himmelsrichtungen neu definieren, die Jahreszeiten. Ich muss wieder laufen und sprechen lernen, wie nach einem Schlaganfall. Ich muss mein Haus neu bauen. Ja, so albern das auch klingt, ich sehe vor mir ein Haus in Trümmern, so ähnlich wie die Szenerien nach einem Erdbeben.

Das Dach ist kaputt, über mir ziehen dunkle Wolken bedrohlich über den Himmel. Ich brauche ein Dach! Doch worauf soll dieses verdammte Ding gebaut werden? Da sind keine Wände, keine Säulen, keine Balken, die es tragen. Ich denke nach. Ich brauche erst mal ein Gerüst. Eine grobe Struktur aus Bambusstäben, die mir die Illusion eines Haltes geben. Die so tun, als seien sie ein Haus. Und irgendwann wird vielleicht was Richtiges daraus …

Auf einen Schlag wird mir klar: Ein neues Konzept muss her. Wie eine Architektin am Reißbrett werde ich einen Plan für mein neues Leben entwerfen, werde das Zusammensein von Mann und Frau neu definieren. Die Fantasie ist frei. Nur ich entscheide.

Das erste Mal

Ich male Kringel auf ein Blatt Papier. Ich und die Liebe. Die Liebe und ich. Wie soll das funktionieren? Ich male verschnörkelte Blümchen. Liebe in den Zeiten nach dem Tag null? Ich zeichne Zahlen: 1, 2, 3, 4, 5 ... Ja! Das ist es. Fünf Männer nur für mich. So soll mein Leben künftig aussehen. Fünf Lover, abgekürzt 5L. Ich hebe das 5L-Projekt offiziell aus der Taufe.

Die wichtigste Grundregel lautet: Kein Mann darf mich in rosarote Wolken lullend des Verstands berauben. Kein einzelner Homo maskulinum darf mich in die Gefahr bringen, alles für ihn aufzugeben, mich komplett in eine Beziehung fallen zu lassen. Das ist passé und von nun an verboten. Ich will alleine für mich stehen – unabhängig und frei. Und dabei diese merkwürdige Spezies „Mann" erforschen, sezieren, wie eine Biologin eine seltene Pinguinart am Südpol ...

Ein Mann reicht dafür nicht aus, auch nicht zwei oder drei. Und so entscheide ich: Fünf Männer parallel, das müsste die nötige Sicherheit und Unabhängigkeit bieten. Und im schlechtesten Fall, sprich, wenn ich mich in einen der Kandidaten verliebe, könnten die anderen vier einen angemessenen Gegenpart bilden und das Gleichgewicht wiederherstellen. Ich werde allen Teilnehmern sagen, worauf sie sich einlassen.

Offenheit ist mir heilig nach all den Lügen, die mich in den letzten Jahren umgeben haben.

Ich lege mein Brainstorming-Gekritzel zur Seite und liebkose mit den Fingerspitzen ein neues Blatt Papier. Es ist weiß wie die Unschuld. Eine leere Seite mit Durst auf Buchstaben. Nur welche? Ich schreibe erst mal die Zahlen auf, denen ich später Namen zuordnen will. Tja, und dann weiß ich nicht mehr weiter. Was soll hinter den Zahlen stehen? Ich kann doch nicht aus heiterem Himmel fünf Lover herbeizaubern? Nach 15 Jahren treuer Monogamie meinerseits weiß ich nicht mal, wie „flirten" buchstabiert wird. Und mein Selbstbewusstsein darbt im dunklen, muffigen Keller vor sich hin. Ich grübele: Wer kommt infrage für mein Projekt? Weit und breit kein Mann in Sicht. Da fällt mir plötzlich Bastian ein. Nun, sein Einstand war nicht gerade erquicklich. Aber seine Hartnäckigkeit und das Durchhaltevermögen lassen auf eine gewisse Qualität als Lover hoffen. Wenn er so vögelt, wie er klingelt, denke ich, dann ist er mir willkommen.

Ich schreibe:

Nummer 1 – Bastian

Dann fällt mir der berühmte Opernsänger ein, den ich vor ein paar Wochen bei einem Konzert in Köln gehört habe. Nun, warum auch nicht? Die Gedanken sind frei. Und wenn ich mich für den Präsidenten von Timbuktu oder den Mann im Mond entscheide, ist das auch in Ordnung.

Und so male ich mit geschwungenen Lettern aufs Papier:

Nummer 2 – Opernsänger

Ich stelle mir vor, die Geliebte dieses Mannes zu werden, der von seinen Kollegen heimlich als Testosteronbombe betitelt wird. Sie munkeln, dass Frauen schon vom Hören seiner schmachtenden Arien schwanger werden. Ich träume davon, wie er mir Erste-Klasse-Tickets in die ganze Welt spendiert, wenn ich ihn bei Gastspielen in der Metropolitan in New York oder in der Scala in Mailand besuche. Nach seinen bejubelten Auftritten wirft er Schwärmen eleganter Ladys, die am Bühnenausgang warten, Kusshändchen zu und steigt mit mir in die dunkel verglaste Stretchlimousine, die uns ins feinste Hotel am Ort bringt. Der Butler führt uns in die Präsidentensuite, Champagnerkorken knallen ...

Es klingelt. Die Müllabfuhr.

Ich lege meine 5L-Liste auf den Esstisch und verschiebe das weitere Nachdenken auf später. Im Moment fallen mir ohnehin keine weiteren Kandidaten ein.

Alle wollen nur das Eine?

Seit dem Abend mit Gregor und seinen Freunden gehe ich immer öfter in Alfredos italienisches Restaurant. So ganz alleine mit mir halte ich es auf Dauer nicht aus. Es kostet mich Überwindung, als Frau ohne Begleitung die Schwelle eines Restaurants oder einer Kneipe zu überschreiten. Ich tue dann ganz locker und entspannt, aber innerlich rollen sich mir die Zehennägel hoch. Wenn ich lässig an der Bar lehne, denke ich angestrengt nach, wohin ich gucken soll. Auf die verblichenen Fotos an der Wand? Auf die Gäste, die paarweise arrangiert an den Tischen sitzen und mir ihr Wir-sind-Wir-Gefühl" wie einen absurden Vorwurf ins Gesicht schleudern? Ich halte mich dann am liebsten an einem Glas Rotwein fest, das Alfredo immer so vollschenkt, dass es eher wie ein Eimer Rote-Beete-Saft aussieht und dafür sorgt, dass alle Zweifel schnell vergessen sind.

Alfredo selbst ist jedoch die allerbeste Medizin. Kaum betrete ich seinen Laden, lässt er Kochlöffel und Schöpfkelle fallen, wischt die Hände an der weißen Schürze ab und stürmt mit lautem „Ciao, bella!" auf mich zu. Seine Komplimente und Schmeicheleien sind Balsam für meine geschundene Seele.

Heute Abend ist Alfredo angeheitert und flüstert mir mit heißem, feuchtem Atem ins Ohr: „Weißt du, was alle Männer denken, wenn du durch mein Restaurant läufst?" Ich schüttele den Kopf, keine Ahnung. Alfredo guckt mir einen Moment zu lange in die Augen. Und sagt unumwunden: „Alle denken nur eines: Ich möchte diese Frau ficken!"

Ich kann gerade noch meine Hand zurückpfeifen, die schon auf dem Weg zu einer schallenden Ohrfeige war. Alfredo ist beschwipst, ein Ausrutscher. Ich verzeihe ihm.

Am nächsten Tag rufe ich meine Freundin Sonja an. Sie hat sich vor zwei Jahren von ihrem Mann getrennt und ihre Geschichte ist meiner ganz ähnlich. Auch ihr Exmann ist Türke und sie haben eine kleine Tochter. Er hat sie nicht mit einer Frau, sondern mit endlosen Kartenspiel-Nächten im Caféhaus betrogen. Wir kennen uns so lang, wie ich verheiratet war. Da sie zeitweise in der Türkei gelebt hat, kennt sie auch meine türkische Familie.

„Stell dir vor, Alfredo hat sich als unglaublich ordinär entpuppt", erzähle ich ihr empört.

„Warum? Was war?"

Ich schildere ihr den Fauxpas des vergangenen Abends. Sie bricht in schallendes Lachen aus: „Aber das stimmt!"

Ich kann es nicht fassen: Sind jetzt alle mit dem Primitiv-Virus infiziert?

„Annette", sagt sie nun ganz ernsthaft, „ich muss dir mal die Augen öffnen." *Die Augen öffnen? Worüber denn?* „Du bist eine schöne Frau." *Ich bin eine schöne Frau? Wer sagt das?* „Und du hast eine unglaubliche Ausstrahlung." *Was für eine Ausstrahlung? Ich finde mich hässlich. Grau. Zu dick. Die Beine zu lang, die Haare zu kurz, zu struppig, die Lippen zu schmal, die Wimpern zu dünn, das Grün der Augen zu grün und der Bauch zu fett. Und bitte nicht vergessen: die Cellulitis.* Sonja lässt sich nicht beirren: „Alfredo sagt die Wahrheit!" Ich lasse den Telefonhörer fallen.

Sonja hat mir einiges voraus – zum Beispiel ein sprühendes Selbstbewusstsein. Nach ihrer Trennung erweiterte sie ihren sexuellen Horizont um einige Blick- und Fühlrichtungen, nur ahnte ich davon nie etwas. Denn schließlich trug ich ganz selbstverständlich meine rosarote Ehefrauenbrille und sie wagte es nicht, meine süßen Träumereien zu zertreten. Vom Ende ihrer Ehe erzählte sie mir damals en passant und verkaufte es als „gelungen" und „freundschaftlich". Jetzt, da meine Ehe in Scherben liegt, rückt sie endlich mit der Sprache heraus. Sie verrät mir, wie sie sich im Internet Männer angelt und sich mit ihnen ihr Sexleben versüßt. Sie bevorzugt junge Liebhaber, und falls davon einmal keiner verfügbar ist, vergnügt sie sich mit einem ultramodernen Vibrator, der auch den höchsten Ansprüchen gerecht wird. Bei ihren Erzählungen laufe ich knallrot an.

Zwei Tage später bringt der Postbote einen mit Sonnenblumen verzierten Umschlag. Er ist von Sonja und enthält ein kleines Büchlein: „Bestellung beim Universum". Auf der ersten Seite steht: „Liebe Annette, Du darfst Dir alles wünschen. Es wird erfüllt. Deine Freundin Sonja." Ich lache und freue mich, dass ich so eine tolle Freundin habe.

5L – es geht los!

Ich suche theoretisches Futter für mein 5L-Projekt. Nicht, dass meine Freunde denken, ich sei einfach nur wild auf Sex. Sagen wir mal so: Ich liebe Sex. Und ich halte ihn für einen wichtigen Bestandteil des Lebens im Allgemeinen und meines Lebens im Besonderen. Es gibt so vieles, das ich wissen will! Was haben Sex und Liebe miteinander zu tun? Welche konkrete Rolle spielt Sex in Beziehungen? Aber diese Erkenntnisse lassen sich nicht auf die Schnelle gewinnen. Dafür brauche ich einen langen Atem. Und viele, viele Versuche. Ich muss mich kopfüber in die Feldforschung schmeißen und direkt am Mann meine Erfahrungen gewinnen.

Bei anderen Fragen kann ich das Internet konsultieren. Gibt es irgendwo auf der Welt ein System, das meinen Vorstellungen des 5L-Projekts nahekommt? Gibt es Frauen, die ihr Sexleben in einem gesellschaftlich akzeptierten Rahmen mit mehr als einem Mann leben?

Das Erste, was mir dazu einfällt, ist der Begriff des Matriarchats. Gibt es heute überhaupt noch Gesellschaften, die matriarchalisch strukturiert sind? Bis 4000 vor Christus, so erfahre ich, sei das Matriarchat die übliche Gesellschaftsform gewesen. Frauen hatten das Sagen und lebten weitestgehend selbstbestimmt. Ich bin erstaunt. Warum diese frauenbestimmte Gesellschaftsform von ihrem Gegenteil, dem Patriarchat, abgelöst wurde, darüber gibt es unterschiedliche Theorien. Die, die mir am meisten einleuchtet, ist die „Katastrophen-Theorie". Sie besagt, dass in Zeiten von Hunger, Dürre und Krieg die Stammesführerinnen ihre Männer losschickten, um nach fruchtbareren Gebieten zu suchen oder den Feind zu bekämpfen. Einmal mit solch verantwortungsvollen Aufgaben betraut, übernahmen dann die Herren der Schöpfung auch in friedlichen Zeiten das Regiment. Chance verpasst, Ladys!

Einige Tage später bin ich bei „Kuaför Ayse". Etwas muss sich ändern, und ich fange bei den Haaren an. Mich gelüstet nach Haarverlängerungen. Ich will eine wilde, lange Mähne. Fauch! Am liebsten Haare bis zum Po. Ich will sie schütteln, nach vorne und hinten werfen und damit Männer zu willenlosen Geschöpfen machen. Dann kann ich auch den Opernsänger an mich fesseln. Ob ich für Bastian, den Dauerklingler, Haarverlängerungen brauche, weiß ich nicht. Aber „der Mann" als solches ist ohnehin noch ein unbekanntes Wesen für mich. Ich sorge also lieber vor.

Meine Mutter verfolgte mich früher gern mit der Schere quer durch die Wohnung. Meine strubbeligen Haare waren für sie ein rotes Tuch. Zu wild und unbezähmbar, Naturlocken eben. In der Pubertät verteidigte ich aus Trotz den Afrolook mit Händen und Füßen. Kraus und störrisch, meine Haare waren wie ich. Erst in Spanien entdeckte ich den Charme von Friseursalons. Ich ließ mir die Locken einlegen, danach fielen sie sanft und glänzend über meine Schultern. Meine türkischen Freundinnen rieten mir später zu Lockencreme und schwarzem Henna, sodass mein Look seit vielen Jahren unverändert ist. Dazu lange, schlabbrige Hippie-Klamotten. „Die stehen dir so gut", schmeichelte Deniz, der sonst nie Komplimente machte. Aber bei High Heels und Miniröcken wurde er streng: „Sieht aus, als könntest du nicht auf ihnen laufen, und der Rock macht dich dick!"

Vor zwei Wochen überraschte ich mich dann selbst mit einem Befreiungsschlag. In einer nächtlichen Spontanaktion fegte ich die Regale meines Kleiderschrankes leer, stopfte alles wütend in einen Altkleidersack und fuhr mit dem Auto geradewegs zum Roten Kreuz. Ich stellte den Sack bei strömendem Regen einfach vor der Tür des Gebäudes ab und fühlte mich dabei, als würde ich eine Leiche entsorgen. Nicht ein einziges trauriges T-Shirt blieb übrig.

Jetzt will ich meine Haare anders tragen: Hellbraun mit blonden Strähnen und, unsichtbar darin verwoben, lange Kunsthaare, ein Lockentraum. Ayse soll mich beraten. Seit über 20 Jahren führt sie ihren Friseursalon. Ayse kennt das ganze Viertel. Sie weiß, welche Kinder begabt sind und welche faul, welche Eltern sich kümmern und welche nicht. Sie kennt die Naturhaarfarbe aller Bewohner und Bewohnerinnen ihres Stadtteils und kann zur Krankheitsgeschichte eines jeden meist mehr sagen als deren Hausärzte. Ihre Einschätzungen des internationalen Bankwesens erfährt man beim Haareschneiden ebenso wie ihre Theorien über weltweit agierende politische Verschwörungen. Heute bedient mich ihre Mitarbeiterin Gönül. Sie ist 40 und Mutter von zwei niedlichen Mädchen.

„Wie lange warst du verheiratet?", fragt sie.

Ayse, deren Augen und Ohren überall sind, schreit über den Lärm der Trockenhaube: „Verschon Annette bloß mit solchen Fragen, das macht sie nervös!"

Ayse weiß, was ihre Kunden brauchen. Besser als diese selbst. Das gilt für Farbtöne und Frisuren genauso wie für Gesprächsthemen. Diesmal aber setze ich mich durch und sage: „Lass sie nur. Kein Problem!" Dabei habe ich vor wenigen Tagen noch Rotz und Wasser geheult, nur weil ein alter Bekannter nach meinem Ex gefragt hatte. Tapfer antworte ich: „15 Jahre!"

„Was, so lange? Ein ganzes Leben!"

Gönül schlägt vor, in ihr türkisches Dorf zu fahren, dort könne mir eine Freundin den Kaffeesatz lesen, und wer weiß, vielleicht fände ich dort auch gleich einen neuen Mann? Da ist es um meine neue Gelassenheit geschehen und ich rufe auf Türkisch in die Runde: „Einen Mann? Einen einzelnen Mann nur? Ich habe ganz andere Pläne!" Die Kundinnen legen ihre Klatschblätter zur Seite. Konzentrierte Aufmerksamkeit, wo sich sonst fröhliches Stimmengewirr mit leisem Föhnrauschen mischt. „Meine Theorie", hebe ich an. Stecknadelstille. „90 Prozent aller Männer gehen fremd!" Zustimmendes Gemurmel. „95 Prozent sogar!", ergänze ich mutig.

„Nur ein halbes Jahr nach der Hochzeit hatte meiner eine andere", wirft die pausbackige Hatice aus Leverkusen ein. „Ich hab's gleich gemerkt, aber niemandem gesagt. Hab mich nicht getraut. Meine Eltern hätten mir nicht geglaubt."

„Mein Mann ist nachts immer weg! Er schläft nur zwei bis drei Tage zu Hause", ereifert sich eine kleine Brünette mit dem Akzent der türkischen Schwarzmeerküste.

Die Frauen nicken mir anerkennend zu. Ich fahre mutig fort: „Die Beziehung zwischen Mann und Frau, so wie sie uns beigebracht wurde, stelle ich infrage! Monogamie gibt es nicht. Sie ist eine Erfindung der Männer, um uns Frauen einzusperren!" Ein Raunen geht durch den Salon. Ich habe wohl den Nagel auf den Kopf getroffen. Die Zustimmung ermutigt mich. Den Impuls, auf meinen Frisierstuhl zu klettern und von dort aus eine flammende Rede zu halten, kann ich im letzten Moment noch unterdrücken.

„Meiner muss immer bis spätabends arbeiten. Der Arme. Ich glaub ihm kein Wort", sagt eine Istanbuler Wasserstoffblondine mit Körbchengröße 90D.

„Ich sage: Weg mit dem Märchen der Monogamie! Gleiche Rechte für alle! Frauen brauchen mehr als einen Mann!"

Ayse klopft mir auf die Schultern und juchzt: „Ja, zwei oder drei!"

Und ich rufe zurück: „Nein, mehr! Mein Konzept heißt 5L, ich sage euch, fünf Männer braucht die Frau! Und ich habe da ganz klare Vorstellungen! Das müssen tolle Männer sein, richtige Beziehungen mit Qualität; und damit das klappt, braucht die Frau außerdem eine Ersatzbank, da können gerne noch mal fünf Männer sitzen!"

Aufgeregt wollen die Frauen mehr erfahren. Wie willst du das in der Praxis machen? Wo findest du die Männer? Wissen alle Bescheid? – Ich bin euphorisch. Jetzt habe ich schon die Türkinnen mit meiner Idee infiziert! Wohin soll das noch führen?

Der Kuss des Opernsängers

Die Oktobersonne taucht die Altstadt in weiche Goldtöne. Für eine Freundin vermiete ich deren möbliertes Apartment. Die Rundmail meiner Bekannten Susanne ist daran schuld: „Suche Unterkunft für einen nordamerikanischen Gast für vier Wochen in Köln."

Susanne und der nordamerikanische Gast warten am Hauptbahnhof auf mich, von wo aus ich die beiden mit dem roten Car-Sharing-Fiesta in seine Bleibe kutschieren werde. Schon von Weitem sehe ich meine kleine, mollige Bekannte Susanne, die neben einem großen, schlanken Mann steht. Das muss Winston sein. Viel mehr kann ich nicht erkennen.

Mein Augenarzt hat vor sechs Monaten diagnostiziert, dass ich in die Ferne nicht scharf sehe – höchstens aussehe, wie er charmant hinzufügte. Wegen meiner Selbstbewusstseinskrise schlummert das Brillenrezept seitdem in meiner Handtasche.

Ich gehe auf die beiden zu und überlege, in welcher Verbindung der Gast wohl zu Susanne steht: Familienmitglied, ehemaliger Studienkollege, Liebhaber?

Als ich noch zehn Meter weit entfernt bin, sehe ich klarer und nun wird das Bild scharf. Und wie! Ich sehe ein Bild von einem Mann mit feinen indianischen Gesichtszügen, kohlschwarzem, dichtem Haarschopf, dunklen Augen, von tiefen Schatten dramatisch umrahmt. Seine lebensgefährlich schönen Lippen lächeln und geben so den Blick frei auf die strahlend weißen Zahnreihen, die aussehen, als wären sie nachträglich am Computer manipuliert worden. Mit diesen Zähnen würde sich jeder Zahnpasta-Werbespot für die Cannes-Rolle qualifizieren. Der hässliche Bahnhofsvorplatz verschwimmt, meine neben dem Reisenden stehende Freundin ist wie weggebeamt. Ich bin nicht mehr Herrin meiner Schritte, laufe weiter auf den Fremden zu, bis ich direkt vor ihm stehe. Da küsst er mich plötzlich einen innigen Moment lang – direkt auf den Mund.

Was ist passiert? Ich vergesse den Kofferraum aufzumachen, sehe, dass Winston mit seinen riesigen Übersee-Gepäckstücken davorsteht und mich amüsiert betrachtet. Ich suche nach dem Schloss, dem Schlüssel. Frauen und Technik, denkt er jetzt sicher und übernimmt selbst, verstaut sein Gepäck und dann fahren wir los.

Seit zwei Jahrzehnten lebe ich in dieser Stadt. Nach wenigen Minuten habe ich mich heillos verfahren, mal wieder. Mein Kopf rattert. Sind Susanne und Winston ein Paar? Noch nie habe ich mich von einem Unbekannten so ohne Weiteres auf den Mund küssen lassen! In lockerem Tonfall werfe ich ein kleines „Na, woher kennt ihr euch?" ins Fahrzeuginnere. „Aus dem Internet", antwortet er, „stimmt's, my darling?" Er zwinkert ihr über die Schulter zu. „Seit Monaten führen wir eine heiße Internetbeziehung. Endlich lerne ich diese Sexbombe persönlich kennen." Sie nickt, er grinst. Mein armer Kopf ist überfordert. In normalem Geisteszustand hätte ich den ironischen Unterton sofort bemerkt.

Nach 45 Minuten kommen wir endlich an; normalerweise braucht man für den Weg vom Bahnhof gerade mal eine Viertelstunde. In der Wohnung reiße ich mich zusammen, will niemanden mehr mit meinem emotionalen Irrsinn belästigen. Geflissentlich erkläre ich die Funktionsweise von Heizung und Wasserkocher, zeige die Klappvorrichtung der Schlafcouch, übergebe Winston die Schlüssel und überlege fieberhaft, wie ich hier heil wieder rauskomme.

Ein gehauchtes Küsschen auf beide Wangen wäre vielleicht angesagt, doch angesichts der Vorgeschichte ist das zu riskant. Ich gehe Richtung Wohnungstüre, während Winston und Susanne in der Mitte des Raums stehen bleiben. Vom sicheren Fluchtwinkel der Türe aus vollführe ich eine kleine Winkbewegung und flüstere: „Ich bin dann mal weg!"

Doch bevor ich aus der Wohnung rennen kann, breitet dieser Mann seine Arme aus und sagt mit tiefer Stimme, die meine Bauchdecke vibrieren lässt: „Darf ich dich umarmen?" Ich bin perplex. Mein Herz schreit: „Ja!" Mein Verstand schreit: „Nein!" Ergebnis dieses Disputes sind Worte, die nicht ich, sondern mein Unterbewusstsein ausruft: „Ihr könnt mich alle gerne umarmen!"

Huch! Welch Glanzleistung meiner verbliebenen drei grauen Zellen. Schon umschließt mich sein Körper wie ein warmer Wintermantel. Stille kommt über mich. Alles ist gut, man ist lieb zu mir. Himmel, tut das gut! Ich könnte ewig so stehen bleiben. Doch dann reiße ich mich los und stürze aus dem Haus.

Das Klingeln an der Bürotür schreckt mich aus meinen Gedanken. Es sind Winston und Susanne. Er strahlt, sie lächelt verkniffen. Sie fragen, wo man hier im Viertel zu Abend essen kann, und ich begleite sie spontan zu Alfredo. Seine Antipasti – Carpaccio, in feinstes Olivenöl eingelegte Auberginen und Paprika oder marinierte Meeresfrüchte – werden das amerikanische, sonst nur an Burger und Fast Food gewöhnte Herz erfreuen. Alfredo begrüßt uns mit einem theatralischen „Ciao!". Er ist mehr Künstler als Wirt, jeder Gast ist für ihn einzigartig, und dafür liebe ich ihn. Kaum sitzen wir am Tisch, ergreift Winston meine Hand und lässt sie nicht mehr los. Alfredo ruft mir den ganzen Abend auf Italienisch Komplimente zu: „Du bist die schönste Frau des Stadtviertels!", „Du bist die Weiblichkeit in Person!", „Du siehst aus wie ein Hollywood-Star!" Er steigert sich mit unglaublicher Geschwindigkeit, so schnell macht man sonst nirgends Karriere.

Seit ich mir jede Woche ein bis zwei neue sexy Kleiderstücke kaufe – mal einen kurzen Rock, mal eine ausgeschnittene Bluse und dazu überproportional viele Schuhe und Handtaschen –, höre ich so viele Komplimente wie nie zuvor. Ich entdecke gerade zum ersten Mal meinen eigenen Stil, muss niemanden mehr um seine Meinung fragen. Überrascht bemerke ich: Mein Stil kommt an. Mir wird klar: Ich musste gar nichts entwickeln, mein Stil war immer da, ich musste mir nur erlauben, ihn auszuleben.

Gerade erfährt Alfredo, dass mein Gast Opernsänger ist. Ich denke, ich höre nicht recht. Ein Opernsänger? Hatte ich nicht einen ebensolchen auf meine 5L-Wunschliste geschrieben? Meine Güte, ist das Universum aber schnell. Alfredo bittet um eine Kostprobe seines Könnens und Winston steht auf. Wird er etwa singen?

Alles vibriert, Gläser auf Tischen, Flaschen in Regalen, mein Trommelfell. Ich trau mich nur nicht, die Ohren zuzuhalten. Diese große Stimme sprengt den Raum. Der letzte Ton der Arie verklingt. Rappelnder Applaus. Ich bin stolz wie Oskar. Und denke: Eben noch habe ich das harmlose Wort „Opernsänger" auf ein Blatt Papier geschrieben, und das ist das Ergebnis. Das ist ja wie im Märchen. „Meine Herrin, wie lautet dein Wunsch? Überlege gut, was du sagst, es könnte schneller in Erfüllung gehen, als du ‚Papp' sagen kannst."

Runden um Runden italienischer Rotwein und Likör landen auf unserem Tisch. Das Panorama verschwimmt, und das liegt definitiv nicht an der fehlenden Brille. Sechs Stunden später brechen wir auf. Susanne geht allein in Richtung U-Bahn. Jetzt ist klar: Winston ist nicht ihr Lover. Er wird meiner sein. Ich hake mich unter den Flügeln meines Engels ein und gemeinsam schweben wir zu mir. Der erste Besucher in meiner „kleinen Toskana", so habe ich mein Zuhause inzwischen getauft. Mit sachtem Klick fällt die Wohnungstüre hinter uns zu und mein Engel verwandelt sich in einen Tiger. Er reißt mich. Ich reiße zurück. Gegenseitig lassen wir unserem Hunger freie Bahn. In meinem Zimmer sieht es jetzt aus wie nach einem Granateneinschlag. Ein Stuhl ist umgefallen, der Tisch steht nicht mehr an seinem Platz und mittendrin sind wir aufs Bett gestürzt. Die heftigen Bewegungen, mit denen wir uns verschlingen, wechseln sich ab mit weichen Samt-Küssen. Unverschämt weich sind seine Lippen. Mein ganzer Körper passt sich der Weichheit an und wird eins mit Matratze und Bettdecke, unter der wir uns jetzt wälzen. Er friert, kaum dass er sich ausgezogen hat. Er sagt: „Honey, bitte warte, ich kann nicht, bin total kaputt."

Seit Tagen schon ist er unterwegs, leidet unter Jetlag. So plötzlich, wie er über mich hergefallen ist, liegt er nun wie ein asketischer Yogi auf dem Rücken, die Augen geschlossen. Ich stütze mich auf den Ellbogen, betrachte ihn. Mein Körper schmerzt vor Lust, es ist das erste Mal, dass ich nach meiner Trennung einen Mann berührt habe. In den vergangenen Stunden hatte sich solch eine Spannung zwischen uns aufgebaut ... Meine Fingerspitzen gleiten zögerlich über seine Brust, hoffen, ihn noch einmal zur Raserei zu bringen. Nichts. Er murmelt: „Mir ist kalt", und zittert. „Wärme mich", flüstert er und ich fühle mich wie eine Henne, die ihr aus dem Nest gefallenes Küken unter die Flügel nimmt. Die ganze Nacht liege ich hellwach. Der Mann in meiner Hütte wirkt wie ein Schiffbrüchiger, den ich aus stürmischer See gefischt habe. Als es hell wird, wage ich einen weiteren Versuch. Ich streichle seine Brust. Er packt meinen Arm: „Gib mir ein paar Minuten!", und schläft weiter. Ich versuche es mit Meditation. Zähle bis zehn. Er schläft weiter. Nun übermannt auch mich der Schlaf. Zarte Hände, die über meinen Bauch streichen, wecken mich irgendwann behutsam aus dem Schlummer. Er liegt im Löffelchen hinter mir, liebkost meinen traurigen Körper. Endlich! Zärtlich nimmt er mich von hinten, es ist mehr ein Kuscheln mit sexuellen Anklängen, und ich schwimme auf kleinen Wellen davon.

Keine zwei Stunden nachdem er meine Wohnung verlassen hat, rufe ich meine Freundin Lola an. Ich habe sie über meine Künstleragentur kennengelernt, kurz nachdem die Geschichte mit Herrn X begonnen hatte. Wir verstanden uns auf Anhieb und näherten uns einander schnell auf der künstlerischen Ebene an. Sie ist eine faszinierende Theaterfrau, Gründungsmitglied der renommierten katalanischen Straßentheatergruppe „Artristras" und entwirft Kostüme, Masken und Großfiguren. Schon nach kurzer Zeit heckten wir Theaterstücke aus, die wir später in Afrika, in der Türkei und in Südeuropa unter abenteuerlichen Umständen produzierten. Doch die wahren Dramen werden vom Schicksal geschrieben und so erfuhr ich am Tag meiner Trennung, dass Lola unheilbar an Krebs erkrankt ist.

Die folgenden Wochen und Monaten gaben wir uns gegenseitig Halt in unseren schlaflosen Nächten. Wir telefonierten stundenlang, vorzugsweise zwischen zwei Uhr nachts und sechs Uhr morgens, und ließen unsere gemeinsam zurückgelegten Wegstrecken Revue passieren. Wenn ich mich für mein Problem schämte, weil es sich neben ihrer verzweifelten und so schrecklich ungerechten Situation als lächerlich klein ausnahm, schimpfte sie mit mir. „Schließ mich nicht aus deinem Leben aus", schluchzte sie eines Tages in den Hörer. „Du musst dich mit deinen ganzen Fragen auseinandersetzen, sonst wird das auch zum Krebs."

Dieses Mal möchte ich meine Begeisterung mit ihr teilen. Ich überschlage mich fast am Telefon. „Stell dir vor, was für ein toller Mann, und er ist auch noch Opernsänger!"

In diesem Moment sind all meine 5L-Vorsätze wie weggewischt. „Er sieht aus wie ein Gott, singt wie ein Gott." Ich sehe schon, wie ich meine Existenz in Deutschland aufgebe und diesem Ausnahmetalent in sein Heimatland folge, wo ich seine Karriere plane und ihn vor wild gewordenen Fans schütze. Lola lässt mich ausreden und sagt dann ganz leise: „Verwechsle es nicht mit Liebe, wenn jemand Zärtlichkeit in das Loch träufelt, das ein anderer mit dem Schlaghammer in dein Herz gebohrt hat!" Ich schlucke. Präzise wie keine andere Freundin nennt sie die Dinge beim Namen. Das ist Lola, meine weise Freundin.

Lola hat alle Höhen und Tiefen meiner Ehe miterlebt. Zu Beginn meiner glühend-heißen Affäre mit Herrn X kam sie mit in die Türkei, um dort für einen bekannten Open-Air-Club eine Straßenparade zu kreieren. Den Job hatte ich für sie an Land gezogen und mich gewundert, dass sie, ohne eine Sekunde zu zögern, zugesagt hatte. Wir flogen sie damals aus Spanien ein, wo sie mit Mann, Tochter und Straßentheatergruppe in La Garriga wohnte, einem kleinen, mondänen Kurstädtchen, 40 Kilometer von Barcelona entfernt. Am Spätnachmittag des ersten Tages schlenderten wir durch das türkische Küstendorf, an der Mole entlang, vorbei an traditionellen Holzbooten, wo Fischer ihre Netze flickten. Lola schwärmte: „Was für ein Licht! Wie ich die Sonne liebe! Und das farbenprächtige Spektakel, wenn sie im Meer versinkt."

„Ja, das ist wunderschön, aber warte erst mal, bis du den Mond siehst", flüsterte ich ihr zu. „Täglich beobachte ich seine Bahn und seine veränderte Form. Ich spüre, wo er aufgeht, wo er untergeht. Ob er zunimmt oder abnimmt. Er ist meine Kompassnadel. Der Mond hat hier an der ägäischen Küste eine ganz andere Wirkung als am grauen deutschen Wolkenhimmel."

Lola schüttelte den Kopf. Sie hatte damals noch die gleichen dunklen Naturlocken wie ich. „Der Mond sagt mir nichts. Zu ihm habe ich keinen Bezug, er lässt mich kalt. Ich liebe die Sonne, ich bin halt ein echtes Mittelmeerkind."

Als die Nacht kam und der Mond bronzefarben hinter den Bergen aufging, wurde sie nachdenklich. Dieser Tag veränderte ihr Leben, wie sie mir später gestand. Ein Jahr später entwarf sie mit ihrer Gruppe „Artristras" ein beeindruckendes Theaterstück über den Mond. Es hieß „Pleniluni".

Der Mond scheint auch in diesen Tagen hell am Himmel. Winston hat klares Wetter aus Nordamerika mitgebracht. Am nächsten Morgen sitzen wir bei duftendem Milchkaffee und knusprigen Croissants in einer Szenekneipe. Er guckt mir in die Augen und löst damit ein Kribbeln bei mir aus, von den Ohrläppchen bis zu den kleinen Zehen. „Was ist in deinem Leben passiert?", fragt er. Habe ich mich etwa auffällig verhalten? Da schießt ungewollt und ungeplant die Geschichte mit Herrn X aus mir heraus. Danach beiße ich mir fast auf die Zunge, aber keiner kann die Worte mehr einfangen.

Einen endlosen Moment schweigt er. „Vor drei Jahren habe ich mich von meiner Frau getrennt, weil sie einen Liebhaber hatte."

„Und jetzt? Wie lebst du jetzt?", frage ich.

Er erzählt etwas von einer Lebensgefährtin. „Ich versuche, ihr treu zu sein", erklärt er. Schon am nächsten Tag spüre ich seinen Rückzug. Er wittert Gefahr, sagt, er dürfe bis zur Generalprobe keinen Sex haben. Wir treffen uns trotzdem, bummeln Hand in Hand durch die Kölner Altstadt, wo ich mich sonst nie hinverirre, trinken Limonade in Eisdielen und fotografieren uns vor dem Dom. Hinter all der willkommenen Romantik sehe ich jedoch meine Gedanken bestätigt: Meine Entscheidung ist richtig. Ich werde alles auf den Kopf stellen, was bisher für mich in Liebesdingen galt. Und das Neue ausprobieren. Mein erster Schritt ins 5L-Projekt ist getan.

Gregor lacht sich ins Fäustchen. Seit sein Freund Bastian aus dem Urlaub zurück ist, zieht er ihn bei jeder passenden und unpassenden Gelegenheit mit der Werwolfgeschichte auf. Am liebsten erzählt er sie, wenn Kollegen und Freunde dabei sind. „Unser Bastian wirkt immer so harmlos", fängt er dann gerne mit süffisantem Lächeln an, „aber er hat zwei Seiten. Und die zweite Seite ist dunkel. Sehr, sehr dunkel." Und höflich fügt er hinzu: „Du gestattest doch, Bastian, dass ich die kleine Geschichte zum Besten gebe?" Der arme Bastian, denke ich. Irgendwann wirkt Gregors Strategie und Bastian gibt klein bei. Er gesteht mir die Wahrheit am Telefon. Ja, er war es. Er hatte zu viel Alkohol getrunken, und wenn er zu viel trinkt, können ganz schlimme Dinge passieren. Nein, er weiß auch nicht, was da in ihn gefahren ist. Er hatte bei mir geklingelt, weil er wohl einen „Jungenstreich" spielen wollte. Ich bestehe darauf, dass er sich bei mir persönlich entschuldigt. Er soll mir dabei in die Augen sehen. Schließlich hat er mir einen Riesenschrecken eingejagt.

Zur Wiedergutmachung lädt er mich in ein Restaurant ein. Vorher erklärt er genau, was er mit dem Wort „Einladung" meint: „Du kannst bestellen, was du willst, so viel du willst, ich bezahle." Irgendwie niedlich. Trotzdem: Mir scheint, so etwas gibt es nur in Deutschland. Bei meinen Aufenthalten in Spanien, Frankreich, Italien, Kolumbien, in der Türkei und selbst in einem so merkwürdigen Land wie den USA ist mir das noch nie passiert. Dort ist es selbstverständlich, dass der Mann zahlt, wenn er mit einer Frau ausgeht. Hier scheint es der Preis der Emanzipation zu sein, Gentleman-Eigenschaften in die Tonne zu treten. Frauen dürfen genauso viel arbeiten wie Männer und sich zusätzlich um Haus und Hof, Kind, Katz und Maus kümmern. Zur Belohnung dürfen sie das Essen im Restaurant selber bezahlen. Das ist der ultimative Beweis der Emanzipiertheit. In Zukunft möchte ich nur mit Männern ausgehen, die mich einladen. Ich habe keine Lust mehr auf kumpelhaftes Rechnungen-Teilen.

Schade, dass ich heute keinen Hunger habe. Ich bestelle nur ein Glas Rotwein. Bastian zeigt auch keine Begeisterung für seinen Salat mit Putenstreifen. Er kaut lange auf jedem Bissen herum und kann meinem erwartungsvollen Blick nur sekundenweise standhalten. Ich übe mich in Geduld und bin gespannt, wie er mir seinen nächtlichen Aussetzer erklären wird. Er vertrage keinen Alkohol, setzt er zu einer Erklärung an. Nicht einen einzigen Tropfen. Also fast keinen Tropfen. Einen Moment lang spüre ich das Bedürfnis, ihm über die Haare zu streicheln. Er sitzt bedröppelt neben mir und nippt an seinem Achtel Weißwein.

„Ich hatte einen Blackout in jener Nacht", nuschelt er vor sich hin.

Heimlich wünsche ich mir einen anderen Text: „Ich hab bei dir sturmgeklingelt, weil du megascharf bist und ich dich vernaschen wollte!"

Auf der Stelle würde ich ihm großherzig verzeihen, aber er vertieft die Blackout-Thematik. Er rühre Alkohol fast nie an. Und wehe wenn, dann ... Blackout. Also an jenem Abend ... Er schweigt einen Moment. Ich überlege krampfhaft, was man auf so was antwortet. Mir fällt nichts Passendes ein.

„Was machst du eigentlich in deiner Freizeit?", lenkt er plötzlich ab.

Erleichtert erzähle ich, dass ich manchmal gerne am Rhein entlangradele. Er strahlt, ja, das macht er auch gerne. Radeln. So, über was könnten wir noch sprechen? Es tritt eine kleine Pause ein. Bastian entschuldigt sich noch mal. Es ist das sechste Mal heute Abend.

Wir tauschen unsere Handynummern aus und verabschieden uns. Zu Hause trinke ich noch zwei Glas Wein. Um Mitternacht bin ich beschwipst und schreibe ihm eine SMS: „Ich schlag dir einen Deal vor: Wir spulen alles noch mal zurück. Du kommst, klingelst und ich mache dieses Mal auf."

Keine Antwort. Um zwei Uhr nachts schreibe ich: „Mein Angebot ist ausgelaufen. Nicht mehr gültig. Aber wir können uns gerne mal treffen, um am Rhein zu radeln."

Gedanken zur Monogamie

Meine Recherchen führen mich unausweichlich immer wieder zum Thema Monogamie. Ich betrachte das Thema aus Sicht meiner Ehe und notiere die mir bekannten Tatsachen:

Dauer meiner Ehe, in Jahren: 15
Dauer der geheimen Liebschaft meines Mannes, in Jahren – soweit ich das weiß: 4

Häufigkeit von Sex pro Tag während meiner Ehe: 1 bis 3 Mal
(Und das stimmt, wirklich. An der Quantität hat es in dieser Beziehung jedenfalls nicht gemangelt.)
Monate, die mein Mann in der Türkei war, pro Jahr: 5
(Dazu muss ich erklären: Ich flog jeden Monat für eine Woche dorthin.)
So viel zu meinen Zahlen.

Ich möchte mich dem Thema sachlich nähern. Der wissenschaftliche Ehrgeiz hat mich gepackt und ich suche nach Antworten auf meine Fragen: Welche Rolle spielt die Monogamie im Liebesdschungel? Gibt es die Monogamie wirklich? Welche Bedeutung hat sie? Ist sie notwendig? Warum wird sie immer wieder zum Stolperstein? Das alles muss ich herausfinden, um zu wissen, wie ich mich in Zukunft verhalten soll. Nach dem Scheitern meiner Ehe brauche ich einen neuen Leitfaden: Wie soll das Zusammenleben zwischen Mann und Frau fortan aussehen? Gibt es ein anderes System als die Monogamie?

Bis zu meiner Trennung glaubte ich genauso wie viele andere Frauen: „Wenn ich in einen Mann verliebt bin, habe ich keine Lust auf einen anderen." Inzwischen aber frage ich mich: Fühlen wir das wirklich? Diese Fragen will ich erforschen, an mir selbst und an den Männern, die meinen Weg kreuzen.

Ich fange mit dem ersten echten Kandidaten meines 5L-Projektes, meinem Lover Nummer 1, an, Winston. Er hat eine feste Freundin, sie leben zusammen und haben sich Treue versprochen. Nun kommt dieser Sangesheld nach Deutschland und küsst mich, 15 Sekunden nachdem ich aus dem Auto gestiegen bin, und reißt mir acht Stunden später wüst die Kleider vom Leib.

Zwei Tage später zieht er sich zurück, erklärt mir, dass Opernsänger wegen ihres Zwerchfells eine Woche vor ihrem Auftritt keinen Sex haben dürfen. Der Sex lockert den Muskel, mit dem die Stimme gehoben und gesenkt wird, in unzulässiger Weise. Und mit einem gelockerten Zwerchfell kann er keine gescheite Arie singen. Der Sangeskünstler muss sich daher vorher entscheiden, was er stoßen möchte: einen schönen Ton oder eine schöne Frau, beides geht nicht. Die Anzahl der konzertrelevanten Abstinenztage wird bei späteren Gesprächen über dieses Thema übrigens variieren und sich verringern, je länger wir uns kennen.

Das war also mein erster Sex nach der Stunde null. Zwei Monate Nonnendasein liegen hinter mir. So schnell soll wieder Schluss mit Sinnesfreude sein? Ich stelle Winston zur Rede. „Ich versuche, meiner Freundin treu zu sein!", erklärt er mit gewinnendem Bariton-Lachen und küsst mich von oben auf die Stirn. Ich analysiere die grammatikalischen Finessen dieser Satzkonstruktion: Er versucht, seiner Freundin treu zu sein? Bildet die Verbindung der beiden Verben „treu sein" und „versuchen" nicht einen Widerspruch? Löblich ist sein Versuch schon.

Eigentlich sollte ich ihm eine Medaille für außerordentliche Verdienste bei seinem ersten Auslandseinsatz verleihen: Der amerikanische Lover widersteht bei einem heldenhaften Treueversuch (fast) erfolgreich einer sexhungrigen blonden Europäerin.

Angesichts der komplizierten Sachlage beschließen Winston und ich, uns die Einsamkeit platonisch zu versüßen. Er spricht weder Deutsch noch sonst eine Fremdsprache. Dank meiner Englischkenntnisse erscheine ich ihm wie ein Geschenk des Himmels. Ein Engel, der sich um alle Verwaltungsfragen an der Oper kümmert, Formulare ausfüllt und ihn berät. Meine Freundinnen raufen sich die Haare und schreien: „Aber das hatten wir doch schon alles! Dein Leben lang hast du dich um die Männer an deiner Seite gekümmert! Hör auf damit!" Erst verstehe ich ihre Aufregung nicht und finde den Lohn für meine Bemühungen üppig. Mein amerikanischer Lover lädt mich zum Essen ein, er streichelt und küsst mich, er ist so zärtlich wie kein Mann zuvor. Wie ein frischverliebter Backfisch lasse ich täglich alles stehen und liegen und renne zur Oper. Dort fragen seine Kollegen, ob ich seine Gattin sei. Er sagt nichts und lächelt.

Meine Freundin Sonja schreit besonders laut. Da fällt mir ein, dass sie ja genau dasselbe für ihren Mann getan hat: Sie hat ihm jede Verantwortung abgenommen. Sie ging arbeiten und argumentierte: „Das ist ja Quatsch, wenn er arbeiten geht und viel weniger verdient." Sie kümmerte sich auch um die Finanzierung und die Instandhaltung ihres Traumhäuschens in der Türkei. „Wie soll er das hinbekommen, er hat doch gar keine Ahnung von solchen Dingen!"

Langsam beginne ich zu ahnen, dass ich die Mutter-Teresa-Rolle tatsächlich perfekt beherrsche. Aber ich funktioniere trotzdem weiter so, als hätte ich den Autopiloten auf „Helferin" gestellt. Ich bin elegant und eloquent, bewege mich im Theater, als gehöre es mir, der Portier wagt nicht mal, nach meinem Dienstausweis zu fragen, und ich gelange in Proben, die selbst für das Theaterpersonal gesperrt sind.

Winstons Freunde, die ich später kennenlerne, erzählen mir allerlei Klatsch und Tratsch über seine Lebenspartnerin, die alles tun soll, um ihrem Schatz, aber vor allem anderen Männern ins Auge zu fallen. Gerne kommt sie ein paar Minuten nach Vorstellungsbeginn in den Zuschauerraum des Theaters. Oder sie erscheint exakt in dem Moment, in dem Winston seine schwierigste Arie singt. Dann sorgt sie mit ultrakurzem Minirock und tiefem Ausschnitt dafür, dass keiner mehr den Star des Abends, sondern nur noch die aufreizende Störenfriedin in der ersten Reihe beachtet.

Mache ich etwas falsch? Winstons Verlobte hat es immerhin geschafft, diesen göttergleichen Mann zum „Treu-sein-Versuchen" zu bekommen. Ist es besser, Männer schlecht zu behandeln? Hängen sie dann mehr an uns Frauen? Ich notiere mir diese Fragen für später.

Für den Moment halte ich fest: Die Monogamie existiert. In diesem Fall handelt es sich um eine intendierte Monogamie.

Eine intendierte Monogamie ist da, zwar leicht eingetrübt, wird aber durch guten Willen und gute Absichten hochgehalten. Ich bin gespannt, welche Erkenntnisse noch auf mich warten.

Die Regeln des 5L-Projekts

Mein 5L-Projekt braucht Regeln, eine Anleitung zum Do-it-Yourself. Ich beschließe, das Ganze als „Work in Process" zu sehen und je nach Entwicklung des Projektes Spielregeln zu ergänzen oder wegzulassen, sie meinen Erfahrungswerten anzupassen. Es kann losgehen!

1. Regel:
Du hast keine Ahnung, wer deine fünf Lover irgendwann einmal sein werden? Egal. Schreib einen Wunschzettel mit deinen fünf Traumkandidaten. Ob wilder Single oder biederer Ehegatte, der Bäcker von nebenan oder der unerreichbare Popstar aus dem Fernsehen, alle kommen mit aufs Papier. Papier ist bekanntlich geduldig.

Auf meinem Zettel steht als Nummer 2 Winston. Ob er in meinem Leben noch eine Rolle spielen wird? Keine Ahnung. Aber er füllt mein Herz mit Liebesgeflüster und kitschigen, rosaroten Erinnerungen. Wen soll ich noch auf meine Liste setzen? Soll Bastian, der Dauerklingler, wirklich dabei bleiben? Eigentlich fand ich ihn eine Sünde wert, nur sein nächtliches Geklingel war mir unheimlich. Aber ein 5L-Kandidat muss nicht rundum gelungen sein, er darf Macken haben, die heben sich im Gesamtbild seiner Mitstreiter wieder auf. Ich resümiere: Opernsänger und Dauerklingler. Immerhin schon zwei Kandidaten.

Diese Liste muss regelmäßig aktualisiert werden. Neue Wunschkandidaten kommen dazu, hoffnungslose Fälle und Langweiler werden gestrichen. Das mit dem Streichen kann aber noch warten, so viele Kandidaten habe ich ja noch nicht.

2. Regel:
Jeder Lover erfährt noch vor dem ersten Sex, was Sache ist. Dass er keine Exklusivrechte erhält. Und von ihm auch keine eingefordert werden. Offenheit und Ehrlichkeit sind mir wichtig! Wir haben eine Würde zu verteidigen, nämlich uns selbst gegenüber, und da ist meiner Meinung nach kein Platz für Lügen. Wie viel Information jeder Einzelne verkraften kann, muss geklärt werden.

3. Regel:
Männer haben natürlich das gleiche Recht wie wir Frauen. Sie sollen mehrere Partnerinnen haben. Ich werde ihnen sogar verbieten, mir treu zu sein. Denn wenn ich ihnen das Treusein verbiete, können sie mich auch nicht betrügen, so einfach ist das.

4. Regel:
Aktiv nach Lovern suchen. Nicht Däumchen drehen und abwarten. Ich werde eine Liste erstellen, welche Schritte ich unternehmen will: Internetsuche, Zeitungsanzeigen, abends in Kneipen gehen, aufmerksam durch die Fußgängerzone laufen. Listen sind immer gut. Und abhaken beruhigt und vermittelt Erfolgserlebnisse.

5. Regel:
Ich mache aus meiner eigenen Sexualität ein Forschungsprojekt. Was könnte ich mal ausprobieren? Was gibt es überhaupt alles? Vielleicht auch hierzu eine Liste erstellen?

6.Regel:
Ich setze mir ein zeitliches Limit von genau zwei Jahren. Sicher ist sicher. Innerhalb dieser Zeit gilt eine strenge Beziehungssperre für mich. Ich darf keine feste Beziehung eingehen, keine feste Partnerschaft, das ist oberstes Gebot. Nicht dass ich ohne es zu wollen in die Fänge des nächsten Lovers gerate, der mein ganzes Projekt zum Scheitern bringt.

Ich überzeuge Viola vom 5L-Projekt

Meine Freundin Viola ist von Glück und Unglück ganz zerzaust, von Liebeskummer gebeutelt, im Stundentakt abwechselnd am Boden zerstört oder auf Wolke sieben. Nach 20 Jahren Ehe ist bei ihr die Liebe abhandengekommen. Und plötzlich wieder aufgetaucht, in der Gestalt eines Tierarztes aus dem Nachbarort. Noch vor einem Monat hatte sie zu ihrem Mann gesagt: „Ich kann kaum glauben, wie sehr wir uns immer noch lieben!" Auf der Geburtstagsparty ihrer Nachbarin tanzte sie dann die ganze Nacht mit einem Fremden, landete im Morgengrauen mit ihm auf dem Sofa seiner ehelichen Wohnung – die Ehefrau war verreist – und seitdem ist nichts mehr, wie es vorher war. Der Tierarzt hat drei Kinder und möchte nichts an seinem Leben verändern. „Das ist unser kleines Geheimnis", sagt er zu Viola. „Niemand soll davon erfahren."

Violas Mann ist zunächst davon überzeugt, dass ihre Veränderung mit dem Ashtanga-Yoga-Intensivkurs zu tun hat, den sie nach den Sommerferien mit großer Begeisterung belegt hat. Innerhalb kurzer Zeit strahlte sie eine ganz andere Lebensfreude aus und wirkt nun zehn Jahre jünger. Viola und der Tierarzt brennen füreinander. Ein Strohfeuer?

Beide haben den Eindruck, noch nie in ihrem Leben so tief empfundenen, grenzüberschreitenden Sex erlebt zu haben. Viola, die versucht, alle ihre Lebensfragen im Internet zu klären, stolpert über den Begriff des LCS. Das ist ein wissenschaftlich beschriebenes Phänomen und wird mit Life Changing Sex beschrieben. Sex, der die Welt aus den Angeln hebt, der so heftig ist, dass alles andere daneben verblasst. Dabei erleben zwei Menschen, dass ihr körperliches Miteinander ihren Verstand versagen lässt und sie in Gefahr bringt, ihr bisheriges Leben über Bord zu werfen. Der Psychologe auf der entsprechenden Internetseite empfiehlt, diese Phase unbedingt auszuleben, das Verlangen auf keinen Fall zu unterdrücken und nach ein paar Monaten zu sehen, was an der

Sache wirklich dran ist. Nur: Was ist nach dieser Testphase vom bisherigen Leben noch übrig?

Viola vertraut sich mir an. Sie fühlt sich ihrem Ehemann gegenüber schuldig und meint, ich sei die Richtige, um ihr Tipps zu geben. Ich erzähle ihr in kurzen Worten, wie es mir erging, als ich die Wahrheit über das Doppelleben des Herrn X erfuhr, und flehe sie an, ihren Mann nicht zu belügen. „Er hat es nicht verdient, hinters Licht geführt zu werden."

Doch Violas Mann ist schneller als sie. Er spürt, dass etwas nicht stimmt, er sieht das Funkeln in ihren Augen, riecht ihre Erregung und weiß, dass sie nicht ihm gilt. Er bemerkt ihre glückselige Zerstreutheit und nur zwei Wochen nach Beginn der Affäre stellt er sie zur Rede. Sie gesteht, dass sie einen Geliebten hat.

Seine Welt bricht zusammen. Viola macht alle Schotten dicht, will sich durch nichts und niemanden von dieser Liebschaft, die wie ein Hochgeschwindigkeitszug durch ihr Leben rauscht, abbringen lassen. Sie versteht sich selbst nicht, ihr Mann versteht gar nichts und ihr Lover noch weniger. Drei Menschen tappen im Dunkeln und da ist die Gefahr groß, zu stürzen, sich selbst und die anderen zu verletzen.

Ein paar Tage später erwischt der betrogene Ehegatte die beiden in flagranti, als sie sich gerade vor einer Kneipe mit heißen Küssen voneinander verabschieden. Es gibt eine dramatische Szene, in deren Folge Violas Geliebter Angst um seine eigene Ehe bekommt und die Affäre beendet.

Viola ist am Boden zerstört. Sie will nicht zu ihrem Mann zurück und zittert jedem Morgen entgegen. Was schmerzt da so? Die neu erweckte, unerfüllte Lust? Die neu erweckte, unerfüllte Liebe? Schreckliche Schuldgefühle nagen an ihr, als sie eines Tages auf meinem roten Samtsofa sitzt und weder ein noch aus weiß. Ich erkläre ihr mein 5L-Projekt. „Du darfst dich jetzt nicht an einen einzelnen Mann binden. Du weißt ja gar nicht, was in dich gefahren ist! Lebe dein Leben! Verstehe erst mal, was in dir los ist. Genieße die Liebe und hüte dich vor dem Verliebtsein!"

Sie schaut mich mit großen Augen an und sagt einen Satz, den fast alle Frauen zu mir sagen, wenn ich mein Projekt schildere: „Fünf Lover auf einmal? Wenn ich auf einen Mann stehe, kann ich keinen Sex mit einem anderen haben!"

Ich antworte wie immer: „Ja, ja, ich weiß. Hat man uns so eingetrichtert. Aber das gehört in den Bereich der Legenden. Probier es aus und du wirst sehen: Es geht! Man kann alles lernen, ob Chinesisch, Schwertkampf, Blindenschrift oder Kochen. Wenn wir Frauen es wollen, können wir auch lernen, einen Mann zu vernaschen, selbst wenn wir unser Herz anderweitig verschenkt haben. Sollte es nicht gleich klappen, dann hilft nur üben, üben, üben."

Viola hat noch mehr Fragen: „Aber wie machst du das denn? Hast du die Männer gleichzeitig oder nach Stundenplan? Gibt es ein Minimum pro Monat, hüpfst du von einem zum andern?"

Ich gebe zu, dass ich noch in der Theoriephase bin. Klare Vorstellungen habe ich trotzdem: „Ideal wäre für mich, jeden ‚meiner' fünf Männer mindestens alle zwei Wochen einmal zu treffen. Einmal die Woche pro Mann ist zu viel – irgendwann muss ich ja auch noch Zeit für mich haben – und einen Stundenplan will ich auf gar keinen Fall."

Amüsiert sieht sie mich an und ich habe das Gefühl, es hat Klick gemacht. Sie schmunzelt: „Du hast recht! Wahrscheinlich verwechsle ich Verliebtsein mit Geilheit. Ich muss mich eigentlich nur so verhalten, wie es die meisten Männer tun!"

Sie sieht auf die Uhr: „Okay, ich werde es ausprobieren. Probieren geht über studieren." Sie umarmt mich so fest, dass ich kaum noch Luft bekomme, ruft: „Du weißt gar nicht, wie sehr du mir geholfen hast!", und verlässt mich mit wehenden Haaren. Ich habe eine Mitstreiterin gefunden! Nun wird es Zeit, dass auch ich mich wieder auf die Suche mache, so kann es mit meiner 5L-Liste nun wirklich nicht weitergehen. Die offenen Plätze müssen schleunigst gefüllt werden.

Männer, wo seid ihr?

Für das zügige Fortschreiten meines Projektes brauche ich dringend Männer. Woran soll ich sonst meine weiteren Studien betreiben?

Also: Wo finde ich Männer, die mir gefallen, die mein Herz zum Flattern oder wenigstens meine sexuellen Fantasien auf Turbobeschleunigung bringen? Mein Lieblingshilfsmittel, das weiße Blatt, muss wieder herhalten. Brainstorming. Ich notiere, was mir spontan einfällt. Das will ich dann brav abarbeiten.

1. Internetsuche (Oh je, will ich mich wirklich dazu herablassen?)
2. Kneipenbesuche (Sind da nicht zu viele Alkoholiker unterwegs?)
3. Auf der Straße (Wie soll ich da meine Signale senden? Das könnte peinlich werden.)
4. In meinem Freundeskreis (Hilfe, dann heißt es gleich: Die geht mit jedem in die Kiste.)
5. Im Fitnessstudio (Da finde ich bestimmt nur Typen mit überflüssigen Muskelpaketen, will ich das?)
6. In einem Verein (Ich hasse Vereine!)

Erschöpft lasse ich den Bleistift fallen, der nun zaghaft, der leichten Neigung meines Altbaubodens folgend, den Tisch entlangrollt, bis er am Tischrand liegen bleibt. Ich beschließe, meine Gedankengänge im Freien fortzuspinnen, schließlich wussten schon die alten Philosophen, wie gut man beim Gehen denken kann. Vor der Haustüre stolpere ich beinahe über Gregors Rennrad. Er macht sich gerade fertig für eine 50-Kilometer-Tour durchs Bergische Land. „Annette, was ist denn mit dir passiert?", fragt er erstaunt und sein Blick gleitet geradezu anzüglich an mir hoch und runter, so kenne ich meinen Freund Gregor gar nicht. „Diese Overknee-Stiefel stehen dir ausgezeichnet, und was hast du mit deinen Haaren gemacht? Haben die plötzlich einen Wachstumsschub bekommen? Toll! Du bist kaum wiederzuerkennen."

Ich habe Gregor vor einigen Jahren kennengelernt, als ich ihn zur Vernissage eines Künstlers einlud, der in meinen Büroräumen ausstellte. Vorher kannte ich den bekannten Schauspieler und Regisseur nur aus dem – in meinem Wohnumfeld nie vorhanden gewesenen – Fernsehen. Spricht für die Größe seines Ruhm, dass dieser selbst meine abgeschottete medienfreie Welt erreichte. Ich hatte gehört, dass er eine wichtige private Kunstsammlung pflegt. Wie groß war meine Überraschung, als er höchstpersönlich ans Telefon ging.

Aufgeregt haspelte ich meinen Einladungsspruch in den Hörer.

„Ich habe leider an dem Abend Dreharbeiten", sagte Gregor zu meiner Enttäuschung.

„Bin frühestens um ein Uhr nachts zurück in Köln."

Das Argument zählte nicht. Schnell hatte ich meine Fassung wieder und setzte mein größtes Talent, die Hartnäckigkeit, ein: „Unsere Vernissagen dauern oft bis zum Morgengrauen, kommen Sie einfach, wenn Sie zurück in Köln sind."

Er lachte und versprach, sein Bestes zu tun. Um zwei Uhr stand er mit einer Flasche Rioja an der Haustüre. Er blieb bis zum frühen Morgen, unterhielt sich mit meinen Gästen, interessierte sich für die Bilder des türkischen Malers aus Paris, vor allem dessen Lieblingsmotiv – überdimensionale üppige Brüste – und lud schließlich alle übrig gebliebenen Gäste zu sich nach Hause ein, wo er uns nach durchwachter Nacht seine Kunstsammlung vorführte.

Vor lauter Stolz wachsen meine Haare gleich noch einen Zentimeter nach. Und meine Beine auch, dank der Overknee-Stiefel. Vor zwei Wochen lagen sie noch unschuldig in einem Schaufenster und riefen mir zu: „Hier sind wir!"

Ich strich immer wieder um den Schuhladen herum. Ist das was für mich? Ist das nicht zu gewagt? Dann fasste ich mir ein Herz und ging hinein. Zwei gut aussehende junge Verkäufer kamen auf mich zu. „Diese Stiefel passen perfekt zu Ihnen!", schnurrten sie, als hätten sie meine Gedanken erraten.

Sie halfen mir beim Anprobieren. Knieten vor mir und zogen das weiche Leder kräftig, aber gefühlvoll über Unterschenkel und Knie. Von dem Moment an wollte ich die Stiefel gar nicht mehr ausziehen. Ich hatte ein Schuhwerk gefunden, das das Zeug zum Symbol meines neuen Lebens hatte: Overknee-Stiefel. In Gedanken versunken defiliere ich nun in Richtung Grüngürtel. Vielleicht kann ich ja ein paar Traumtypen in der Parkanlage auflesen. Heute ist alles möglich!

Der zweite Versuch

Ich schlendere über die Messe und beinahe stoßen wir zusammen – der schöne Blonde und ich. Wie lange haben wir uns nicht gesehen? Es kommt mir vor, als sei unsere Affäre eine Ewigkeit her. Jörg passte schon damals nicht in mein Beuteschema, denn zeit meines Lebens faszinierten mich Männer aus südlichen Gefilden. Jörg war eine Premiere: der erste deutsche Mann und noch dazu einer wie aus dem Bilderbuch. Eine Handbreit größer als ich, breites Bauarbeiterkreuz, die Locken verstrubbelt und Lippen zum Reinbeißen oder, noch besser, zum Dauerküssen.

Als ich ihn zum ersten Mal sah, war ich gerade aus Madrid zurückgekehrt, wo ich einige Jahre gelebt und die dortigen eleganten Caballeros lieben gelernt hatte. Als Erstes stach mir sein Schuhwerk ins Auge. Um Himmels willen, er trug tatsächlich Birkenstocksandalen! Das war das Schlimmste, was einem Männerfuß in meinem Weltbild passieren konnte. Schlimmer noch, die Birkenstocksandale war für sich genommen ein Weltbild. Ein Birkenstocksandalenträger ist für mich ein Softie, der vor der Emanzipation kapituliert hat. Er kann sich zwar mit der Idee anfreunden, dass heute Abwasch und Kinderwagenschieben von Männern gefordert werden, aber ansonsten hat er gewisse Schwierigkeiten, seinen männlichen

Daseinszweck mit klaren Inhalten zu füllen. Er weiß nicht, ob es in Ordnung ist, die eigene Männlichkeit auszuleben. Ein Softie fühlt sich von Frauen im Allgemeinen und von mir im Besonderen überfordert.

Als ich ihn zum ersten Mal sah, riss ich meinen Blick nach endlosen Sekunden von den Birkenstocksandalen los und ließ ihn dann langsam entlang der eng sitzenden, ausgewaschenen Jeans nach oben wandern. Die Birkenstocksandalen rückten in weite Ferne, als ich bei der Gürtelschnalle angelangt war. Zentimeter um Zentimeter nach oben gleitend, über das offene Hemd, das eine gebräunte, behaarte (damals war das noch in Ordnung!) Brust erahnen ließ, fand ich immer mehr Argumente, das Softie-Minus zu nivellieren. Die Gesamterscheinung wirkte überhaupt nicht softie-like, sondern äußert maskulin. Dieser Mund war es dann. Definitiv. Ich wagte den Versuch.

Doch das Softie-Gen kam hartnäckig immer wieder durch. Zu Beginn unserer gemeinsamen Geschichte flüchtete er regelmäßig vor meinen Avancen. Und nach manch heißer Liebesnacht kommentierte er später: „Wow, war das toll! Davon kann ich drei Monate zehren!" Eine romantische Liebeserklärung klingt anders. Dazu muss ich allerdings erwähnen, dass Jörg ein Feind von Superlativen ist. Nicht einmal Adjektive gehören in seinen Wortschatz. „Toll" war ein echtes Zugeständnis und verriet mehr über meine Rolle in seinem Sexleben, als ihm lieb sein konnte. Am liebsten wäre ich ihm an die Gurgel gegangen: „Drei Monate willst du davon zehren? Wehe, du denkst an den Sex mit mir und masturbierst dabei. Das war nicht verabredet! Das verbiete ich dir explizit! Schließlich will ich auch was davon haben!"

Doch er zehrte im stillen Kämmerlein. Lebte die Erinnerung wieder und wieder durch, so lange, bis er es nicht mehr aushielt, und das war – lange. Nebenbei hatte er wechselnde Freundinnen: Zahme, brave Mädchen, wie mir aus der Distanz erschien. Frauen, die weder Höhen noch Tiefen bereiten, einfach da sind und Nestwärme geben. Laue Frühlingslüftchen im März, keine Tropenhitze, kein Wirbelsturm, kein Silvesterfeuerwerk – das erschöpft den Softie nämlich. Im Stillen und in meinen Tagebüchern nannte ich ihn fortan nur „Birkensohle".

Manchmal jammerte er: „Wieso ausgerechnet ich? Was findest du nur an mir? Du bist eine faszinierende Frau, du kannst doch jeden Mann haben." Wie konnte ein so schöner Mann nur solche Komplexe haben? Sein starker Nacken, sein Knack-Po, seine ganze körperliche Präsenz weckten damals das Tier in mir. Mein Entschluss, Herrn X zu heiraten, beendete diese Gier. Fortan war ich die treue Ehegattin eines Türken. Nicht nur, dass ich keinen anderen Mann mehr eines Blickes würdigte, ich bemerkte auch all die begehrlichen Blicke nicht, die mir zugeworfen wurden. Und jetzt das!

Jörg sieht mich an – von oben bis unten. Anzüglich, ja – anziehend auch – ausziehend ganz sicher. Er verschlingt mich geradezu mit seinen Blicken. „Wie geht es dir?", fragt er betont beiläufig.

„Gut, danke!", erwidere ich ebenso locker.

„Was macht die Türkei?", fragt er weiter.

„Ach, die Türkei. Das ist vorbei!" Meine Stimmlage verrät mich, sie ist einen Tick zu hoch. Ich mache eine halsabschneidende Geste mit der Hand. „Finito!"

„Ich komme nachher an deinen Stand", ruft er mir hinterher.

Mein Mann wusste genau, dass Jörg mein Lover gewesen war. Unsere Hochzeit wäre beinahe wegen ihm geplatzt. Nur, weil Jörg ein paar Wochen vorher mit mir Kaffee trinken gegangen war.

Mein Ex sagte immer: „Eifersucht? Kenne ich nicht." Doch sein durchdringender Blick traf jeden Mann, der sich in meine Nähe wagte. Bald schon hielten sie Abstand. Mit diesem breit gebauten Kerl, der unter buschigen Augenbrauen deutliche Botschaften in die Welt schleuderte, wollte sich keiner anlegen. Das habe ich natürlich erst später erfahren, denn ich bemerkte davon nie etwas. Kein Wunder also, dass ich keine verfänglichen Blicke mehr auf mir spürte. Vermutlich traute sich keiner, einen solchen zu werfen. Wenn nicht geworfen wird, wird auch nix aufgefangen. Ein sehr unerquickliches Ballspiel.

Den ganzen Tag über läuft Jörg mit einem Sicherheitsabstand von mehreren Metern an mir vorbei und beobachtet mich. Am liebsten würde ich ihn am Schlafittchen packen und hinter einer Stellwand vernaschen. Ich stelle mir vor, wie meine Hand in den Bund seiner engen Jeans gleitet und ertastet, ob er einen Slip trägt. Wahrscheinlich schon. Das ist sein gewisser Hang zum Bürgerlichen, seine katholische Erziehung. Aber ich spüre, dass seine Gedanken keineswegs *katholisch* sind.

Dabei finde ich nichts prickelnder als Jeans auf nackter Männerhaut. Die Vorstellung des Reißverschlusses der Levis, der sich leicht am harten Schwanz reibt. Bis sie ihn endlich erlöst und „Ratsch!" den Reißverschluss runter und den Stängel rauszieht und dann rein in den Mund – meine Gedanken entgleiten mir.

Erst am Nachmittag traut er sich und tritt an meinen Verkaufstresen. Wie ein ganz normaler Kunde blättert er in den bunten Prospekten mit Bildern kubanischer Tänzerinnen, brasilianischer Musiker, katalanischer Straßenschauspieler. Er ist als Einkäufer einer großen Eventagentur unterwegs und fragt, was wir dieses Jahr im Programm hätten.

Ich wippe ungeduldig mit den Füßen. Er soll sich nicht für meine Geschäfte interessieren, sondern wo und wann wir uns treffen, schließlich reisen wir beide morgen wieder ab. Heute ist die einzige Chance!

Aber kein Wort kommt über seine Lippen. Er wirkt, als hätte er die letzten Jahre nur darauf gewartet, meine aktuelle Wirtschaftssituation zu erfragen. Und dann zieht er schon wieder von dannen.

Den Impuls, ihm nachzulaufen und ihn an seinen blonden Haaren mit mir zu ziehen, kann ich mir gerade noch verkneifen. Wie kann ich die Situation jetzt noch retten? *Ich will ihn! Verdammt noch mal. Komm her, du Feigling!*

Ich erwische mich bei dem wehmütigen Gedanken: Das könnte mir mit einem Südländer nicht passieren ... Vermutlich hat sich mein Beuteschema allein aus diesem Gesichtspunkt heraus entwickelt. Ich habe einfach keine Geduld. Gar keine.

Plötzlich fällt mir die Lösung ein. Ich hatte die Künstlerpräsentation an diesem Abend ganz vergessen. Dazu kann ich ihn – ganz unverfänglich – einladen. Jetzt tue ich etwas, was eine Frau niemals tun sollte: Ich laufe Jörg hinterher und stelle mich unauffällig neben ihn. Er betrachtet gerade mit Interesse eine Videoperformance am Nachbarstand. Als würde ich ihn zufällig entdecken, übertöne ich die Videostimme: „Hey! Immer noch hier?" Und ganz locker fahre ich fort: „Komm doch später zu meinen Showcase, ein Rock- und Country-Trio, das ich neu im Programm habe."

Er strahlt, er nickt. Na endlich!

Mein Künstlerabend ist fast vorbei, als er endlich mit einem Kumpel den Laden betritt. Ich hatte schon nicht mehr mit ihm gerechnet. Sie setzen sich zu mir und schon sprühen unanständige Funken zwischen uns. Jetzt bloß kein Stück Papier dazwischenhalten!

Der Saal leert sich langsam und das Personal beginnt damit, die Stühle hochzustellen. Sein Kumpel sagt: „Ich glaube, ich geh mal ins Hotel." Ich atme auf. Ein Mann mit Feingefühl! In wilden fotorealistischen Bildern male ich mir aus, was gleich passieren wird, wenn irgendeine Türe sich gnädig hinter uns schließt. Da steht auch Jörg auf und hält seinen Kumpel am Ärmel fest: „Ich komme mit! Wir wollten doch noch zu Sybilles Party!" Er gibt mir einen hastigen Kuss. Weg ist er. Das war kein Abschied, das war eine Flucht.

Stille umgibt mich. Die Musik ist aus, die Gäste sind weg. Geschirr klappert leise im Hintergrund. Ich breche auf und gehe allein ins Hotel. An Schlaf ist nicht zu denken. Die Kirchenglocke schlägt zwei Uhr. Da fällt mir ein, dass ich heute Nachmittag Jörgs Handynummer aus meiner Adressdatenbank gefischt habe. Seit Jahren schlummerte sie in meinem Computer. Unwahrscheinlich, dass sie noch aktuell ist. Die Versuchung ist groß und schon habe ich sie gewählt. Er nimmt sofort ab.

„Hallo?"

„Noch auf der Party?"

„Ach, du bist es! Du hast meine Nummer?"

Jetzt oder nie, denke ich.

„Lust auf ein Glas Wein?" Ich habe einen trockenen Mund. Mir ist klar, dass in diesem Provinzstädtchen um diese Uhrzeit keine einzige Kneipe mehr geöffnet hat.

„Ja, gerne", sagt er ganz unkompliziert und schon stürme ich die Treppe hinunter. Er steht allein vorm dunklen Stadttor, keine Menschenseele ist mehr unterwegs. Jetzt macht auch er nicht mehr viel Aufhebens um den wahren Zweck unseres Treffens; wäre ja auch albern, nach unserer Vorgeschichte.

Wir gehen in sein Hotel. Den Wein lässt er sich vom verschlafenen Nachtportier aus einem Kabuff hinter der Rezeption reichen. Ich warte derweil brav im Hausflur. „Nicht, dass ich sonst den Preis fürs Doppelzimmer zahlen muss." Ich stutze, aber die Vorfreude schaltet mein Hirn aus. Bei ihm ist das offenbar anders. Wir steigen über knarrende Dielen in den ersten Stock.

Das Zimmer passt zu Birkensohle wie die Faust aufs Auge. Das hat sich in all den Jahren nicht geändert. Ich kann es nicht fassen, das Klo ist auf dem Gang! Eine altertümliche Duschkabine wurde nachträglich in die kleine Kammer eingebaut, schräg gegenüber ein schmales Bett, das eher den Namen Schlafpritsche verdient hätte. Da sitzen wir nun wie zwei Schüler im Schullandheim. Wir trinken, lachen, er verliert seine Scheu, wird zutraulich. Er küsst mich mit seidenweichen Lippen. Seine Hand wandert an der Innenseite meiner Schenkel nach oben, berührt den dünnen Stoff meines Höschens und er raunt wie von Sinnen: „Du bist ja total feucht!"

„Na, kein Wunder", denke ich. Das ist der erste echte Sex seit meiner Trennung vor einem halben Jahr! Der Opernsänger zählt ja nicht richtig.

Das Berühren meiner Muschel hat ungeahnte Effekte. Als würde man an einem Schalter drehen, beginnen Herdplatten zu glühen und Wunderkerzen zu sprühen. Meine Körpertemperatur am Schalter steigt auf gefühlte 50 Grad. Das scheint meinen Lover nicht daran zu hindern, seine Finger genussvoll in mein Höschen zu schieben. Ich befürchte Verbrennungen ersten Grades an seinen Fingerkuppen, die sich jetzt durch Schamlippen vortasten ins Innere der geheimnisvollen Höhle. Er stöhnt auf. Ich zerre am Gürtel seiner Jeans. Er hilft mir freundlicherweise, bevor ich das Leder zerbeiße. In kürzester Zeit liegen unsere Kleidungsstücke zerstreut im Zimmer herum; mein BH landet auf dem altertümlichen Fernseher, der Slip rutscht unter die Pritsche, mein Rock liegt vor der Duschkabine, seine Hose klemmt zwischen den Rückpolstern des Sofas und ich erkenne: Das ist das Sinnbild meines neuen Lebens. Ein Stillleben von entfesselten Klamotten.

Jede Zelle meines Körpers sendet Infos an die gleiche Stelle, ja genau die! Die Temperatur steigt jetzt auf 70 Grad. Ich reiße Birkensohle an mich und will nur noch eines: seinen Schwanz in mir spüren. Er kennt meinen Körper noch immer perfekt, weiß die rechten Stellen und die richtigen Bewegungen. Er berührt jeden einzelnen Zentimeter meiner Haut. Und drückt dabei leicht zu. Streicheln, Handauflegen, leichter Druck. Später nenne ich diese spezielle Art des Berührens die „Birkensohl'sche Verwöhnkunst". Meine Freundinnen wissen dann immer sofort, was gemeint ist. Diese Technik hat er selbst übrigens auch geklaut. Bei einer seiner Geliebten. Plagiat oder nicht, ich genieße in vollen Zügen.

Immer wieder. Er bringt mich dreimal hintereinander zum Orgasmus.

Ich kann es nicht glauben: Ich bin zurück in der Welt der Sinnlichkeit! Mein Projekt 5L füllt sich mit Leben, hier haben wir Kandidat Nummer 2!

Die Nagelbrett-Übung

Ich habe Sehnsucht. Ich fühle mich schrecklich einsam. Ich würde ihn am liebsten sofort anrufen oder hinfahren, ihn umarmen, mich umarmen lassen, ihm sagen: Halt mich fest, lass mich nie mehr los ... Aber das geht nicht. Nie mehr darf *ein* Mann Trost meiner Einsamkeit werden. Ich muss mich selbst trösten. Ich muss den harten Brocken schlucken. Und so erfinde ich die Übung Nagelbrett. Ich male mir aus, dass es für einen Fakir-Lehrling sehr schmerzhaft sein muss, auf dem Nagelbrett zu liegen. Jeden einzelnen Nagel spürt er in sein Fleisch eindringen, eine Tortur. Wenn er aber aushält, den ersten schneidenden Schmerz überwindet, immer wieder tief in ihn hineinatmet und ihn einfach nur erträgt, dann lässt der Schmerz langsam nach und es bildet sich eine dicke Hornhaut auf dem Rücken des Fakirs. Und irgendwann empfindet er das Nagelbrett als angenehm. Vermutlich kann ein Fakir dann gar nicht mehr anders, als auf dem Nagelbrett zu schlafen, ein weiches Bett empfindet er womöglich als Zumutung. Ich atme auf ... es gibt für alles eine Lösung. In diesem Fall heißt die Lösung: Du hast Schmerzen? Dann leg noch einen drauf. Geh noch tiefer rein in die Qual und härte dich ab. Dann wird die Pein irgendwann normal und tut nicht mehr weh.

Ich leide unter dem Gefühl, nicht geliebt zu werden, bin auf Liebesentzug. Dabei ersehne ich die Liebe wie ein Ertrinkender das Land unter den Füßen oder wenigstens einen vorbeischwimmenden Balken. Darum muss ich mich sofort kümmern. Ich muss mir Liebe und Zuwendung holen, und zwar von den richtigen Menschen, vor allem von meinen Freundinnen, denn da kann nichts schiefgehen.

Trotzdem gehe ich sicherheitshalber zum Arzt. Ihn kann ich alles fragen, auch das: „Ist es normal, dass es mir so dreckig geht?" Er überrascht mich mit einer ungewöhnlich philosophischen Antwort: „Annette, ich finde deine Entwicklung ganz beeindruckend! Hier sind deine Hausaufgaben:

Entwickle Vertrauen in dich. Vertrauen in deine Intuition, du spürst doch sowieso alles, merkst alles. Nimm das einfach ernst und schätze das. Öffne dich trotzdem in deinen Beziehungen, dann spürst du noch mehr und erkennst. Keine Angst!"

Schmetterlinge im Bauch

Seit dieser wilden Nacht im Hotel ist alles anders. Mein Körper hat sich verändert und ich erkenne mich kaum wieder. Die Tage beginnen ruhig. Ich stehe auf, frühstücke, gehe in mein Büro und setze mich an den Schreibtisch. So weit, so altbekannt. Dann blicke ich auf den Bildschirm, ohne irgendetwas Sinnvolles zu tun. Das ist mir eher unbekannt, oder sagen wir, das ist mir erst bekannt seit Tag null. Aber auch nach sechs Monaten habe ich noch nicht resigniert und hoffe täglich auf Veränderung, hoffe, dass mich die Muse der Arbeit wieder küsst und meine drei verbliebenen Gehirnzellen ihre Tätigkeit wieder aufnehmen. So vergeht der Vormittag, unterbrochen von einigen Tassen Kaffee, meditativen Blicken aus dem Fenster und ein paar privaten Telefonaten, meist mit meiner Freundin Sonja. Gegen Mittag beginnen dann die Vergiftungserscheinungen. Zunächst spüre ich es in den Füßen, dann schleicht es langsam die Beine hoch, nimmt Besitz von meinen Fingerspitzen, den Händen, den Armen, breitet sich im Kopf aus und mit der Eroberung meines Oberkörpers ist die Lähmung komplett. Ich fühle mich wie nach dem Biss einer Kobra: totale Unbeweglichkeit, ich kann mich nicht dagegen wehren. Dabei denke ich ständig an ihn, an Jörg. An den unglaublich geilen Sex. An unsere Affäre von damals, an unser nächstes Treffen, dem ich entgegenfiebere.

Ich schildere die Symptome meinen Freundinnen und bekomme von ihnen allen die gleiche bedrohliche Diagnose: Du bist verliebt! Viola sagt sogar: Du hast Sehnsucht. Ich schaue sie an, als zweifelte ich an ihrem Verstand.

Wie kommt sie auf diese abstruse Idee? Was haben körperliche Leiden mit so etwas Abstraktem wie Verliebtsein zu tun? Ich weigere mich standhaft, das zu glauben, und beobachte einfach nur weiter meinen Körper, der so ein verdammtes Eigenleben führt. Nach einigen Tagen scheint er sich selbst das Gegengift holen zu wollen und zwingt mich morgens früh direkt nach dem Aufstehen, ohne zu duschen oder die Zähne zu putzen, in meine altertümlichen Sportschuhe und raus auf die Straße. Die Schuhe habe ich mir vor etlichen Jahren mal gekauft und sie noch nie benutzt. Als Kind war ich sehr sportlich, doch das hat sich ausgewachsen. Seitdem verweigerte ich jegliche körperliche Anstrengung, nach dem Motto: Sport ist Mord.

Und jetzt trabe ich jeden Morgen bei eisiger Kälte durch den Park, es scheint Teil meiner Verwandlung zu sein. Ich kann es selbst kaum glauben. Ich beginne mit 20 Minuten und steigere mich langsam auf 30. Dabei habe ich die beste Errungenschaft seit Tag null dabei: meinen iPod, auf dem ich „Radio Bemba" von Manu Chao höre, immer wieder, Tag für Tag, ich komme nicht auf die Idee, etwas anderes abzuspielen. Zu Beginn ändert sich meine Laufgeschwindigkeit mit dem Rhythmus. Ich laufe mal im Zweidrittel-, mal im Siebenachteltakt, das ist höchst anstrengend und sieht bestimmt originell aus. Aber irgendwann bringt mich nichts mehr aus dem Konzept.

Zwei Monate lang renne ich wie ein aufgescheuchtes Huhn durch die öffentlichen Grünflächen, bis ich stechende Schmerzen in der Hüfte spüre. Mein Freund Gregor schimpft mit mir. Er ist Marathonläufer und rauft sich seine wenigen Haare, als er von meiner Gewalttour hört. Er schickt mich in ein Sportgeschäft, wo man meine Lauftechnik auf dem Band analysiert und mir zu den passenden Schuhen verhilft. Die Verkäuferin schlägt die Hände über dem Kopf zusammen, als sie meine Treter sieht: „Solche Modelle gibt es schon seit Jahren nicht mehr, die gehören ins Museum."

Ich kleide mich komplett neu ein: Laufhose, T-Shirts, Windjacke, Gürteltasche und Schweißband. Am nächsten Morgen will ich in meinem topmodernen Outfit lossprinten. Aber jetzt streiken die Knochen, nichts geht mehr und ich bitte Gregor kleinlaut um die Telefonnummer seines persönlichen Trainers und Arztes, um mich in seine professionellen Hände zu begeben.

Gregors Personal Trainer ist ein Luxus, den ich mir jetzt leisten will. Eine Stunde mit ihm kostet so viel wie der Monatsbeitrag in einem Fitnessstudio, aber allein die Vorstellung, dass ein so kompetenter, durchtrainierter und charmanter Mann sich ab sofort wöchentlich zwei Stunden nur mit meinem Wohlbefinden beschäftigen wird, sorgt bei mir für federnde Schritte. Ich fühle mich wie Madonna und buche ihn auf der Stelle.

Lust essen Seele auf

Heute war es wieder schlimm. Bis halb zwölf war alles okay, dann schlich es sich wieder an. Das Gift, das böse, böse Gift. Ich nahm ein Bachblüten-Rescue-Gummibärchen – einige meiner Freundinnen schwören darauf, sie sagen, es soll Wunder wirken bei Notfällen –, dann ein zweites, ein drittes … beinahe hätte ich die ganze Schachtel leer gefuttert, aber leider blieb die Wirkung aus. Ich arbeitete noch eine Weile recht konzentriert, allerdings mit dem Gefühl, ganz alleine einen Lkw einen Berg hochzuschieben …

Gott sei Dank rief Sonja an und wir gingen zwei Stunden im Park spazieren und tranken Kaffee bei strahlendem Sonnenschein. Danach ging es etwas besser, aber während der Fahrt zu meinem Steuerberater – mit dem Rad durch den Wald – trifft mich der Blues mit voller Wucht und ich heule den ganzen langen Weg. Alle möchten mich vernaschen wie eine Delikatesse, nur um dann so schnell wie möglich wieder zum Brot überzugehen. Ich bin alleine, habe niemanden, der mit mir durch dick und dünn geht und mich beschützt. Ich fühle mich verschmäht und schimpfe mit mir: Was hast du da für ein tolles 5L-Projekt, wenn du am Ende doch nur die einzige Frau eines einzigen Mannes sein willst? Was hängst du deine komplette Seele an Birkensohle nach nur einer Nacht, wo es doch ein Horror für dich wäre: nur ein Mann; und dazu noch ein Deutscher, aus der Provinz. Wo es doch ganz andere Verlockungen gibt: die Welt, die Kunst, der Reichtum. Jede Menge Abenteuer. Jede Menge Adrenalin pur ...

Aber nein, Birkensohle martert Tag und Nacht mein armes Hirn.

Ich ermahne mich streng, nicht alles durcheinanderzuwerfen. Ein bisschen Verständnis habe ich aber schon mit mir. Nach so einem Zusammenbruch muss man erst wieder aufstehen, um emotional laufen zu lernen. Was ist es, wenn Wasser aus den Augen tritt? Das ist Weinen, Traurig-sein! Was ist es, wenn das Herz flattert, ein Loch sich in der Brust auftut? Das muss ich alles peu à peu herausfinden, Schritt für Schritt. Ich darf nicht mehr alles verwechseln: Sex mit Liebe, Leidenschaft mit Verzweiflung, Verliebtsein mit der Angst vor Einsamkeit, Zärtlichkeit mit der Angst vor Unterkühlung, Komplimente mit Monologen. Ich will beobachten, abwarten, nachdenken, geduldig sein. Auch wenn das nicht gerade meine Stärken sind, ist es viel neues Futter für mein 5L-Regelwerk. Denn wenn ich mich nicht daran halte, bekomme ich vielleicht genau das, was ich nicht haben will!

Vielleicht ist diese Phase der Verzweiflung eine ganz wichtige, um noch mal ganz fest mit der Nase darauf gestoßen zu werden, was ich nicht mehr will. Ich will nichts mehr verwechseln!

Die Zeit bis zum geplanten Wiedersehen mit Jörg kriecht im Schneckentempo dahin. Eine gemeine, harte Schule des Aushaltenlernens. Das Warten, die Sehnsucht, die verdammte Wahrheit sehen, das muss man erst mal ertragen können. Ich breche schon wieder eine Regel. Ich wollte den Männern nicht nachlaufen. Wollte nicht selber aktiv werden. Ich wollte lernen, auf ihre Initiative zu warten. Und nach ein paar Gläsern Wein schicke ich trotzdem eine SMS an Jörg, die nur aus ein paar Sonderzeichen besteht: ein Doppelpunkt, eine nach rechts geöffnete Klammer und ein paar Punkte, sprich, ein trauriger Smiley.

Vor lauter Verzweiflung zelebriere ich ein kleines Hexenritual, das mir meine kolumbianische Nachbarin verraten hat. Ich schreibe Jörgs Namen auf ein Stück Packpapier, rolle es zusammen, umwickele es eng mit rotem Bindfaden und versenke es in einem Glas Honig. Eine dicke Schicht Zimt kommt obendrauf. „So wird jeder Mann verrückt nach dir", sagte sie. „Verliebt und sanft wie ein schnurrender Kater, er wird zu Wachs in deinen Händen." Das ist genau das, was ich brauche! Bevor ich das Honigglas in den Schrank zurückstelle, streue ich spontan noch etwas afrikanisches rotes Paprikapulver dazu. Sicher ist sicher: Zu süß soll es nicht werden, Schärfe muss rein. Seltsam ist nur: Das Papierröllchen schiebt sich immer wieder durch Zimt und Afrikawürze an die Oberfläche, sieht aus wie ein kleiner erigierter Penis, den ich dann mit Vehemenz ins Glas zurückdrücke, tief im Honig versenke. Aber das Papierröllchen kommt immer wieder hoch, als wolle es aus seinem süßen Gefängnis ausbrechen.

Sicherheitshalber frage ich meine Nachbarin, ob ich auch mehrere Namen im gleichen Glas versenken darf. „Warum eigentlich nicht?", sinniert sie. „Spricht eigentlich nichts dagegen. Versuche es einfach."

Mein neuer Freund, der Dildo

„Du gehst jetzt in einen Sexshop und kaufst dir einen Vibrator!" Sonjas Stimme klingt streng.

„Wie bitte?", schreie ich ins Telefon. „Was soll ich kaufen? Das ist ja wohl nicht dein Ernst?" Erstens würde ich niemals in einen Sexshop gehen und zweitens schon gar keinen Dildo kaufen. Was für ein primitiver Gedanke.

Aber Sonja lässt nicht locker: „Mein Vibrator ist seit Wochen mein bester Freund!", sie fängt richtig an zu schnurren. „Ich hab ihn Willy genannt."

Ich bin sicher, Sonja ist verrückt geworden. Anscheinend hat die Arme ihre Trennung doch nicht verkraftet.

„Der Dildo hilft dir dabei, wichtige Dinge auseinanderzuhalten. Vorher hab ich auch dauernd Verliebtsein mit Geilheit verwechselt," belehrt sie mich ausgerechnet mit den Worten, die ich vor Kurzem noch Viola mit auf den Weg gegeben hatte. Ich werde langsam ungeduldig.

„Erzähl doch keinen Quatsch. Ich weiß doch, was für Gefühle ich habe." Ich bin empört. Wir sind doch mehr als unsere Hormonkurve, oder etwa nicht? Mir fällt wieder ein, was ein befreundeter Psychiater vor ein paar Tagen zu Gregor und mir gesagt hat. Er berichtete, dass Frauenärzte bei Ehekrisen zunehmend Vibratoren verschrieben, da es für Frauen einfacher sei, ihre körperlichen Bedürfnisse mit einem Plastikschwanz zu stillen, als sich auf den Stress des Fremdgehens einzulassen. Ich zeigte ihm den Vogel – natürlich nur innerlich. Und dachte bei mir: Männerfantasien, reine Männerfantasien. Gregor ging mit diesem Szenario ebenso wenig d'accord. „Eigentlich traurig, wenn eine Frau es nötig hat, einen Vibrator zu benutzen", hatte er nur gesagt.

Sonja dahingegen meint: „Ich habe gelesen, dass die Klitoris-Stimulatoren 1000 Vibrationen pro Sekunde haben, wie soll ein Mann da je mithalten können? Da bekommt doch jeder Mann einen Zungenkrampf. Das ist der Sieg der Technik! Außerdem: Dein Vibrator kann dir auch nicht fremdgehen! ... Annette, bist du noch dran?"

„Ja natürlich. Können wir jetzt mal über etwas anderes sprechen?"

Aber Sonja besteht darauf, dass ich sofort losgehe: „Probier es bitte wenigstens aus!" Allein beim Gedanken, als Frau alleine in so einen Schmuddelshop zu gehen, schüttelt es mich.

„Und teste sie vorher", rät sie.

„Wie soll das denn gehen? Die Verkäuferinnen werden sich bedanken."

„Nicht, wie du denkst!", beruhigt mich meine Freundin.

„Du nimmst einen nach dem anderen in die Hand. Lässt ihn laufen und das Ganze auf dich wirken. Das ist wie bei der Suche nach einem Liebhaber, da muss die Chemie auch stimmen."

Bevor ich ihr nicht verspreche, ihrem Rat zu folgen, gibt sie keine Ruhe. „Okay, okay", lenke ich schließlich ein, „ich werde es tun."

Im Internet suche ich nach Sexshops in meiner Stadt und bin erleichtert, als ich einen Laden nur für Frauen entdecke. Das Geschäft liegt in einer kleinen Seitenstraße und wirkt unscheinbar. Nach kurzem Zögern trete ich ein. Eine Frau um die 40, die gerade in diversen Katalogen blättert und nebenbei Ware auszeichnet, begrüßt mich freundlich. Unschlüssig schlendere ich am Regal für Dildos vorbei. Ich atme tief ein und frage: „Können Sie mich bitte beraten?"

„Was suchen Sie denn?"

„Einen Dildo."

„Sind Sie sicher? Oder einen Vibrator?", erkundigt sie sich.

„Was ist denn der Unterschied?", frage ich leicht erschrocken zurück.

„Nun, der Dildo ist einfach nur eine Penisnachbildung aus Gummi und muss mit der Hand bewegt werden. Keine sehr komfortable Angelegenheit. Der Vibrator vibriert – wie der Name schon sagt – und wird mit Batterien betrieben."

Sie zeigt mir verschiedene Modelle und mein Blick fällt auf Sonjas „Willy", von dem sie mir ein Foto geschickt hatte. Willy war das Ergebnis ihrer ausgiebigen Recherchen und ist angeblich das Beste, was der Markt gerade zu bieten hat. Er ist quietschpink und hat eine Füllung aus weißen Perlen, die sich drehen, wenn man sie über einen Knopf ansteuert. Zusätzlich gibt es einen kleinen Fortsatz, der ihn aussehen lässt wie eine Languste mit langen Antennen. Diese Fortläufer stimulieren die Klitoris, wenn man ihn vaginal einführt. Während innen die Perlen ihren Dienst tun, vibrieren die

Klit-Händchen, die einen Extraknopf haben. Die Knöpfe, so berichtet mir die Verkäuferin begeistert, sind nicht direkt am Gerät angebracht, sondern an einem etwa 50 Zentimeter langen Kabel. So liegt oder sitzt Frau nicht darauf, sondern das Bedienfeld ist bequem neben dem Körper ablegbar.

„Und Ihr Sexualpartner kann ihn auch bedienen, wenn Sie möchten", erläutert die Dame freundlich. Sie lässt mich einen Augenblick mit dem rosa Wunderteil alleine. Als sie zurückkommt, sagt sie: „Freunden Sie sich an. Lassen Sie sich Zeit. Sich selbst auf diese Weise täglich einen oder mehrere Orgasmen zu verschaffen, ist übrigens gesundheitsfördernd. Das stärkt den Beckenboden und erhöht die Lebensqualität. Ich muss das auch wieder öfter machen, ich hab das in der letzten Zeit etwas vernachlässigt."

Dieses Argument überzeugt mich. Jetzt bin ich für alles gewappnet!

Erster SMS-Sex

Früher fragte man seine Freundinnen: Wann hattest du den ersten Zungenkuss? Das erste Mal Petting? Und bei ganz verdorbenen Kandidatinnen: das erste Mal Analsex? Heute sind wir viel weiter und man fragt: Wann hattest du zum ersten Mal SMS-Sex? Ich wusste selbst nicht, dass es so was gibt – bis zu diesem Tag.

Um elf Uhr überfällt mich die „Birkensohlitis" mit aller Macht und ich kann nicht mehr denken. Einen ganzen Monat habe ich durchgehalten. Vier Wochen ist unser erstes Wiedersehen, dieser historische Moment in meiner sexuellen Biografie, jetzt her. Bei dem einzigen Telefonat seither hat er mir einen Rendezvous-Termin vorgeschlagen. Nur um wie viel Uhr und wo treffen wir uns überhaupt? Hand aufs Herz – ich bibbere vor Angst, ob er sich überhaupt meldet. Selber anrufen hab ich mir streng verboten. Obwohl …? Ich könnte doch locker vom Hocker sagen: „Da kommt gerade ein Zettel auf den Tisch geflattert; heute Treffen Herr B mit Frau A, aber ohne Uhrzeit."

Wie originell. Ich wische diese Schnapsidee vom Tisch. „Nein, keine Schwäche zeigen! Jetzt habe ich schon so lange durchgehalten."

Keine drei Sekunden später: „Doch, ich muss ihn anrufen, unbedingt!"

Gott sei Dank klingelt Sonja in diesem Moment durch und klärt mich auf: „Männer brauchen klare Ansagen, Süße. Einfach und direkt, nicht durch die Brust ins Auge. Und schon gar nicht auf die poetische Tour."

Wir beschließen, dass ich ihn anrufe und ganz entspannt sage: „Hallo, wir sehen uns ja heute, sag mir doch noch mal die Uhrzeit …"

Ich übe das ein paarmal mit ihr, weil ich befürchte, die Worte sonst nicht herauszubringen. Endlich ringe ich mich durch. Doch sein Handy ist aus. Sonja und ich erörtern die Vor- und Nachteile einer SMS und beschließen, dass es okay ist. Der Text ist der, den ich geübt hatte. Wer hätte das gedacht, er meldet sich sofort! Seine Stimme klingt grippekrank. Sie klingt erotisch, tiefer als sonst, als wäre sie durch die Kellerluke gerutscht. Bei mir herrscht die gleiche Stimmlage – tief. Er habe eine schlimme Erkältung und könne sich nicht rühren. Den Besuch bei mir würde er gerne nachholen, Anfang nächster Woche? „Bevor du ins Nirwana abdriftest, ruf mich!", empfehle ich. „Ich bin eine exzellente Ärztin." Das nimmt er gerne in Anspruch.

Ich versehe das Telefonat mit dem Prädikat „zuckersüß" und ich weiß jetzt: Er hat mich nicht vergessen. Ich bin verknallt! Ich beginne vor lauter Inspiration zu kochen, höre dabei Musik und muss das erst mal verkraften. Seine kranke Stimme hat meine Mutterinstinkte geweckt und ich fühle mich befleißigt, ihm per SMS eines meiner Hausmittel zu verraten: frischen Ingwer 20 Minuten köcheln und dann mit Honig gesüßt schluckweise trinken. Prompt antwortet er: „Danke! Werde ich ausprobieren. Das lange Herumliegen macht mich richtig verlänglich, würde dich jetzt gerne von hinten …"

Mein Puls schnellt hoch, so eine SMS habe ich noch nie bekommen. Klingt pornografisch, denke ich in meiner Naivität und antworte: „Na, so krank kannst du ja nicht sein? Verlänglich bin ich auch! Obwohl kein bisschen krank. Darfst alles mit mir machen, was du willst."

Schnell wie ein Blitz kommt die nächste SMS. Er kann tatsächlich antworten!

„Das ist ja das Gemeine! Ich bin scharf, aber zu schlapp, um Hand anzulegen. Es reicht grad, um ein bisschen zu simsen. Habe in der letzten Stunde wüste Sachen mit dir angestellt … mmmh."

Ich werde keck: „Was denn? Ich will auch etwas davon haben!"

„Annette auf Knien, Annette auf dem Tisch, Annette an der Wand, Annette auf mir, Annette in der Mittagssonne, Annette mit zwei Männern im Bett … Ach ja: Annette im Bett …"

Ist das nun pornografisch oder doch poetisch oder beides?

Ich rufe Sonja an: „Hilfe! Was ist das? Was bedeutet das?"

Sonja spricht mit tiefer, kaum modellierter Stimme: „Das ist ganz normal, alle Männer fahren auf so was ab. Bitte schreib jetzt: ‚Ich bin schon ganz feucht!'"

„Nie im Leben!"

Sonja: „Ich bitte dich darum, hör auf mich. Männer finden das geil."

Ich verstecke mich, das Handy am Ohr, unter der Bettdecke, weil ich mich so schäme. Und flüstere Sonja entgegen: „Das kann ich nicht machen, das kriege ich gar nicht in die Tasten getippt." Sonja bleibt hart: „Hör bitte dieses eine Mal auf mich. Du wirst sehen, er flippt aus."

Ich beende das Gespräch und quäle mich unter der Bettdecke, weil ich keine Luft bekomme. Ich bin alleine zu Hause, niemand kann mich sehen. Ich nehme all meinen Mut zusammen und tippe: „Ich bin sogar wirklich im Bett und schon ganz feucht von deinen ganzen SMS. Was mach ich jetzt bitte?"

„Wo ist das Problem? Du bist doch bei Kräften, oder? Was oder welche (Vor-)Stellung hat dich denn besonders feucht gemacht?"

„Was mich feucht macht? Du fickst mich von hinten, von oben, von unten, ich lutsche deinen Schwanz, hast du gar nicht erwähnt. Und: Ja, ich bin bei Kräften, aber es ist schöner, wenn du mich zum Orgasmus bringst!"

Unfassbar, nachdem das Wort „feucht" die Hürde der Scham genommen hat, sprudeln die Obszönitäten nur noch so aus mir heraus.

„Stimmt. Dabei machst du es ja sensationell mit dem Mund – das können nicht viele. Dabei fällt mir ein weiteres Highlight ein, das wunderschöne Gefühl, mit meinen Lippen deine glatt rasierte, klatschnasse Muschi/Möse (welches Wort magst du am liebsten?) ausgiebig zu verwöhnen."

Er wird ja richtig eloquent! Nach Wochen der kompletten Funkstille versimst er auf einmal ein kleines Vermögen und lässt meine Inspiration wachsen: „Ooh, das ist schön, deine weichen Lippen auf und deine heiße Zunge in meiner glatten Muschi – die ist jetzt ganz geschwollen ..."

„Muss jetzt aufhören. Fühl dich zart und endlos lang von hinten gefickt ..."

Ich bin erschöpft. Ein Blick auf die Uhr verrät mir, dass wir gerade zwei Stunden mit etwas verbracht haben, das ich noch vor Kurzem als Ferkelei betrachtet hätte. Was für eine Entdeckung! Sexwortspiele. Worte statt Sex. Worte mit Sex. Sex mit Worten.

Den Rest des Abends verbringe ich mit meinen Freundinnen beim Argentinier. Wir rufen offiziell den Club 5L aus! Bevor ich schlafen gehe, sende ich ihm noch eine jugendfreie Nachricht: „Jööööörg ... Vollmond!!!", und denke: Endlich gehört er mir! Der kolumbianische Honigzauber hat gewirkt!

Preisverleihung

Mein Freund Gregor bekommt einen Preis für sein Lebenswerk, eine der wichtigsten Auszeichnungen seiner Branche, und ich darf bei der Preisverleihung dabei sein! Den ganzen Tag bin ich aufgedreht und überlege, was ich anziehen soll. Da fällt mein Blick auf meine nagelneuen schwarzen Overknee-Stiefel. Die gefallen Gregor, also dürfen sie zur Feier des Tages raus aus dem Schrank. Dazu wähle ich einen schwarzen Minirock und eine durchscheinende Bluse in dunkellila, die erahnen lässt, was ich darunter trage. Ich finde, das wird dem feierlichen Anlass gerecht.

Gregor hat für mich einen Platz in der dritten Reihe mit direktem Bühnenblick reserviert. Das Saallicht geht aus, ein prominenter Laudator tritt ins Scheinwerferlicht und würdigt die Arbeit und das lebenslange soziale Engagement meines Freundes. Da bemerke ich in der ersten Reihe ganz links außen einen elegant gekleideten Herrn, der sich in halsbrecherischer Weise den Kopf nach hinten verrenkt, um mich unablässig anzusehen. Ich wundere mich über die Konsequenz, mit der er das Geschehen auf der Bühne ignoriert. Ich schaue konzentriert geradeaus, wo Gregor gerade die Bretter der Welt betritt, und bin gespannt auf seine Rede. Als Gregors Stimme erklingt, hindert auch das den Unbekannten nicht an seinem frevlerischen Tun. Empört schleudere ich ihm einen vernichtenden Blick zu, den er komplett falsch interpretiert. Es hilft nichts. Ich befürchte eine mittelschwere Halsverrenkung bei ihm, wenn er so weitermacht.

Als Gregor die Bronzestatue in den Händen hält und der ganze Saal stehend applaudiert, vergesse ich den Herrn in der ersten Reihe und stürme gen Bühne, um Gregor zu beglückwünschen. Er flüstert mir zu: „Komm nachher in das Restaurant in der Parallelstraße, aber sag's nicht weiter, wir essen da zu Abend, im engsten Kreis."

Als ich im Restaurant eintreffe, staune ich nicht schlecht. An der Türe des Nebenzimmers, wo unsere kleine Gruppe dinieren wird, empfängt mich der Herr aus der ersten Reihe. Vor Überraschung muss ich schlucken. Er auch. Er stellt sich als Gregors Filmproduzent vor und, was für ein Zufall, ich sitze später direkt neben ihm.

Christian, so heißt mein Tischnachbar, ist ein faszinierender Gesprächspartner und meine anfängliche Ablehnung ihm gegenüber verflüchtigt sich und weicht offener Bewunderung. Er erzählt aus seinem Berufsalltag. Welch spannende Arbeit!

„Ich schreibe gerade ein Buch", erwähne ich und ziehe ein kleines Holzkästchen mit meinen La-Galana-Zigarren aus meiner Handtasche. „Rauchen Sie?"

„Was sind denn das für Zigarren?", fragt er und greift glückselig lächelnd ins Schächtelchen. Er schnuppert an der Zigarre, ertastet sie in wahrer Kennermanier zwischen Daumen und Zeigefinger. Ich zücke meinen Zigarrencutter, lasse die Doppelklinge zusammenschnappen, die Spitze fliegt über den Tisch. Ich zücke den Bunsenbrenner aus meiner Tasche, die 1000-Grad-Flamme zischt, ich drehe die Zigarre sanft und schon habe ich eine tiefe, gleichmäßige Glut am Brandende entfacht.

„Hier dürfen wir nicht rauchen", raunt er mir zu, „gehen wir in den Rauchsalon im Erdgeschoss, und dort reden wir in Ruhe über Ihr Buch."

Gesagt, getan. Wir verlassen die illustre Runde mit den Worten „Wir sind gleich wieder da!", und dann schildere ich ihm mein Projekt im Schnelldurchlauf. Christian fragt: „Warum fünf Lover?"

Ich erkläre ihm, warum es so überaus wichtig ist, das mögliche Alleinstellungsmerkmal eines Mannes von vornherein auszuschalten. „Ein Mann alleine geht gar nicht! Das würde nur dazu führen, dass ich festklebe. Mit Sekundenkleber angepappt, unwiderruflich. Nein, das darf nicht sein!"

Christian zieht genüsslich an seiner Zigarre. „Na, dann würden es zwei Lover doch auch tun?"

Ich verschlucke mich fast am Rauch. „Das ist viel zu unsicher! Da muss nur irgendwas schiefgehen, einer springt ab

und dann haben wir wieder den verteufelten Einen. Das Minimum sind drei als kleinste ungerade Zahl. Aber auch das ist zu unsicher. Fällt einer weg, sind es nur noch zwei, und dann ist es ganz schnell nur noch einer. Nein, nein. Fünf ist eine gute Zahl. Fünf hat etwas Magisches, Symbolisches. Fünf Finger an meiner Hand, die Fünf Tibeter im Yoga. Und im Notfall, wenn einer gefühlsmäßig richtig durchschlägt, können die vier anderen gemeinsam ein Gegengewicht bilden."
Christian denkt nach. „Sind die fünf schon komplett?"
Ich sage Ja, auch wenn das ein ganz klein wenig geschwindelt ist, denn das Team ist ja noch im Aufbau. Aber ich möchte nicht, dass er meine Story für unglaubwürdig hält. Ich meine, einen Hauch von Enttäuschung auf seinem Gesicht zu bemerken – oder ist es nur der Widerschein des Feuerzeugs, mit dem er der Zigarre zu neuer Glut verhilft? Versöhnlich ergänze ich: „Aber es gibt ja noch das Casting und die Warteliste." Und denke im Stillen: Wäre Christian vielleicht ein Kandidat? Er gefällt mir von Minute zu Minute besser.
Als wir irgendwann wieder nach oben kommen, sind alle Gäste weg. Auf dem Tisch stehen leere Teller, halb volle Gläser mit Lippenstiftspuren an den Rändern. Nur noch Gregor hält die Stellung, tief ins Gespräch vertieft mit drei Damen, vermutlich Fans. Zum Abschied sagt Christian: „Schicken Sie mir doch mal ein paar Auszüge aus Ihrem Buch, das klingt auf jeden Fall interessant." Ich gebe ihm meine Handynummer und wir verabschieden uns. Am nächsten Tag erhalte ich eine SMS: „Dieser riesige, klare, schön geformte, strahlende Regenbogen über dem Flughafen war sicher eine codierte Nachricht von dir an mich, weil du meine Telefonnummer nicht hast. Aber was will er mir sagen? Dein Christian. Mit Dank für die schöne Zigarre usw. Deine Nummer 9."
„Wie kommst du auf Nummer 9?" *Seit wann duzen wir uns eigentlich?*
Die nächste SMS kommt blitzschnell: „Du sprachst doch von einer Warteliste und die 9 ist ja immerhin ein Aufstiegsplatz!"

Wie schön, ich habe einen neuen Mitspieler gefunden. Flirten macht Spaß!

Turbulenzen über den Dardanellen

Ich fliege mit vier Freundinnen nach Dubai. Es ist meine erste Reise nach der Trennung. Ich sitze alleine, auf dem Platz neben mir sitzt mein weißes Knuddelschaf, mein Maskottchen. Ich habe keine Ahnung, welche Flugroute wir nehmen, und denke an die vergangene Nacht mit Jörg. Gestern Abend habe ich ihm gesimst: „Rat mal, wo mein Handy gerade liegt. Ich hab den Vibrationsalarm eingestellt." Welch Überraschung, als eine Sekunde später das Telefon vibrierte, auf meinem Schoß. Er wollte sofort.

Das ist Birkensohle: Mal taucht er wochenlang unter in seinem Leben, an dem er mich nicht im Geringsten teilhaben lässt. Dann kitzele ich oder irgendein Ereignis ihn wach und aus unerfindlichen Gründen will er mich. Und zwar sofort. Um Mitternacht öffnete ich ihm die Türe, er blieb bis morgens um vier. Mit jeder Zelle seines Körpers hat er mir Genuss bereitet, er seufzte: „Ich würde so gerne fühlen, was du jetzt fühlst ..." Das hat noch nie ein Mann zu mir gesagt. Ich sinke tiefer in meinen Sitz, während ich die einzelnen Sexszenen Revue passieren lasse.

Zum Abschied habe ich ihm ein Buch geschenkt, „Salz auf unserer Haut", die erotische Geschichte einer heimlichen Liebesaffäre zwischen einer gebildeten Pariserin und einem bretonischen Fischer, die über soziale und kulturelle Schranken hinweg bis zu seinem Tod andauert. Ein Geschenk mit leicht melodramatischem Charakter, aber ich weiß, dass er gerne liest, und bei der Lektüre musste ich ein bisschen an uns beide denken, immerhin dauert unsere Geschichte nun auch schon ein halbes Leben.

Drei Stunden sind vergangen, seit wir in Düsseldorf gestartet sind. Ich habe noch nicht einmal aus dem Bullauge unserer Maschine geguckt. Plötzlich habe ich das unerklärliche Bedürfnis nachzusehen, wo wir gerade sind. Normalerweise kann ich aus 10 000 Metern Flughöhe meinen geografischen Standort nicht bestimmen, ich bin ja keine Pilotin. Doch jetzt bekomme ich Herzklopfen, denn ich kann die Küstenlinie unter mir eindeutig erkennen: Das ist die Meerenge der Dardanellen und die davor liegenden Inseln gehören zur Türkei. Wir befinden uns direkt über der türkischen Insel Bozcaada, auf der ich den letzten Urlaub mit meinem Mann verbracht habe. Zwei Tage nach unserem Rückflug trennten wir uns.

Von einer Sekunde auf die andere gerät das Flugzeug in Turbulenzen. Es hüpft und schaukelt durch den Himmel, meine Mitreisenden klammern sich ängstlich an ihren Armlehnen fest. Ich bin verwirrt. Der Blick auf die Inseln unter mir ist sekundengleich mit dem Unwetter zusammengetroffen. Ich bitte den Steward um ein Glas Rotwein, den ich wie Wasser trinke, während das Flugzeug seine Route ändert, um den heftigen Windstößen zu entgehen, wie der Kapitän mit sonorer Stimme gerade über die Bordlautsprecher erklärt.

Nun fliegen wir parallel zur ägäischen Küste, die gerade von den zarten Rosatönen der Abenddämmerung überzogen wird. Ein Farbspiel, das mich schon bei meiner ersten Türkeireise in den Bann gezogen hatte. Alle Träume, die ich um dieses Land, meine Ehe und mein Leben dort gesponnen habe, sind mit diesen Farben untrennbar verbunden, und je weiter wir fliegen, desto intensiver wird es, während das Flugzeug vom Wind immer weiter durch die Wolken geschubst wird und ich mir bereits vorstelle, wie wir dort unten notlanden müssen, ich vom Flugzeug aus ein Taxi nehme und messerschwingend als Rächerin für all das mir widerfahrene Unrecht in Aktion trete. Ich bestelle einen zweiten, dann einen dritten Rotwein und die Dramatik der Situation nimmt für mich rapide ab, während sich die anderen Passagiere nach wie vor nervös an ihre Sitze klammern. Das Flugzeug könnte meinetwegen auch abstürzen, im Moment ist mir alles egal. Ich werde leicht und heiter und bestelle meinen vierten Rotwein. Mir fällt auf, dass die beiden jungen Männer, die hinter mir sitzen und die ich bislang überhaupt nicht bemerkt hatte, plötzlich äußerst attraktiv geworden sind, und beginne mit ihnen zu flirten. Sogar das Knuddelschaf ist mit im Spiel, die Typen sind inzwischen auch beschwipst, aber wohl eher aus Flugangst als von Wein und rachsüchtigem Übermut, wie es bei mir der Fall ist. Immer mehr Passagiere werden in unseren lustiger werdenden Kreis mit einbezogen, plötzlich fühle ich mich von allen geliebt, alle prosten mir zu, ohne dass ich wüsste, warum, und auch der vierte Rotwein mundet vorzüglich. Von mir aus könnte die Reise endlos so weitergehen. Als das Flugzeug zur Landung ansetzt, bin ich völlig betrunken.

Wir sind noch nicht am Boden, da schicke ich schon eine SMS an Jörg. Irgendein abstruser Hilferuf. Und noch einen. Dann durchfährt mich ein Schreck. „Du machst den Typen noch ganz wirr, lass den Quatsch!", ermahne ich mich und lösche vorsorglich seine Nummer und sämtliche anderen Spuren von ihm, all die schönen Dirty Talks und Anrufe. Jörg wird aus meinem Handy getilgt. Das ist eine neue 5L-Regel, die mich schützen soll: Wenn die Begeisterung für einen der Kandidaten überhandnimmt, müssen alle Spuren seiner Existenz verschwinden.

Im Flughafen angelangt, verirre ich mich. Meine Mädels wurden vom VIP-Service abgefangen, aber ich bin in der falschen Reihe gelandet. Zum Glück sind die Leute vom VIP-Service gründlich und spüren mich auf, sonst würde ich womöglich noch nach Saudi-Arabien oder Jordanien weiterfliegen, aber in meinem momentanen Zustand wäre mir selbst das egal. Man bringt mich in eine Bar, wo wir whiskyschlürfend darauf warten, dass unsere Pässe abgefertigt werden; einen solchen Luxus habe ich bisher noch auf keiner Reise erlebt. Ich werde übermütig. Nach dem zweiten Whisky werde ich noch übermütiger. Und beginne übergangslos zu schluchzen, kann nicht mehr aufhören. Die Mädels trösten mich und verfrachten mich ins Taxi, das uns zu unserer luxuriösen Residenz chauffiert. Wir sind in Dubai angekommen.

Der Beduine

Der Beduine hat exotische Gesichtszüge, dunkle Haut, schwarze Augen, lange Wimpern, sinnliche Lippen, und was er sonst noch hat, kann man unter seinem langen Gewand nur erahnen. Er ist Guide und wird uns durch die Wüste führen. Immer mehr Jeeps treffen ein und spucken Touristen aus, in erster Linie Geschäftsmänner, die einen freien Tag nutzen, um die Erfahrung Wüste mit nach Hause zu nehmen. Allerdings interessieren sie sich mehr für uns als für die Dünen. Ein Grüppchen lachender Frauen in sexy Klamotten auf einem Haufen, das sieht man selten in Dubai-Stadt, wo das Verhältnis von Männern zu Frauen bei drei zu eins liegt.

Wir klettern in unseren Jeep: fünf Frauen, ein Fahrer und ein Guide. Auch der Fahrer hat skandalös dichte Wimpern, lustige Grübchen und einen sportlichen Körper, der zum Glück nicht von einem Kaftan verdeckt wird. Er beginnt sofort via Rückspiegel mit meiner Freundin zu flirten und kombiniert den Flirt mit entsprechender Fahrtechnik. Ich flüstere ihr zu: „Wenn der so gut fickt, wie er Auto fährt, dann herzlichen Glückwunsch!" Kreuz und quer düsen wir durch die Wüste. Manche Dünen sind 20 bis 30 Meter hoch und extrem steil. Die Fahrer geben Gas und rasen dann die Abhänge hinunter, dass man meint, die Wagen würden sich im nächsten Moment überschlagen. Ich denke an Birkensohle. In der Nacht vor meinem Abflug hatten wir viereinhalb Stunden lang Sex am Stück. Ein neues Hinabdüsen ins Tal lässt mir das Herz in den Magen plumpsen. Ich werde euphorisch. Die Versuchung, Birkensohle anzurufen, wird unwiderstehlich. Schade, dass ich seine Nummer gelöscht habe.

Die Karawane hält am Fuß eines Hügels. Den klettere ich hoch, rutsche jedoch bei jedem Schritt wieder einen halben Meter auf dem Sand hinunter. Nirgends kann ich mich festhalten. Die anderen geben auf und als ich schweißverklebt und voller Sand in den Schuhen das Hochplateau erreiche, bin ich allein. Mir stockt der Atem. Was für ein Panorama.

Mein Hochgefühl verwandelt sich in intensives Glück. Das muss ich teilen! Mit ihm. Vom Wüstenberg aus bitte ich eine Freundin per SMS um seine Handynummer. Ich wähle und die Mobilbox springt an, Jörgs Stimme klingt gelangweilt, sie passt so gar nicht zu meiner Gefühlslage, aber ich lasse mich nicht beirren und schreie aufs Band: „Es ist unglaublich hier, ich bin in der Wüste!" Sicherheitshalber schicke ich noch eine SMS hinterher.

Es wird schnell dunkel. Die Wagenkolonne holpert über unbefestigte Piste bis wir zu einem Kamel-Camp kommen. Arabische Grillspezialitäten, schwarzer Tee, orientalische Vorspeisen warten auf uns. Die rhythmischen Klänge einer Trommel durchtrennen die Nacht, Bauchtanzmusik heult auf, eine schwarzäugige Tänzerin startet ihre sinnliche Show. Plötzlich sitzt der Beduine neben mir, flüstert mir zuckersüße Komplimente ins Ohr. Sein dunkler Teint verändert seine Farbe wie die Dünen beim Sonnenuntergang. Ich überlege, wie sich seine breiten Lippen auf meinen anfühlen würden. Er beginnt sein orientalisches Liebesgarn zu weben. Ich schalte blitzschnell auf Ratio. Das ist Dubai! Wenn schon, dann will ich einen waschechten Scheich mit 20 Rolls-Royce und ein paar Privatjets. Als das Fest zu Ende ist und die Touristen in ihre Jeeps klettern, lädt uns der Beduine ein, den Abend mit ihm und seinem Team zu verbringen. „Wir zeigen euch den schönsten Ort in ganz Dubai!"

Eine Disco? Ein Privatclub? Wir stimmen zu. Wir sind zu fünft, was soll uns schon passieren? Am Marina-Jachthafen setzen wir uns von der Fahrzeugkolonne ab. Der Jeep meines Verehrers fährt an unzähligen nagelneuen oder halb fertigen Wolkenkratzern vorbei. Er sitzt im Schneidersitz auf dem Beifahrersitz. Irgendwann biegt der Wagen ab. Auf dem Schild steht, dass es hier Richtung Jordanien geht. Wir verlassen die Stadt, tauchen ein in die Dunkelheit.

Uns wird mulmig.

„Wohin fahren wir?", frage ich.

„Macht euch keine Sorgen, vertraut mir ..."

Aha, wir sollen den Typen vertrauen. Aber sie fahren eindeutig aus der Stadt hinaus, die glitzernde Skyline können wir nur noch weit hinter uns erkennen. Vor uns liegt das schwarze Nichts, das nur die Wüste sein kann. Wollen uns die Kerle etwa entführen? Vielleicht tauschen sie uns als hübschen kleinen Harem gegen jede Menge Kamele ein. Ich sende eine SMS an Jörg: „Ich weiß nicht, ob wir entführt werden. Falls ich nicht mehr auftauchen sollte, weißt du ja, wo du nach mir suchen musst."

Mit einem Ruck bleibt der Wagen mitten auf der Wüstenautobahn stehen. Es ist stockdunkel. Auf ein Hupsignal hin wird ein Viehverschlag am Straßenrand geöffnet. Man bittet uns auszusteigen. Also doch. Hier wird der Deal stattfinden. Fünf Mädels gegen eine Herde Kamele. So überrascht es uns nicht, als wir den zahnlosen Alten von heute Nachmittag erkennen, der an einem Lagerfeuer sitzt. Die stecken alle unter einer Decke. Um das Feuer stehen drei dicke Jeeps, einer dient als laut dröhnende Musikanlage, der andere wurde zu einer Bar umfunktioniert und der dritte beleuchtet mit seinen Scheinwerfern die skurrile Szenerie. Im Hintergrund steht ein weißes Beduinenzelt.

„Das ist unser Wochenendvergnügen", erzählt uns der Camp-Manager. Da die Discos teuer sind und Alkohol verboten ist, fährt man in Dubai zum Feiern in die Wüste. Er deutet hinaus in die Nacht. Und tatsächlich, in der Dunkelheit erkenne ich nun überall verstreut Lichter flackern. Mir plumpst ein Stein vom Herzen, direkt in die High Heels. Der Camp-Manager fordert mich zum Tanzen auf. Er rafft sein weißes Kleid, um nicht über den Stoff zu stolpern. Was er wohl darunter trägt? Weiße Schiesser-Unterhosen? Etwas Traditionelles? Oder nichts, wie die Schotten? Sein Balzverhalten nehme ich höflich zur Kenntnis. Nach einer Stunde sagen meine Freundinnen: „Wir wollen ins Hotel", und keiner wagt es, dieser Frauenpower zu widersprechen.

Dieses Mal sitzt der Beduine neben mir auf der Rückbank. Er lockt leise: „Lehn dich an mich, sei ein bisschen nett zu mir, nur ein Kuss." Ich gehe nicht auf die Flirterei ein. Die Fahrt ist lang. Irgendwann sehe ich eine große Baustelle und möchte meine Freundinnen darauf aufmerksam machen. Mein Arm wandert neben dem Beduinen zum Fenster, um in Richtung der Baustelle zu zeigen, als ich in unerwarteter Höhe plötzlich gegen etwas Hartes stoße, huch! Er hat einen enormen Ständer, sein weißes Kleid hat sich in ein imposantes Zelt verwandelt. Er lacht über diesen Zufall: „Das ist für dich." Meine Neugierde siegt. Ist der wohl echt? Oder hat er unter dem Kleid einen Stock versteckt? Ich lasse meine Bedenken fallen, wir berühren uns. Meine feinsinnigen Freundinnen schalten sofort, sie schützen Kopfweh vor und bitten den Chauffeur, zu einer Apotheke zu fahren. Das ist wahre Frauensolidarität. Sie wissen, dass ich zwar wild entschlossen, aber dennoch relativ neu bin auf dem Gebiet der sexuellen Abenteuer. Als meine Mädels wiederkommen, drücken sie mir augenzwinkernd eine Packung Kondome in die Hand.

Ich betrete mit dem Beduinen meine Suite, in der ein riesiges Designerbett steht. Der schmale Wüstenmann wirkt hier irgendwie fehl am Platz. Endlich lüftet er sein Geheimnis. Er entledigt sich seines langen Gewandes. Darunter trägt er – ich kann gerade noch ein Kichern unterdrücken – eine Art Stoffwindel, die kunstvoll um Hüften und Gemächt gewickelt ist. Ich verschwinde im Bad, um mich seelisch auf diese unwirkliche Situation einzustellen. Ein schneller Blick aufs Handy: Eine Antwort von Birkensohle! Denkt er wirklich an mich? Ich lese: „Liebe Annette, ich habe das Gefühl, dass du viel stärker engagiert bist als ich, lass uns mal reden, wenn du zurück bist."

Ich erstarre. Schock! Er glaubt, ich sei verliebt, und will unser kleines Abenteuer beenden. Ich schäme mich in Grund und Boden und antworte sofort: „Hallo Jörg, das klingt so, als würdest du denken, ich sei in dich verliebt. Du brauchst keine Angst haben, dem ist nicht so. Alles ist gut!" Ich drücke auf „Senden" und atme tief aus. Wo war ich gerade stehen geblieben? Ach so, richtig, Sex mit einem Beduinen in meinem Luxusbett in Dubai. Ich tue mich ein wenig schwer mit diesem Gedanken. Ich bin doch kein Radio, das man an- und wieder ausschalten kann. Hätte ich bloß mein Handy in Ruhe gelassen. Was das Handy angeht, muss ich unbedingt ein paar neue Grundsätze in mein 5L-Regelwerk aufnehmen.

Mein Lover erinnert mich an einen Schuljungen, schlank, glatt, jung. Er behauptet, er sei 29 Jahre alt. Ob das stimmt? Ich bestehe darauf, dass wir ein Kondom verwenden, und zücke die Packung, Inhalt zwölf Stück, das müsste reichen. Der Beduine kennt jetzt kein Halten mehr, er reißt den Karton auf, schnappt ein Tütchen und da flutscht ihm das rutschige, eingerollte Teil schon entgegen, das er mit großer Professionalität und, wie ich empfinde, mit einer gewissen Brutalität über seinen erigierten Schwanz zerrt und mit einem leichten Platsch-Geräusch an seinem endgültigen Platz fixiert. Er kommt ohne Umwege zur Sache. Ich kann mich nicht fallen lassen, denn es gibt ein Problem. Der Schwanz ist zu groß, er tut mir weh. Ist es die Reibung oder fehlt Gleitmittel? Bevor ich mit meiner Analyse zu einem Ergebnis komme, fliegt das Kondom mit einem lauten Plopp durch das Zimmer – da ist was schiefgelaufen.

Verzweifelt sieht er sich nach der Packung um. Sie liegt noch auf dem Bett, er greift nach ihr wie ein Verdurstender nach einer Schale Wasser, reißt das nächste Tütchen auf, stülpt in großer Hast ein neues Kondom über; ich habe den Eindruck, dass sein Prachtstück unten vom Gummi abgeschnürt wird. Aber mir bleibt keine Zeit zur Betrachtung, er ist schon wieder über mir und in mir, bewegt sich mit hektischen Stößen, so als sei er auf der Flucht. Er schmeißt mit arabischen Wörtern um sich – oder ist es eine andere Sprache? Welche Sprache sprechen Beduinen eigentlich? Ich vermute, dass er flucht, in welcher Sprache auch immer. Jetzt sehe ich das Kondom wie einen Luftballon durch die Luft fliegen. Ein Zischlaut, und es liegt als kleines Häuflein Elend, nass und kaputt auf dem Boden vor dem Bett. Der Beduine lässt sich nicht beirren, zückt das dritte Tütchen. Zum Glück ist die Packung so groß! Ich hoffe, dass er sich bald müde gerammelt hat, so macht die Sache keinen Spaß. Mit surrendem Laut fliegt das nächste Teil durchs Luxuszimmer. Nachdem die Kondome überall verstreut am Boden liegen, scheint das letzte doch noch zum Erfolg zu führen. Er bäumt sich auf, sein Gesicht wirkt schmerzverzerrt, dann sackt er mit einem blubbernden Laut über mir zusammen. Zum Glück wiegt er nichts. Zehn Minuten, das war der kürzeste Sex meines Lebens! Ich bin dennoch erleichtert, als er sich seinen langen Stoffschal wieder um die Hüften schlingt. Er verabschiedet sich förmlich von mir und schon flitzt er durch die Zimmertür, die ich aufatmend hinter ihm schließe. Kurz darauf klopfe ich bei meinen Freundinnen: „Habt ihr noch kubanischen Rum?"

Neue Regeln

Die Peinlichkeit von Birkensohles Verliebtheitsverdacht wirkt nach. Ich überarbeite mein Regelwerk und schreibe folgende Ergänzungen auf, sozusagen als Diskussionsgrundlage mit mir selbst:

1. Regel: Verkehrtherumfühlen oder Scheinfühlen
Zeige einem Mann niemals Gefühle, wenn du welche hast. Gefühle verschrecken die Jungs nachhaltig. Wenn du Gefühle für ihn hast, schluck sie runter. Nur wenn du tatsächlich keine hast, kannst du gefahrlos welche zeigen. Das schmeichelt seinem Ego und du bist nicht in der Gefahrenzone.

2. Regel: Diversitätskondome
Die Lehre aus der Beduinenerfahrung lautet: Eine 5L-Frau trägt immer ein Sortiment von Kondomen bei sich. Möglichst alle verfügbaren Größen! Am besten ein kleines Köfferchen voll. Auf die Männer kann man sich nicht verlassen, die rennen kopf- und kondomlos durch die Gegend. Eine gute Vorbereitung ist daher alles. Das Einheitskondom hilft nicht,

denn es gibt gewaltige Unterschiede in der anatomischen Beschaffenheit der Herren der Schöpfung. Eine Frau sollte auch damit rechnen, dass sich Männer bei der Aufforderung „nur mit Kondom" störrisch zeigen. Egal! Was muss, das muss. Bitte unbedingt hartnäckig bleiben und dabei charmant lächeln.

3. Regel: Schenkverzicht
Schenke einem Mann keine Bücher. Schenke einem Mann am besten gar nichts. Geschenke können scheinbar nur zu bösen Missverständnissen führen.

Monogamie ja oder nein?

Nach meiner Rückkehr aus Dubai läuft alles wieder in gewohnten Bahnen. Birkensohle ist beruhigt, nachdem ich ihn von meiner Nicht-Verliebtheit überzeugt habe. Alles ist cool. Megacool. Wir sprechen über seine Einstellung zum Thema Treue. Birkensohle gibt ganz offen zu, dass er nicht monogam ist. Wenn er eine Frau kennenlernt, weist er sie immer gleich zu Beginn darauf hin. Er sagt dann: „Ich bin nicht monogam. Nur damit du Bescheid weißt." Das finde ich löblich. Die Frau antwortet dann meist: „Mit mir wird das anders." Daraufhin spricht Jörg das Thema nicht mehr an. Er hat ja offen gesagt, wie er es mit der Treue hält. Damit ist für ihn alles geklärt. Die Frau aber denkt sich: Mir wird er treu sein! Ich werde ihn schon umziehen oder hinbiegen oder eines Besseren belehren. Weil er das Thema nicht mehr erwähnt, freut sie sich und denkt, er sei ihr nun tatsächlich treu. Wir Frauen sind Weltmeisterinnen im Männerverändern und sehr selbstbewusst, was unsere vermeintlichen Erfolgschancen diesbezüglich angeht. Da Jörg mit typisch männlicher Sensibilität gleich zu Beginn merkt, wie heikel die Frage der Treue bei jeder neuen Flamme ist, entwickelt er alle weiteren Aktivitäten nur noch heimlich. Ganz nach dem altbewährten Rezept: Was sie nicht weiß, macht sie nicht heiß.

Seine aktuelle Freundin ist das, was man als Lebensabschnittspartnerin bezeichnet. Sie sind schon seit 13 Jahren ein Paar, beide haben Kinder aus früheren Beziehungen, die sie gemeinsam großziehen. Klingt fast wie eine Ehe. Nun stolpere ich das erste Mal über eine Frage der Moral: Darf ich mit einem Mann ficken, der in festen Händen ist? Bin ich dann nicht genauso eine Schlampe wie die Frau, die mich vier Jahre lang mit meinem Ehegatten betrogen hat? Nicht einmal das Universum hat darauf eine Antwort parat. Deshalb stelle ich flugs eine neue Regel auf, denn Regeln helfen mir dabei, mein Projekt zu strukturieren, damit ich nicht jedes Mal neu nachdenken muss. Ich beschließe: Gebundene Männer dürfen auf mein Lotterbett. Aber nur, wenn ich die Frauen nicht kenne. Wenn ich die Frau kenne, ist der Mann für mich so tabu wie Schweinefleisch für den Moslem oder Rindfleisch für den Hindu. Ich finde, jeder Mann ist selbst für sein Leben verantwortlich und ich muss ihm diese Frage nicht abnehmen. Die Vorzüge gebundener Männern für mein Projekt sind nicht von der Hand zu weisen: Sie sind selten verfügbar, die gemeinsamen Aktivitäten lassen sich leicht auf das beschränken, was mir wichtig ist: heißen Sex. Punkt. Keiner von ihnen wird auf die Idee kommen, mich besitzen oder kontrollieren zu wollen, mein Geld zu klauen, mich zu mästen oder mich ins Ausland zu verschleppen. Sie werden einfach in mein Leben treten, mich ins Glück vögeln und dann wieder aus meinem Alltag verschwinden.

Ich erzähle Gregor von den neuesten Entwicklungen meines Liebeslebens. Er lacht, sieht mich aber auch etwas kritisch an. Er berührt heute ungewöhnlich oft meinen Arm. Ich solle aufpassen, unbedingt Kondome benutzen, und wie ich eigentlich gedenke, mich vor potenziellen Lustmördern zu schützen? Im Fall der Fälle stehe er gerne zur Verfügung und spiele meinen eifersüchtigen Ehemann, der dem Typen eine Szene mache. Huch, was ist denn plötzlich mit Gregor los? Ich sage ihm, dass wir uns schon ein bisschen ähneln mit unserer Liebe für Geschichten, für Fantasie, für das Leben als Spiel und ungewöhnliche Experimente.

Er fragt nach dem „Eventagenten" Birkensohle.

„Ach, der ist nur was für ab und zu", wiegele ich ab.

„Könntest du dir nach Ablauf deiner zweijährigen Beziehungssperre eine Beziehung mit ihm vorstellen?"

„Darüber will ich nicht nachdenken. Vielleicht werde ich auch nie wieder eine feste Beziehung haben. Aber wenn mich noch mal ein Mann verarscht – und damit meine ich nicht, dass er eine andere Frau fickt, sondern dass er mich belügt –, bringe ich ihn auf der Stelle um! Mein 5L-Projekt ist doch viel besser als eine feste Beziehung, noch nie habe ich so viele offene Gespräche mit Lovern, Freunden und Freundinnen geführt. Erst jetzt, wo ich nichts mehr zu verlieren habe, sind sie alle ehrlich zu mir!"

Spontan kommt mir die Idee, ihn – Gregor, den so Übercoolen, Unnahbaren – in meine Toskana-Höhle zu einer Schnupperkuschelrunde zu verschleppen. Gregor lehnt mit größtem Bedauern ab: „Ich bestehe auf Exklusivität, da bin ich altmodisch."

Fremdgehen online

Viola klingelt stürmisch an meiner Haustür. Sie lässt ihre Einkaufstüten im Flur fallen und rennt direkt in mein Büro. „Schnell, komm, ich muss dir was zeigen! Ich hab was entdeckt!", und schon hackt sie auf den Tasten meines Computers herum. Ihrem Tipptempo nach zu urteilen muss es etwas mit Männern zu tun haben. Ich sehe sie streng über meinen noch immer nicht vorhandenen Brillenrand an. Ihre Augen blitzen schelmisch, während sie darauf wartet, dass sich die Seite aufbaut. Bisher hielt ich alle Menschen, die im Internet nach Partnern suchen, für sozial inkompetent und wollte auf keinen Fall dazugehören. Nun bin ich gespannt, denn Viola ist alles andere als sozial inkompetent.

„Diese Seite ist für Leute, die einen Seitensprung suchen!", ruft sie begeistert aus.

„Wie hast du die denn entdeckt?"

„Na, über Google! Stichwörter: Seitensprung und Köln", lacht sie.

Aufgeregt wie zwei Schulmädchen kleben wir jetzt am Bildschirm. Das Internetportal ist in einem satten Lila gehalten, das mich an eine Schokoladenmarke erinnert. Jetzt fehlt nur noch, dass eine Kuh durchs Bild trottet. Schön ist anders, aber das scheint hier zweitrangig zu sein. Der Gedanke, dass auf dieser Seite lauter gebundene Männer nach einer heimlichen Liebschaft suchen, fasziniert mich. Ich habe keine Lust, dass mir bald ein Single-Mann auf dem Schoß sitzt und ich ihn so schnell nicht mehr loswerde. Zu meinem 5L-Projekt passt ein seitenspringender Ehemann viel besser. Und so lerne ich die andere Seite des Fremdgehens kennen.

Violas erstes Date war ein Typ, von dem sie vorher noch nicht mal ein Foto angefordert hatte. Sie traf ihn in der Mittagspause. Er saß ihr zitternd und schwitzend in einem Café gegenüber und meinte, er sei ihr ohnehin nicht gewachsen, sie brauche mindestens einen Zehnkämpfer. Eine Woche später hatte Viola ihr zweites Date mit einem Unbekannten von der Kontaktseite. Sie senkt kaum die Stimme, als sie mir alles brühwarm in unserem Stammcafé erzählt: „Wir haben uns auf dem Parkplatz unter der Autobahnbrücke getroffen."

Ich bin platt. „Wie, nicht in einem Café?"

„Nein, natürlich nicht", erwidert sie fast ungeduldig, „wo soll man denn da Sex haben?"

„Ach so", murmele ich mehr zu mir selbst, „das leuchtet ein."

„Aber stell dir vor, was er getan hat!", sagt sie entrüstet. Sie hält einen Augenblick inne und schaut mir in die Augen. Sie will wohl sehen, ob ich verkrafte, was sie mir gleich schildern wird.

„Na sag schon."

„Er wollte reden!"

Eine kleine Pause entsteht. Sie bemerkt, dass ich irritiert bin.
„Stell dir das doch mal vor, er wollte quatschen, irgendwas labern!" Man hört ihr die Wut an. „Ich bin berufstätig! Weiß der Typ nicht, welche logistische Glanzleistung es ist, so ein Date zu arrangieren? Da haben wir zwei Stunden und er will quatschen!"
Der Satz hallt im Café nach, einige Gäste an den Nebentischen drehen ihre Köpfe zu uns. Was soll ich sagen? Dass man beim ersten Kennenlernen ein paar Sätze austauschen will, kann ich verstehen. Aber ich möchte meine Freundin nicht mit meiner Ignoranz verärgern und so frage ich nur: „Wie hast du reagiert?"
Sie schnaubt verächtlich: „Du kannst mich ruhig küssen, hab ich gesagt, und da hat er aufgehört zu reden und wir hatten geilen Sex, zwei Stunden lang."
„Zwei Stunden lang?"
„Ja!"
„Im Auto?"
„Ja."
„Und das ging?"
„Das war prima", lacht sie, „wenn nur nicht plötzlich lauter Müllmänner um das Auto herumgestanden hätten."
„Müllmänner?"
„Ja, in orangefarbenen Anzügen."
„Wo kamen die denn her?", frage ich und habe das Gefühl, mich anzustellen wie eine Landpomeranze.
„Was weiß ich?", leichte Ungeduld schwingt in ihrer Stimme mit. „Auf so was achte ich nicht, wenn ich Sex habe."
„Ach so." Wie konnte mir nur dieses Detail entgehen? Ich fühle mich etwas hilflos. „Und was habt ihr dann ...?"
„Wir sind auf den nächsten Parkplatz gefahren und haben da weitergemacht, was sonst?"
Eine vernünftige Entscheidung, das leuchtet auch mir ein. Tja, Viola hat also den ersten Schritt getan und Maßstäbe gesetzt. Ob ich da mithalten kann?

Ich bekomme Besuch von Birkensohle. Er taucht immer mitten in der Nacht auf, weil er wartet, bis seine Söhne tief und fest schlafen, erst dann stiehlt er sich aus dem Haus. Ich hatte immer geglaubt, dass es sich um Kleinkinder handelt. Dann erfahre ich, dass sie mitten in der Pubertät sind, und frage mich, was der Senior erzählen will, wenn die Junioren mal aufwachen und feststellen, dass Papa spurlos verschwunden ist. Vermutlich wären sie happy und würden selbst auf die Rolle gehen. Aber das soll nicht mein Problem sein.

Ich bin froh, wenn Jörg überhaupt den Weg in mein Viertel findet. Ich hungere nach unseren Begegnungen und frage mich, was mich verdammt noch mal so hungrig macht. Ich würde mir lieber selbst genügen. Außer Sex läuft nichts zwischen uns und nach dem Schrecken in Dubai traue ich mich nicht, ihm auch nur ein Sterbenswörtchen von meinen Gefühlen zu verraten, zu groß ist die Angst, ihn zu verscheuchen. Da spiele ich lieber die coole Sexgöttin, die Männerverschlingerin. Dieses Gefühl koste ich bis zum letzten Kubikzentimeter meiner Haut aus. Ich erwarte ihn wie eine Luxusnutte in kurzem Jeansröckchen, ohne Höschen, die Beine frisch eingecremt. Mein Outfit macht mich selber scharf und gibt mir ein ungeahntes Selbstbewusstsein. Ich kokettiere mit meinem Spiegelbild, während ich auf ihn warte. Ich habe mir zum ersten Mal in meinem Leben knallrote High Heels gekauft. – Zum Glück muss ich nur von der Wohnungstüre bis zum Bett stolzieren, weiter würde ich es auf keinen Fall schaffen.

„Ach, hast du dir Fickschläppchen besorgt?", lacht Viola, als sie mich eines Tages zu Hause besucht und die Ausnahmeschuhe wie ein Kunstwerk im einzigen Regal thronen sieht. Diesen Begriff habe ich noch nie gehört, aber Viola ist eine unversiegbare Informationsquelle, wenn es um Sex geht.

Ich lehne gegen die Arbeitsplatte meiner Einbauküche, drehe ein Weinglas kokett in meiner Hand und schaue Jörg tief in die Augen.

„Du bist die Weiblichkeit pur", raunt er mir ins Ohr, „sexy ohne Ende."

„Weißt du noch, unser erstes Mal …?"
So ganz genau kann ich mich nicht erinnern, so sehr ich auch die verstaubten Ecken meines Hirns danach durchwühle. Ich nicke trotzdem und umschiffe die Klippe, indem ich sage: „Erzähl du mal, ich höre es gerne aus deinem Mund!"
„Wir trieben es vor dem Spiegel in meinem Wohnzimmer", setzt er feierlich an. „Und dann hast du etwas getan, was ich weder davor noch danach je wieder erlebt habe."
Ich bin überrascht. Bin ich die Urheberin eines ungewöhnlichen Erlebnisses im Leben dieses Mannes? Was kann das nur gewesen sein?
„Du hast dich gebückt."
Hm. Ist das so spektakulär?, denke ich. Ich nicke ihm aufmunternd zu, das habe ich mir von einer befreundeten Radiojournalistin abgeschaut. Keine Zwischenfragen stellen, kein „Ähm", „Hm", „Ah ja" oder „Ach so". Sondern einfach nur: die Augen weit aufsperren, interessiert gucken und nicken. Das fördert angeblich den Redefluss des Gegenübers. Und tatsächlich, Jörg ist gar nicht mehr zu bremsen.
„Ich sehe das Bild noch genau vor mir: Du streckst mir deinen Arsch entgegen und beugst dich immer weiter nach unten, richtig akrobatisch! Du drückst deinen Rücken durch und stützt deine Hände auf dem Boden ab …" Sein Gesicht strahlt, sein Kussmund lacht. „Wenn du wüsstest, wie oft ich diese Szene seither in meiner Fantasie wieder und wieder erlebt habe. Bis heute …"
Das klingt wie ein grandioses Kompliment. Seine Hände wandern unter meinen kurzen Rock; er erschrickt wohlig, als ihn dort kein Stoff erwartet, sondern nur nackte glatte Lippen. Er hebt mich auf die Arbeitsplatte meiner Küche und kniet vor mir, sein sinnlicher, weicher Mund liebkost meine Muschi, er leckt behutsam, von oben nach unten und dann zurück, seine Zunge dringt in mich ein, ich zapple und Schauer durchströmen meinen Körper.
Später liegen wir Arm in Arm auf meinem Bett und ich frage ihn nach seiner Lebensgefährtin – ein gewagtes Thema,

aber ganz kann ich meine Neugierde nicht im Zaum halten. „Wir hätten uns vor ein paar Monaten fast getrennt", gibt er ein wenig verschämt zu. „Aber jetzt versuchen wir es noch mal zusammen."

„Was war denn der Grund für eure Fast-Trennung?", frage ich nach.

„Sie hat rausgekriegt, dass ich im Internet unterwegs bin", gesteht er.

Ich stelle mich dumm: „Im Internet? Was machst du denn da?"

Das scheint sein Stichwort zu sein, er wird lebhaft. „Ich bin auf einer Seite angemeldet, auf der man Partner für sexuelle Abenteuer finden kann."

„Interessant", spiele ich die Unschuld vom Lande. „Wie heißt die Seite?"

Er antwortet wie aus der Pistole geschossen und ich traue meinen Ohren nicht. Es ist genau die Seite, bei der auch ich mich vor zwei Wochen angemeldet habe! Ich murmele: „Nie davon gehört ... was macht man denn da?"

Er freut sich, dass er mir etwas erklären kann. „Man erstellt ein Profil, denkt sich irgendeinen Nicknamen aus und schreibt ein paar persönliche Daten rein."

„Und was hast du da so zum Beispiel reingeschrieben?"

„Na ja, 1,92 Meter groß, 88 Kilo schwer, blond, blaue Augen ... Allerdings kann ich auch nicht alles wahrheitsgemäß reinschreiben. Meine Freundin schnüffelt ständig hinter mir her und darf auf keinen Fall rausfinden, dass ich immer noch auf der Seite angemeldet bin!"

Ich merke mir die Details seines Profils genau.

„Du kannst auch Fotos da einstellen", erklärt er mir, „die kann man dann für ausgewählte Kandidatinnen freischalten. Du musst bedenken, das ist eine Seite für Seitensprünge, die meisten Leute auf der Seite sind gebunden und inkognito unterwegs!"

Ich spiele die Überraschte. „Was es nicht alles gibt! Verrückt! Hast du schon jemanden kennengelernt?"

Er schüttelt bedauernd den Kopf. „Bisher nicht, ich korrespondiere mit ein paar Damen, aber getroffen habe ich mich bisher mit keiner."

Ist ja fast goldig, denke ich, deswegen wollte seine Partnerin also mit ihm Schluss machen.

Am nächsten Morgen kann ich es kaum erwarten, bis mein PC im Büro hochfährt. Ich rufe die Seite auf und gebe unter persönlicher Suche ein: „Mann, 1,92 groß, 88 Kilo schwer, 40 bis 50 Jahre alt, blond, blauäugig, im Umkreis von 50 Kilometern." Ich will unbedingt Jörgs Pseudonym rausfinden. Ich weiß natürlich nicht, welche seiner Eigenschaften er wahrheitsgemäß angegeben und welche er leicht variiert hat, um seine Partnerin zu täuschen. Die Suchanfrage ergibt jedenfalls sechs Kandidaten, die zu meinen Wunschkriterien passen. Jetzt sind meine detektivischen Fähigkeiten gefragt!

Recherche

Bevor ich weiter über Birkensohle recherchiere, möchte ich mich ein wenig den „wissenschaftlichen" Aspekten meiner Arbeit widmen. Eigentlich leben wir in einer gleichberechtigten Gesellschaft. Wir Frauen haben uns viele Rechte erkämpft. Die Frauenbewegung der 68er war wichtig und hat unser Leben stark geprägt. Jedenfalls halten wir Frauen uns für emanzipiert. Wie konnte dann trotzdem dieser große Betrug passieren? Wie konnten uns die Männer die Monogamie unterschieben? Warum haben wir ihnen dieses Märchen geglaubt? Das soll Emanzipation sein, wenn wir das Geld verdienen, nebenbei die Kinder großziehen, die komplette Verantwortung tragen, monogam mit einem Partner leben, der uns zum Dank heimlich betrügt?

„Moment mal!", würden jetzt 95 Prozent aller Männer ausrufen.

„Zum Betrügen gehören immer noch zwei! Wo kommen denn dann die ganzen Frauen für die Seitensprünge her?"

Seit ich mein Projekt gestartet habe, beleuchte ich mit „wissenschaftlichem Forscherdrang" das Thema Treue oder besser gesagt Untreue. Niemand aus meinem Bekanntenkreis bleibt von meinem Fragenkatalog verschont. Die meisten von mir befragten Männer finden Fremdgehen normal, sie behaupten: „Das liegt in unserer Natur. Das sind unsere Gene, wir können nichts dafür." Bei den meisten Frauen, die ich befragt habe, ist das Fremdgehen – wenn es überhaupt passiert – eine Reaktion auf eine Enttäuschung oder einen Betrug. Das ist das Ergebnis meiner ganz privaten Recherchen. Es muss nicht repräsentativ für unsere Gesellschaft stehen, aber immerhin deutet sich da doch ein gewaltiger Unterschied zwischen den Herren der Schöpfung und der holden Weiblichkeit an. Angesichts der weiblichen Untreue hört das Verständnis der Männer für die menschliche Tendenz zur Promiskuität übrigens sofort wieder auf. Sie selbst dürfen, ja müssen fast fremdgehen, da die Natur das angeblich genetisch so eingerichtet hat. Und die Frauen sollen bitte schön brav zu Hause bleiben oder im Büro, aber bloß nicht auf dumme Gedanken kommen!

Wäre die Welt anders, wenn wir Frauen wirklich das Sagen hätten? Gibt es heute noch Gesellschaften, die Frauen die Führungsposition – auch im Bett – überlassen? Das Internet spuckt Informationen über ein paar wenige Völker aus, die das Matriarchat bis heute leben. In Europa und den USA allerdings scheint diese Lebensform ausgestorben zu sein. In Indien werde ich fündig, da gibt es noch zwei Stämme, die so leben, ein paar in Afrika und auf dem amerikanischen Kontinent. Neben den Stämmen gibt es noch ganze zwei Völker mit matriarchaler Struktur. Ich horche auf. Wie spannend! Die einen sind im Regenwald des Amazonas zu Hause, die anderen leben in Südchina. Die asiatische Variante scheint meinem 5L-Experiment am nächsten zu kommen. Beim Volk der Mosuo haben die Frauen nicht nur innerhalb der Familienclans die Hosen an, sie kümmern sich auch um alles andere. Die Mosuo-Frauen dominieren anders, als man es allgemein von Männern kennt. Sie haben kein Interesse daran, Vermögen anzuhäufen oder viel Geld zu verdienen. Sie hassen Streit, Gewalt und Auseinandersetzungen, deshalb gibt es so etwas – wenn man den Quellen glauben darf – anscheinend nicht. Das wichtigste Merkmal dieser Gesellschaft ist, dass die Mosuo in großen Familienverbänden leben, die jeweils von einer Matriarchin angeführt werden. Die Männer leben auch im Erwachsenenalter bei ihren Müttern und besuchen die Frauen nur nachts. Bei Morgengrauen kehren sie nach Hause zurück zu Mutti. Ich finde, das klingt interessant, und bestelle mir sofort ein Buch über diesen Stamm: „Das Paradies ist weiblich". Ich will mehr über dieses Volk erfahren.

Das Uschi-Prinzip

Der Gefühlssalat à la Birkensohle hält mich auf Trab. Ich habe einen neuen Fisch an der Angel: Tom aus Hessen. Gefischt aus der lilafarbenen Seitensprungseite. Er schickt mir zuerst ein Porträt von sich. Die Augen sind knallblau. Echt? Photoshop? Dann ein Schwanzfoto, mit Größenangabe: 21 Zentimeter. Der Schwanz wird von einer Frauenhand gehalten, dadurch kann man die Größenverhältnisse in etwa abschätzen. Ich laufe sofort zum Gemüseladen und kaufe mir eine Salatgurke. Mit einem Lineal messe ich 21 Zentimeter ab und schneide die Gurke durch, um eine richtige Vorstellung zu bekommen. Das Stück ist ziemlich groß. Der Vorteil wäre: Ich könnte die XXL-Kondome, die ich seit Dubai immer bei mir trage, benutzen, bevor sie das Verfallsdatum erreichen. Ich werde das gleich ausprobieren. Sonja hatte mich schon gewarnt: „Gemüse bitte nie ohne Kondom benutzen! Es ist meistens gespritzt."

Heute Morgen gucke ich in den Spiegel und beschließe, das Kuddelmuddel offensiv anzugehen. Leiden? Nein danke! Damit ist jetzt Schluss. Alles liegt in meiner Hand. Meine entzündete Hüfte ist dank meines Personal Trainers wieder geheilt. Nun kommt die Seele dran. Ab zur Reparatur damit.

Die Werkzeugkiste will ich selbst zusammenstellen. Als Erstes schreibe ich einen Brief. Nicht an Birkensohle und auch nicht an einen anderen Lover. Ich schreibe einen Brief an meine Panik, an meine garstige Freundin Angustia.

„Liebe Angustia,
lass uns Frieden schließen, du und ich. Du hast mich überraschend wieder besucht, kaum dass ich zurück in Köln war. Wer bist du? Was willst du? Was willst du mir sagen? Was gibt es Gutes an dir? Was hast du mit dem Glück zu tun? Warum tauchst immer du direkt nach den glücklichsten Momenten auf? Bist du etwa der böse Zwilling des Glücks? Wie soll ich mich dir gegenüber verhalten? Wäre es besser, keine Angst vor dir zu haben? Vielleicht sollten wir Freundinnen werden? Nun ja, eine sehr hässliche Freundin bist du auf jeden Fall, aber na ja ... Ich werde deine guten Seiten sicherlich noch entdecken. Ich nehm jetzt einfach mal an, dass du sehr wichtig für mich bist. Vielleicht bist du sogar mein Schutzengel, nur verkleidet als Teufelin? Wenn ich irgendwann deine echten Absichten entdecke, werde ich mich bei dir bedanken. Und ich werde dir erlauben wegzugehen, wenn deine Mission beendet ist. Wie auch immer: Schon jetzt Danke dafür."

Und dann mache ich mich auf in die Stadt. Ich stöbere in Buchhandlungen und bin entzückt über die umfangreiche Literatur zur Heilung von Liebesblessuren. Ratgeber über Ratgeber. Beeindruckt bin ich von Titeln wie „Handbuch für Sexgöttinnen" oder „Wie Männer ticken", es gibt auch das Pendant dazu: „Wie Frauen ticken". Ich blättere in „Das Uschi-Prinzip", das einen Glitzereinband hat, der aussieht wie eine plattgewalzte Discokugel, und schlage das Buch genau an der Seite auf, auf der steht: „Richtige Uschis glitzern immer!"

Ein Ratgeber!, durchfährt es mich. Das ist es, was Frauen brauchen. Mit einer schweren Plastiktüte verlasse ich den Laden. In den nächsten Tagen verschlinge ich die Bücher und kritzele wild darin rum. So wie die Bibel die Zehn Gebote hat, verfügen alle Ratgeber über ihre eigenen goldenen Regeln. Zehn Regeln, um zur besten Liebhaberin zu werden; die 15 Geheimnisse, um Liebeskummer zu überwinden; das 20-Punkte-Programm zur coolen Männerversteherin. Dazu gibt's Beispiele und praktische Übungen.

Die erste Übung, die ich sofort umsetze, ist die Quintessenz, die ich für mich aus dem Uschi-Buch gezogen habe: Glitzern! Ab heute will ich glitzern, immer und überall. Eine geradezu revolutionäre Entscheidung für mich, die ich im zarten Grundschulalter Mädchen doof fand und mich standhaft weigerte, Röcke zu tragen. Ich kletterte lieber auf Bäume, spielte Indianer im Wald und ritt auf Steckenpferden. Aber damit ist jetzt Schluss. Das habe ich lang genug und bis zur Perfektion umgesetzt. Ich bin eine Frau, und das will ich auch ausgiebig genießen. Ich gehe in die Stadt und kaufe mir Glitzer-T-Shirts, ein Glitzer-Abendtäschchen, Glitzer-Haarspangen und eine Glitzer-Zahnbürste. Für den Anfang wird das reichen.

Und noch etwas nehme ich mir vor: Bis nächste Woche suche ich mir drei Strategien aus dem Buch „Handbuch für Sexgöttinnen" aus, die ich noch in diesem Monat umsetzen möchte.

Der dritte Mann

Das kleine Hotel garni ist nur ein paar Straßen von meiner Toskana entfernt, und doch ist es mir noch nie aufgefallen. Jetzt habe ich es im Internet gefunden, weil Künstler auf Tournee kommen und eine Bleibe suchen. Zunächst ist niemand hinter dem Empfangstresen zu sehen. Ich blicke mich um, keiner da. Ich stöbere in den Postkarten, die auf mehreren Ständern vor dem Tresen stehen, und überlege gerade, ob ich unverrichteter Dinge wieder gehen soll, da taucht ein strahlendes Gesicht auf. Ein Lächeln wie die Sonne am frühen Morgen. Lustige Grübchen, sinnlicher Mund. „Hallo, schöne Frau", sagt dieses Wunder von einem Mann. Er ist groß gewachsen, hat dunkle Haare und ist mindestens zehn Jahre jünger als ich. Kess schaut er mich über den Tresen hinweg an. Ich frage nach den Zimmerpreisen und reserviere drei Einzelzimmer für sechs Tage.

Dieses Lächeln geht mir nicht mehr aus dem Sinn. Ich erzähle meiner Freundin Viola von ihm. „Der wäre ein perfekter Kandidat für mein 5L-Projekt", schwärme ich. Sie schaut mich kritisch an. „Überleg dir das gut, man sollte solche Dinge nicht in der Nachbarschaft beginnen, das kann zu schlimmen Verwicklungen führen." Ich wische ihre Bedenken mit einer Handbewegung fort. Ich kann mir keine Verwicklung vorstellen, was soll schon passieren? Ich will doch niemanden heiraten. Ich will doch nur meinen Spaß.

Die Zimmer sind reserviert, alles ist besprochen, aber ich brauche einen Grund, um noch mal dort hinzugehen. Ich könnte ja ein paar Postkarten kaufen, das wäre unverfänglich. Bei meinem zweiten Besuch beugt er sich über den Tresen und sagt: „Darf ich mal?" Er nimmt den Anhänger meiner Silberkette in die Hand. Ganz leicht berührt er dabei mit seinen Fingerspitzen mein Dekolleté. Der winzige Quadratzentimeter auf meiner Haut wird augenblicklich heiß.

„Was ist denn das? Das ist sehr schön."

„Das ist ein aztekisches Symbol aus Mexiko, es steht für einen Geheimbund, eine Art Amulett", und schon renne ich auf die Straße.

Doch bereits am nächsten Tag, gleich morgens früh, bin ich wieder da und frage, ob alles in Ordnung ist mit der Reservierung. Er erzählt mir, dass er seit drei Jahren der Besitzer des kleinen Hotels sei. Ich habe das Gefühl, die kleine Bude müsste jeden Moment in Flammen aufgehen. Was ist denn bloß in mich gefahren? Zum Glück kommen einen Tag später meine Gäste an, also habe ich einen triftigen Grund, noch des Öfteren dort hinzugehen. Sechs Tage lang gehe ich täglich zweimal hinüber, um „nach dem Rechten zu sehen". Am vierten Tag erzähle ich Tekim, so heißt er, dass ich eigentlich seine Nachbarin bin. Am sechsten Tag fragt er mich nach meiner Handynummer und schreibt mir ein paar Stunden später eine SMS: „Was träumst du denn so?"

Ich antworte: „Wer schreibt denn da?"

„Der, den du zweimal täglich siehst, einmal morgens, einmal mittags, ich könnte dich besuchen, wenn du willst."

„Sitze leider gerade im Zug zum Flughafen ..."

Zehn Tage und eine halbe Weltreise nach unserem Gesimse findet unser erstes Treffen statt, und zwar um zwei Uhr nachts, direkt bei mir zu Hause. Warum Zeit vergeuden? Ich weiß, was ich will, und er weiß, was er will – und was ich will, weiß er auch. Ich drücke den Türöffner. Er spurtet die Treppe hoch, drei Stufen auf einmal nehmend. Groß, schlank, sportlich, südländisch – genau mein Typ.

Wir verlieren nicht mal zwei Minuten mit unnötigem Einleitungsgeplänkel. Er küsst mich. Seine Lippen fühlen sich fleischig und hart an. Seine Zunge überrascht mich. Sie ist ein bisschen rau an der Ober-, schmiegendweich an der Unterseite. Er schiebt sie tief in meinen Mund, züngelt hin und her, hält plötzlich still, zieht sie raus und auf der Stelle durchzuckt ein Schuss Energie meinen Rücken, bis in den Kopf. Ein unbekanntes Gefühl. Seine Umarmung lässt mich seine festen Muskeln spüren. Diese Muskeln! Ich lecke seine glatte Haut, sie schmeckt ein bisschen nach Himbeeren und Salz. Ich entdecke seinen Schwanz wie eine Schatzsucherin eine Truhe Goldmünzen, und widme mich ihm mit ungeteilter und minütlich wachsender Begeisterung. Ich berausche mich an dem wohligen Gefühl des Ausgefülltseins und entdecke Raffinessen der Mund-, Kopf-, Hals- und Zungenkunst, von denen ich bisher keine Ahnung hatte. Seine Lustbekundungen feuern mich an. Ich stülpe meine Lippen über seine unendlich zarte Eichel, umspiele mit der Zungenspitze den Rand, der sie vom Schaft trennt. Je mehr die Zunge diese feine Topografie des Grabens zwischen Kopf und Körper seines Schwanzes austastet, desto mehr treibe ich ihn in den Genuss. Ich setze üppig Speichel ein und verteile ihn mit wachsender Hingabe auf den immer dicker werdenden Schwellkörper. Instinktiv nehme ich beide Hände zu Hilfe, auch sie ausgiebig mit Spucke versorgt, und simuliere einen endlos tiefen Schlund, in den er sich komplett hineindrängen kann. Was mich besonders fasziniert, ist der rauschhafte Zustand, in dem ich mich befinde. Als sei ich in einen Strudel geraten, werde ich immer schneller und intensiver von einem Gefühl absoluten Glücks erfüllt. Zum ersten Mal in meinem Leben habe ich einen Orgasmus nur vom Blasen.

Als wir gesättigt voneinander ablassen, seufzt er: „Das muss ich öfter machen lassen ..."

Sein Deutsch ist nicht perfekt, aber ich finde den Kommentar süß. Dann fragt er: „Was ist deine Situation? Bist du gebunden? Oder Single? Oder was?"

„Ich liebe Männer, ich liebe Sex. Ich habe ein Projekt, das sogenannte 5L-Projekt."

Ich umreiße das Thema in zwei Sätzen und sage abschließend: „Ich hoffe, du bist nicht eifersüchtig?"

Er lacht. So eine Einführung hat er wohl noch nie bekommen. „Nein, ich bin nicht eifersüchtig. Toll, dein Projekt! Da mache ich gerne mit ..." Ich schiebe noch nach, dass ich mir eine Beziehungssperre auferlegt habe, aber da hört er mir schon gar nicht mehr zu und seufzt: „Mach's noch mal."

Tja, welchem Mann gefällt so etwas nicht? Eine wilde, sinnliche, sexhungrige Frau, die keinerlei Ansprüche stellt, von der kein Klammern droht, die von zahlreichen Lovern hinreichend beglückt wird, sodass jeder von ihnen die Freiheit hat, seinen eigenen polygamen Vergnügungen nachzugehen.

Mein erstes Internetdate

Meine 5L-Liste hat ein „erledigt"-Häkchen mehr bekommen, Lover in der Nachbarschaft gefunden. Meine nächste Aufgabe lautet: Lover aus dem Internet fischen. Das erscheint mir schon tückischer und nach Violas Steilvorlage ist die Herausforderung sogar noch größer. Seit ein paar Tagen schreibt mir ein attraktiver junger Kerl. Auf seinem Profilfoto fläzt er sich auf einem Designersofa, bekleidet mit nichts als einer schwarzen Lederjacke, die den Blick freigibt auf ein Schultertattoo. Sein Blick ist cool, sein Sexappeal springt mir entgegen. Er möchte mich kennenlernen und fragt, welcher Treffpunkt mir zusagen würde. So sieht also ein Seitenspringer von einer Fremdgehseite im Internet aus? Kein spießiger, gelangweilter Ehegatte aus der Provinz, sondern ein Frauenheld vom Feinsten?

Ich grübele, welcher Ort für unser Date passen könnte. Schließlich geht es dabei ohne Umschweife um Sex. Wir müssen vorher nur klären, ob wir uns „riechen" können. „Was ist, wenn uns die absolute Lust überfällt?", fragt er. Ungewöhnlich, diese Frage, aber berechtigt. Ich habe eine Idee: Wie wär's in einer Hotelbar? Und wenn uns die Leidenschaft packt, können wir sofort auf einem der Zimmer verschwinden. Ja, das gefällt mir. Damit er gleich weiß, welches Niveau mir vorschwebt, wähle ich die Hotelbar eines Luxushotels. Bevor ich von zu Hause losradele, räume ich meine Handtasche aus. Er kennt nur mein Pseudonym „Nacktkatze". Und ungefähr in der 27. Mail habe ich ihm meinen Vornamen verraten. Er darf auf keinen Fall wissen, wer ich wirklich bin. Wer weiß, was sonst alles passieren könnte. Vielleicht werde ich ihn nie wieder los oder er entpuppt sich als verrückter Stalker. Ich sortiere also alles aus, was Hinweise auf meine Identität gibt: Ausweise, Visitenkarten, Notizbuch, Hausschlüssel, Geldbeutel. Ich überlege, was ich möglicherweise brauche: mein Handy? Lieber nicht. Eine Zahnbürste ist eine gute Idee. Ich packe einen Slip und ein T-Shirt zum Wechseln ein und nehme Kondome mit – nach der Beduinenerfahrung gleich in drei verschiedenen Größen. Man weiß ja nie. Mein Plastikhandschuh darf auch mit – zum Hineinatmen im Falle eines unvorhergesehenen Besuchs meiner Freundin „Angustia".

Ich radele zu unserem Date und stelle mein Fahrrad in der Nähe des Hotels ab. Es könnte unpassend wirken, damit vorzufahren, schließlich kann ich es ja schlecht dem Portier in die Hand drücken und sagen: „Parken Sie mal."

Das Absteigen mit High Heels ist gewöhnungsbedürftig, eben noch sportlich in die Pedale treten, dann auf den Zehenspitzen ausbalancieren wie eine Ballerina. Aber ich werde immer besser, Übung macht die Meisterin. Als ich grazil um die Ecke biege, sehe ich an der Wand des Hotelkomplexes in einiger Entfernung zum Eingang einen jungen Mann im Anzug stehen. Erst als er mich sieht, tritt er aus dem Schatten und geht zaghaft ein paar Schritte auf mich zu, aber nicht weit genug, um in die unmittelbare Nähe des Hoteleingangs zu kommen. Ich gehe an Portier und Hotelpagen vorbei, überquere den roten Teppich und nähere mich ihm langsam. Jetzt löst er sich hastig von der Fassade und drückt mir die Hand. Zu fest, autsch. Es ist tatsächlich der Mann vom Foto. „Lass uns erst mal eine Runde spazieren gehen", schlägt er vor, und schon verlassen wir raschen Schrittes den Dunstkreis des Hotels, als sei er vermintes Gebiet. Ich mustere den Mann an meiner Seite und frage mich, was ihn und das Bild trennt? Er ist es, und er ist es nicht. Gar nicht. Die wilden, schwarzen Locken sind jetzt brav gescheitelt. Das laszive Lächeln ist verbindlich, der sportliche Oberkörper wirkt dünn und kraftlos. Ob wenigstens das Tattoo echt war? Die Größe stimmt, dennoch wirkt er kleiner. Er hat den Sexappeal eines Sparkassenfilialleiters im Schwarzwald. Nach nur knapp zwei Minuten, die wir nebeneinanderherhasten, bleibe ich abrupt stehen und nehme allen Mut zusammen: „Sorry, das mit uns hat keinen Sinn. Es passt einfach nicht!" Seine Gesichtszüge entspannen sich, er strahlt mich an und schüttelt mir überschwänglich die Hand. „War schön, dich kennenzulernen!"

Ich renne fast zurück zu meinem Rad und als ich außer Puste zu Hause ankomme, sehe ich, dass er mir eine Mail geschickt hat: „Du bist wirklich eine Granate!"

Die zwei Panther

Plötzlich ist alles anders. Während meine Freundinnen und ich – wir haben uns einen Kurzurlaub im türkischen Antalya gegönnt – sowie bayrische Badegäste, russische Go-go-Girls und kubanische Musiker unter glasklarem Himmel an der Strandbar eiskalte Milchshakes schlürfen, blitzt unvermittelt Spannung auf. Keiner bemerkte ihr Auftauchen. Nun sind sie da. Zwei schwarze Panther, inmitten einer Herde von Antilopen. Mit der Gelassenheit des Siegers lassen sie ihre Blicke gleiten, suchen ihr Opfer aus.

Zwei junge Männer mit klassischen Profilen, sich klar abzeichnenden Muskeln und einer Selbstsicherheit, die wie Glanzlack über die unscheinbare Gesellschaft schwappt. Ein Gedanke bringt mich zum Lachen. Ich gucke mich um und stelle mir vor, dass alle Frauen im Umkreis von 50 Metern schlagartig feucht werden, ihren Bauch einziehen und die Brüste rausstrecken und dass alle Männer zu rechnen beginnen – in Zentimetern.

Das perfekte Muskelarrangement der beiden kommt durch weit ausgeschnittene T-Shirts und Boxershorts zur Geltung. Meine detektivische Spürnase kombiniert die Faktoren Muskeln, breite Schultern und kräftiges Kreuz und kommt zum Ergebnis: Das sind Schwimmer. Aus den Augenwinkeln werden sie von allen Seiten taxiert. Sie erwidern die Blicke mit sparsamen, präzisen Gesten. Sie rutschen auf ihren Sitzbänken gen Horizontale. Wie hingegossen liegen sie herum. Dabei bewegen sie ihre Lenden mit kaum sichtbaren Bewegungen auf und ab. Wer hat ihnen das bitteschön erlaubt? Ich finde, solche Männer müssten vom Hotelmanagement auf ihre Zimmer gesperrt werden. Da blicken die beiden Panther in meine Richtung. Zufall, denke ich. Ich schätze sie auf Ende 20 und male mir meine Chancen aus. Ein Blick auf meine Mitbewerberinnen sagt mir, dass ich schleunigst an etwas anderes denken sollte. Ich habe einen satten Vorsprung an Jahren auf dem Tacho, meine Chancen dürften daher stramm gegen null gehen. Ich blicke über das ägäische Meer, lasse meine Augen von den zarten Farben der Bougainvillea-Sträucher schmeicheln. Was es wohl zum Abendessen gibt? Doch ein anderer Gedanke übernimmt die Führung in meinem Kopf: Ich grübele – rein theoretisch natürlich –, welcher der beiden mir mehr zusagt. Ich entscheide mich für den mit dem dicken Brilli am Ohrläppchen. Noch gestern hätte ich so etwas für halbstark gehalten. Jetzt finde ich es stark. Und wie! Ich ertappe mich bei dem Gedanken: Na ja, falls der andere Interesse für mich zeigt, würde ich auch nicht Nein sagen! ... Doch so plötzlich, wie sie auf der Bildfläche aufgetaucht sind, verschwinden sie wieder. Die Beach-Party ist zu Ende, die Gäste stopfen ihre sonnencremeverschmierten Handtücher in die Badetaschen und während die Sonne in knalligen Pink- und Orangetönen im Meer versinkt, ziehe ich mich auf mein watteweiches Designerbett zurück, wo ich mir aus tausend Spiegeln entgegenblinke. Tausendmal ich, tausendmal allein.

Mein Hotel an der türkischen Riviera ist ein architektonisches Schmuckstück und hat mehrere Designpreise gewonnen. Ich ziehe fürs Dinner ein weißes, figurbetontes Kleid an, das meine frisch erworbene Sonnenbräune vorteilhaft zur Geltung bringen soll. Dazu hochhackige weiße Schuhe, auf denen ich am Pool entlangbalanciere. Jetzt bloß nicht das Gleichgewicht verlieren und womöglich hineinfallen! In meinem alten Leben hätte ich wahrscheinlich Badelatschen zum knielangen Hippie-Rock getragen. Aber das ist vorbei. Der Gedanke an die beiden Männer beherrscht meine Gedanken und meinen Körper, sodass ich den Vorspeisenlandschaften und den Variationen von Fisch auf dem 100 Meter langen Büffet keine rechte Aufmerksamkeit zu schenken vermag. Ich scanne die Menschen, die an langen Tafeln sitzen und sich vervielfachen und verlieren in der Unendlichkeit der riesigen Spiegelwände. Am besten, ich gehe heute mal früh schlafen. Ich stöckele so gut ich kann durch die Hotelhalle. Gesäumt wird sie von langen Sofas, so tief, dass man darauf nicht sitzen, sondern nur liegen kann. Da entdecke ich beim Vorbeischlendern die beiden Schwimmer. Mein Herzschlag setzt einen Moment lang aus, doch dann schalte ich blitzschnell und stelle mich an die Bar. Ich spüre ihre Blicke über meinen Rücken prickeln, während ich einen Mojito bestelle. Die frische Pfefferminze prickelt in meinem Bauch, als ich mich in Zeitlupe zu ihnen umdrehe und meinen Blick in ihre Richtung gleiten lasse. Sie liegen schön drapiert zwischen allerlei glitzernden bunten Kissen, links der Diamanten-Typ, mein Favorit, und rechts der andere Beau. Mr Diamant streckt die Hand aus und zieht mich mit sanfter Entschlossenheit auf den Diwan.

„Wie heißt du? Woher kommst du? Bist du zum ersten Mal hier?"

Mr Diamant heißt im wahren Leben Cengiz, seinen Freund stellt er mir als Adem vor. Die Jungs schwimmen in einem erfolgreichen türkischen Schwimmteam. Mehr gibt unsere Konversation nicht her. Jetzt ist Cengiz noch weiter in die Liegeposition gerutscht, er liegt jetzt leicht unterhalb von mir und blickt mich aus schwarzen Augen mit unendlich langen Wimpern an. Sekunden später sind seine Augen geschlossen, die kussverdächtigen Lippen leicht geöffnet. Ich dachte, das machen nur Frauen in kitschigen Hollywood-Schmonzetten? Endlich weiß ich, wie der berühmte Schlafzimmerblick aussieht. Unwiderstehlich!

„Es ist so laut, ich verstehe dich nicht", bemerke ich wenig tiefgründig. Dabei hat er gar nichts gesagt, nur geschaut.

Er raunt mit Vibrato: „Wir können gehen, wohin du willst. Ich bin ganz dein."

Atemstopp. Meint er etwa …? Die adäquate Erwiderung schießt durch meinen Kopf, aber auf dem Weg zur Zunge versperrt ihr eine rote Schranke den Weg. Es gibt nur eine Antwort, aber die soll er aussprechen, ich geniere mich zu sehr.

„Was würdest du gerne tun?", gurre ich, um ihm die Einladung zu entlocken. Aber er bleibt dabei und so muss ich es sagen. Ich nehme allen Mut zusammen: „Na gut, dann lass uns hochgehen."

Diese Anbahnungsphase lässt sich definitiv als kurz bezeichnen. Ich genieße unseren Abgang unter den Blicken der Nachtschwärmer.

Der Aufzug ist komplett verspiegelt. Ich schließe die Augen, es ist zu viel: ich und er, er und ich, tausend Mal. Mit leichtem Summen öffnet sich seine Zimmertüre und wir gleiten in eine neue Spiegellandschaft. Wir ziehen uns aus. Jeder für sich. Das hat etwas Unromantisches, Praktisches. Als ich seinen nackten Körper sehe, bin ich dennoch nicht mehr zu halten. Ich erschnuppere die Samthaut seines unbehaarten Oberkörpers, schlittere mit meiner Zunge an ihm herab.

Keine Sekunde kann ich seinem Lieblingsstück widerstehen. Glatt und hart wie ein vom Rhein geschliffener Kiesel fühlt er sich an. Meine Lippen gleiten über seine zuckerzungenweiche Eichel, ich erlutsche jedes zarte Detail. Er stöhnt, schubst mich weg, wirft mich auf den Rücken und senkt sich über mich, schwer und reif.

Seine Zeitlupenstöße lassen mich schreien, er soll weitermachen, nicht aufhören, er hat Power. Er dreht mich um. Rückwärts gebe ich ihm kontra, die Geschwindigkeit steigt. Mein Innerstes zieht sich zusammen und ein Tropengewitter bricht über uns herein. Ein beidseitiges gleichzeitiges Gewitter. Der Ernst unserer Unternehmung weicht einer vergnügten Leichtigkeit und lachend lassen wir uns in die kühlen, zerwühlten Laken sinken.

Das war kurz und geil. Für mich ein Auftakt vom Feinsten. Kaum hat sich mein Puls beruhigt, flirren meine Hände schon wieder über seinen Bauch, wandern gen Wunderort. Der steht in null Komma nichts wieder wie eine Eins. Er schiebt meine Hände weg, wie man einem Kind ein Spielzeug verwehrt: „Ich muss gehen, mein Freund wartet auf mich."

Das fühlt sich an wie ein Eimer kaltes Wasser. Ich quittiere seine Worte mit unschuldigem Blick: „Wo denn?"

„In der Disco."

„Kann er da nicht alleine Spaß haben?"

„Wir sind zusammen hier, ich lasse ihn nicht alleine."

Eine echte Männerfreundschaft also, gemeinsam durch dick und dünn. Da kommt mir ein genialer Gedanke: „Sag ihm doch, er soll mitmachen!"

Er schaut mich erstaunt an: „Bist du sicher?"

„Aber klar doch!", zwitschere ich, als hätte ich mein Leben lang nichts anderes getan, als mich von zwei Männern auf einmal vögeln zu lassen. Dabei wäre es das erste Mal ...

„Wird dir das nicht zu viel? – Wir sind Sportler", warnt er mich.

Na, umso besser! Endlich mal Sex bis zur Erschöpfung, bis kein winziger Wunsch mehr offenbleibt. „Kein Problem", versichere ich. „Lass es uns tun, mal gucken, wer zuerst schlappmacht ..."

Wir gehen in die Disco, wo Adem nichts ahnend an der Theke lehnt. Ich male mir aus, was gleich oben im Zimmer passieren wird. Mir wird etwas schwindlig. Cengiz flüstert Adem etwas ins Ohr, was dieser mit breitem Grinsen quittiert. Er ruft: „Wann immer du bereit bist!" Wow, ich merke, wie erregt ich bin, das leichte Ziehen in der Bauchnabelgegend wird immer stärker, wir müssen sofort los, dürfen nicht die Zeit an der Theke verschwenden. „Jetzt!", rufe ich entschlossen und voller Übermut. Die Blicke folgen uns, als wir abziehen.

Im Zimmer angelangt, fragt Adem: „Wollt ihr was trinken?" Als Antwort reiße ich mir das dünne weiße Kleid vom Leib. Angeblich ist das eine Premiere für die beiden. Aber sie wirken wie ein eingespieltes Team. Cengiz liegt wie gemalt auf dem Bett und ich setze mich auf ihn und schaukele auf einer Welle im türkischen Meer. Hinter mir spüre ich Adem, er streichelt mich. Plötzlich versucht er sich zeitgleich an der griechischen Variante und versucht, anal in mich einzudringen. Ich protestiere, sage, dafür muss man sich besser kennen. Das muss man als Einzeldisziplin schon mal geprobt haben. Seine ersten Versuche fühlen sich zu schmerzverheißend an. Darauf stehe ich nicht. „Nein!", rufe ich zum dritten Mal. Da halten sie inne und fragen ratlos im Chor: „Warum nicht?" Ich sage: „Das tut mir weh!" Jetzt schmeißen sie mit Fachbegriffen um sich, die ich nicht kenne. Schließlich bin ich noch immer eine blutige Anfängerin. Sie sprechen von einem „Sandwich" und ich überlege, ob sie plötzlich Hunger haben. Aber nein, das ist der Terminus technicus für die Nummer, die ich eben nicht wollte. Sandwich bedeutet: Ein Mann nimmt die Frau vaginal, der andere anal, das Ganze gleichzeitig. Jetzt einigen sie sich auf „Doggy", von hinten, statt „Sandwich".

Adem lässt ab von meiner rückwärtigen Verlockung und schiebt sein Prachtstück von vorne rein. Das überzeugt mich. Er greift mit einer Hand meinen Nacken und drückt mich weiter Richtung Cengiz, der immer noch unter mir liegt und meine Blaskünste genießt. Meinen ersten Orgasmus gibt Adem wie die Erfolgsmeldung eines Fußballmoderators bei einer Liveübertragung durch: „Geldi!", ruft er laut und glücklich auf Türkisch, „Sie ist gekommen!". Meine beiden Lover sind stolz wie die Schneekönige. Stellungswechsel. Cengiz bleibt unten, Drinks und Sonne haben ihn träge gemacht. Adem kommt nach vorne und grätscht in halber Höhe seine Beine, mit dem Rücken an die Wand gelehnt. Dabei lässt er sich von mir den Stick lutschen. Zwischendrin ruft der Untenliegende ein leicht genervtes „Ich hab keinen Bock mehr, deinen Arsch zu sehen" und die Männer tauschen die Plätze, damit sich niemand langweilt. Nach vier Stunden machen die Jungs zu meinem Bedauern schlapp und fallen in Tiefschlaf. Ich liege zwischen ihnen, aufgekratzt und noch immer geil. Links und rechts neben mir je ein schlafender Athlet. Wie schade. Von gutem Sex kann ich scheinbar nicht genug bekommen.

Um sechs Uhr morgens halte ich es nicht mehr aus, ziehe mich leise an und verlasse auf Zehenspitzen das Zimmer meines nächtlichen Glücks.

Der Schlüssel zur weiblichen Lust

Geräuschvoll rennt Viola die Stiegen zu meiner kleinen Toskana hoch. Ihren Besuch hatte ich gar nicht erwartet. „Wie schön, dass du wieder aus dem Urlaub zurück bist!", ruft sie schon durchs Treppenhaus. Ich brühe einen frischen Kaffee auf und wir erzählen uns in Windeseile unsere neuesten Abenteuer. Dann kramt sie ein Blatt Papier aus ihrer Handtasche. „Ich habe etwas Unglaubliches entdeckt!" Sie reicht mir eine merkwürdige pinkfarbene Grafik. „Stell dir das mal vor, ich hatte keine Ahnung davon!"

Ich betrachte rätselnd das Bild. „Was soll das denn sein?", frage ich verständnislos.

„Na, die Klitoris! Das ist übrigens das griechische Wort für Kitzler und bedeutet ‚Schlüssel‘, weil die ehemaligen Anatomen ihn den Schlüssel der weiblichen Sexualität nannten!"

„Aber die ist ja unglaublich groß und weitverzweigt!", staune ich. „Ich habe mir eigentlich nie groß Gedanken darüber gemacht. Mein Bild davon war das kleine Zipfelchen, das uns so viel Lust beim Sex bringt ..."

„Genau deswegen bin ich ja auch so beeindruckt!", lacht Viola. „Die Klitoris verzweigt sich über den gesamten Unterkörper, führt bis tief in den Bauch hinein."

„Warum haben wir uns mit diesen Fragen bloß nie beschäftigt?", frage ich meine wissensdurstige Freundin.

„Das weiß ich auch nicht", sinniert sie. „Auf jeden Fall ist das höchst erstaunlich. So ein kompliziertes, filigranes und dabei machtvolles Gebilde existiert in uns, lenkt unsere Schritte, ist mitbeteiligt an unseren wichtigsten Entscheidungen, gerne auch den falschen ..."

Ich streiche über meinen Bauch. „Und da schlummern solche Geheimnisse?", frage ich Viola. „Deswegen spürt man einen richtigen Orgasmus im ganzen Unterleib? Obwohl, ich spüre ihn ja auch noch in anderen Körperteilen. Manchmal explodiert sogar mein Kopf."

Viola nickt: „Das sind ja alles Nerven, die miteinander verbunden sind. Wohnt denn nicht auch unser Gefühl im Bauch? Hat unser Bauchgefühl etwas mit diesem wundersamen Klitorisgebilde zu tun?"

Ich umarme Viola und verspreche ihr, in Zukunft ganz genau darauf zu achten. Auch diese Frage werden wir gemeinsam klären. Das Wort „Schlüssel" jedenfalls nistet sich in meinem Kopf ein. Viola ist schon lange wieder die Treppe heruntergepoltert und auf dem Weg nach Hause, da kreist die Vokabel weiter durch die Windungen meines Gehirns.

Der kölsche Liebhaber

Ich lerne ihn auf der Seitensprungseite kennen. Sein Pseudonym lautet „Der Kölner Dom". Es gibt sicherlich Menschen, die das originell finden. Wir schicken uns gegenseitig Fotos, dann beschließen wir „ist in Ordnung" und vereinbaren ein kurzes Treffen in der Stadt.

„Am besten wir verabreden uns in der Fußgängerzone vor einem Schaufenster", schlägt er vor. „Das ist unauffällig, weil dort noch viele andere Menschen sind. Wenn mich meine Lebensgefährtin mit einer Frau in einem Café sitzen sieht, habe ich schon verloren."

Das klingt wie ein konspiratives Treffen zwischen Terroristen. Mir soll's recht sein. „Für mich ist das auch besser", lüge ich. „Mein Mann darf auf keinen Fall etwas von uns wissen."

Ich habe beschlossen, mir einen Ehegatten auszudenken, das schützt mich vielleicht vor Stalkern und anderen Verrückten. Gleichzeitig liefert mir diese kleine Lüge jederzeit das perfekte Alibi, falls ich nicht mehr will.

„Außerdem hat das den Vorteil", fügt er hinzu, „dass wir, wenn wir uns nicht sympathisch sind, unsere Zeit nicht mit Kaffeetrinken verschwenden müssen. Wir müssen auch nicht krampfhaft Höflichkeiten austauschen. Man sagt: ‚Nee, das passt nicht', und geht wieder."

Der Mann scheint Erfahrung zu haben. Exzellent.

Einen Tag vor unserem Treffen in der Innenstadt bittet er mich um ein Telefonat, er würde gerne meine Stimme hören. Kann er haben. Wir vereinbaren eine Uhrzeit und ich warte gespannt. Auf die Minute pünktlich klingelt mein Handy.

„Hallo? Ist da die Nacktkatze?"

„Ja, hier bin ich. Und wie heißt der Kölner Dom in echt?"

„Ich heiße Volker."

Kurze Pause. Dann fangen wir beide gleichzeitig an zu sprechen

„Also …"

„Du zuerst …!"

„Nein, erzähl du ...!"
Volker nimmt sich ein Herz: „Was genau suchst du?"
Hups, was soll ich denn darauf bloß antworten?
„Also dann fang ich mal an", erbarmt er sich. „Ich hab schon einige Frauen kennengelernt, die wollten etwas ganz anderes als ich." Aha. Was meint er wohl? „Die wollten zum Beispiel mit mir Essen gehen."
„Waaas?", rufe ich empört in den Apparat.
„Ja, wirklich!", ruft er aus. „Oder ins Kino!"
„Das glaub ich jetzt nicht!" Ich bin erschüttert. Volker holt tief Luft und sagt: „Also ich suche jemanden für Sex."
„Was für ein Zufall! Da suchen wir ja beide genau dasselbe!" Verschwörerisch lächele ich meinem Spiegelbild zu, neuerdings stehe ich beim Telefonieren gerne vor dem goldgerahmten Barockteil in meinem Büro.
„Ohne Einleitung oder Nachspiel, einfach Sex und Punkt."
Ich finde, das klingt gut. Keine Verwicklungen, Gefühle, Verpflichtungen ... genau das, wonach ich suche.
Am nächsten Tag schwinge ich mich in gelbem Minikleid auf mein rotes Fahrrad und fahre ins Zentrum. Von Weitem sehe ich einen Typen vor dem vereinbarten Kaufhaus stehen. Noch könnte ich einfach so unerkannt umdrehen und flüchten. Aber er sieht akzeptabel aus und so nähere ich mich ihm langsam. Die letzten Meter steige ich ab und schiebe das Rad. Er erkennt mich sofort und kommt ein paar Schritte auf mich zu. Das intensive Blau seiner Augen irritiert mich kurz. Der Rest gefällt mir ganz gut. Größe okay, ein paar Zentimeter größer als ich. Figur okay, er ist schlank und durchtrainiert und hat an den richtigen Stellen Muskeln. Der Stil seiner Kleidung ist auch in Ordnung. Mehr muss ich erst mal nicht beachten. Wie ein Psychopath wirkt er jedenfalls nicht. Obwohl, erkennt man die überhaupt auf den ersten Blick?
Er geht zwei Schritte zurück, mustert mich von oben bis unten und sagt: „Sorry, dass ich dich jetzt so offensichtlich anschaue, aber unser Treffen hat schließlich einen ganz konkreten Zweck. Guck du ruhig auch, keine Hemmungen!"

Die Bratwurstverkäuferin am Eingang des Kaufhauses schaut ein paarmal von ihren Würsten auf und blickt in unsere Richtung. Aber mitten in den eilig durch die Schwingtüren hastenden Passanten fallen wir nicht weiter auf mit unserem merkwürdigen Gebaren.

„Du gefällst mir sehr gut!", sagt er und nickt anerkennend. „Viel besser als auf dem Foto! Von mir aus können wir unser Treffen gerne im Hotel fortsetzen."

Ich zucke mit den Schultern. Klar, warum nicht? Die Vorstellung, mit diesem Wildfremden einfach so Sex zu haben, erregt mich. Wir verabreden uns für den späten Nachmittag, er wird mir die Hoteladresse per SMS zuschicken. Ich bitte ihn um seinen Nachnamen und seine Adresse. Diese Daten gebe ich meiner Freundin Viola, zur Sicherheit. Wenn ich mich bis zu einer bestimmten Uhrzeit nicht bei ihr melde, soll sie mich anrufen, um sicherzugehen, dass mir nichts passiert ist.

„Ich bin ein bisschen nervös", gestehe ich ihr am Telefon. „Mit einem ganz unbekannten Mann ... das ist schon eine Herausforderung!"

„Ach wo", beruhigt sie mich, „mach dir keine Sorgen. Schließ die Augen, lass dich küssen und den Rest regelt dein Hormonhaushalt. Die Erregung kommt von ganz allein."

Als ich am Nachmittag das Hotel betrete, eilt er mir durch die Lobby entgegen. Die beiden Rezeptionisten grinsen dümmlich und scheinen sich ihren Teil zu denken. Kann man mir den Grund meines Besuches etwa vom Gesicht ablesen?

Wir betreten das Zimmer. Er schließt die Türe hinter mir, umarmt mich und küsst mich. Das hat etwas unpassend Romantisches, aber nur wenige Sekunden lang. Wir ziehen uns aus und landen im frisch bezogenen Bett. Nach gerade mal einer Stunde handwerklich nettem Sex mit vier verschiedenen Stellungen, dazu ein bisschen Lecken, ein bisschen Blasen, kommt er und fällt wie ein Maikäfer erschöpft auf den Rücken. Für mich war das eindeutig zu kurz. Und zu leidenschaftslos. Na ja, vielleicht wird es beim nächsten Mal besser, falls es ein nächstes Mal gibt. Jetzt fängt er an zu reden, er fragt nach meiner Ehe, meinem Leben, meiner Arbeit. Ich verbiete ihm den Mund. „Das einzige Thema, das hier erlaubt ist, ist Sex!", weise ich ihn zurecht. Das müsste als Gesprächsstoff doch eigentlich ausreichen. Zum Glück hält er sich daran. Er erzählt mir von seinen Erfahrungen mit anderen Online-Bekanntschaften. Ich werde ein bisschen schläfrig. Er hat schon einige Frauen getroffen, aber meistens entsprachen die Frauen nicht den Erwartungen, die ihr Foto bei ihm geweckt hatte. Sie hatten in ihrem Profil oft etwas unter den Tisch fallen lassen, mal 15 Kilo, mal zehn Jahre. Eine Zeit lang war er mit einem Freund zusammen im Internet unterwegs. Sie durchforsteten es nach Frauen mit einem Faible für Männer im Doppelpack.

„Au ja!", platzt es aus mir heraus. Ich bin wieder hellwach. „Das will ich auch. Organisierst du das?"

Er verspricht, darüber nachzudenken. Nach einer langen Stunde klettern wir in unsere Klamotten und verlassen das Hotel wie zwei Fremde.

Ich fliege. Innerhalb einer einzigen Woche hatte ich fünf Männer. Birkensohle beglückt mich mit seiner Orgasmusgarantie, Tekim beflügelt meine Fantasie und der kölsche Lover steht zur Verfügung, jederzeit. Die beiden Panther schreiben mir explosive Mails. Endlich habe ich mein Mauerblümchen-Kleid abgestreift! Ich träume, dass mir Männer über Männer zu Füßen liegen. Mein Selbstbewusstsein ist wie Phoenix aus der Asche gestiegen. Ich bin sicher, jetzt gehört mir die Welt und nie mehr bin ich auf einen einzelnen Mann angewiesen.

Bei einem Abendessen mit Gregor sprudeln meine neuesten Erlebnisse ohne Punkt und Komma aus mir heraus. Plötzlich schneidet er mir das Wort ab: „Annette, ich kann das nicht mehr hören."

Huch? Was für ein Schreck! Gregor ist doch immer so verständnisvoll und interessiert an allem. Welche Laus ist ihm über die Leber gelaufen?

„Annette", sagt er einen Tick zu barsch, „gibt es eigentlich keine anderen Themen in deinem Leben? Wie wär's, wenn du dich mal ein bisschen mit Politik beschäftigst? Mit Philosophie? Kunst? Literatur? Oder mit den Problemen und Sorgen der meisten ganz normalen Menschen?" Ich schlucke eine Bratkartoffel hinunter, ohne sie zu kauen. „Ich will nichts mehr von deinen immer gleichen, mich inzwischen anödenden stereotypen Fickgeschichten hören. Es reicht jetzt!"

Ich schweige. Wenn ich ganz ehrlich bin, interessiere ich mich im Moment weder für Philosophie noch für Kunst oder Literatur. Höchstens für Philosophen, Künstler und Literaten, soweit sie in mein Beuteschema passen. Ich nehme mir vor, auf Gregor sauer zu sein. Auch wenn mir das nicht leichtfällt. Beleidigt denke ich: Spießer! Intellektueller Spießer!

Honig in mein Herz

Ich bekomme eine SMS vom „Mann von nebenan". Tekim schreibt: „Ich mag dich." Seine Worte treffen wie ein Pfeil mitten in mein Herz. Tränen steigen hoch und schießen wie Fontänen aus meinen Augen. Zum Glück bin ich allein. Ich weine, als hätte man eine Schleuse geöffnet. Woher kommt all das Wasser?

„Ich mag dich", hallt es in meinem Inneren nach. Kein besonders poetischer Satz, noch nicht mal der Anklang einer Liebeserklärung. Das könnte man auch der Gemüsefrau von gegenüber sagen. Was will das schon heißen? Nichts! Aber ich kann nicht aufhören zu heulen. Ich renne ins Bad, wasche mein Gesicht mit kaltem Wasser. Das hilft in solchen Fällen. Aber kaum denke ich an dieses „Ich mag dich", geht das Elend von vorne los. Mein Herz ist ganz offensichtlich so ausgehungert, dass schon ein winzig kleines Häppchen einen Erdrutsch auszulösen vermag.

Einen Tag später schreibt er: „Guten Morgen, du Sonne". Jetzt muss ich nicht mehr weinen, sondern fühle mich, als habe er mir ein Tröpfchen Honig ins Herz geträufelt. Tage des sanften Wiegens folgen. „Mein Engel ohne Flügel", schreibt er. „Meine weiße Rose", „Meine Morgendämmerung". Tropfen um Tropfen füttert er mein Herz mit süßem, warmem, wohligem Nektar.

Rein chronologisch ist Tekim der dritte Lover in meinem 5L-Projekt. Aber ich muss mir eingestehen, dass er sich schon nach wenigen Tagen immer mehr in meine persönliche Number One verwandelt hat, in den Mann meines Herzens, in meinen Lieblingslover.

Gregor, dem ich längst wieder verziehen habe, warnt mich noch in der gleichen Woche: „Pass bloß auf, dass das nicht so endet, wie es angefangen hat! Du gerätst sonst wieder in dieselbe Falle, machst dich abhängig und unglücklich. Hat sie vielleicht schon zugeschnappt? Lös dich von ihm, bevor es zu spät ist."

Ich bekomme Angst. Was soll diese Schwarzmalerei? Es könnte doch auch gut gehen. Aber Gregor kennt keine Gnade: „Auch du wirst älter und landest am Ende in der Klapse oder springst in den Rhein!"

Um Himmels willen. Womit habe ich nur einen solchen Freund verdient?

Völlig unerwartet verspricht mir Tekim unilateral die Treue. Unsere Affäre ist leidenschaftlich, der Sex mit ihm ist unendlich intensiv. Bis er eines Tages einen bemerkenswerten Unterton anschlägt. „Sei brav und mach keine Dummheiten", sagt er, bevor ich übers Wochenende verreise. Und als Antwort auf meinen verblüfften Blick fügt er hinzu: „Ich habe alle anderen Frauen in die Wüste geschickt." Ein paar Tage später beteuert er noch mal: „Es gibt keine andere Frau mehr für mich. Nur dich. Du faszinierst mich, das reicht mir voll und ganz."

Noch mehr Honig für mein Herz. Ich erwidere ernst: „Ich habe nichts von dir verlangt. Du bist frei und ich bin frei. Du sollst auf keine deiner Liebhaberinnen verzichten. Ich habe ja schließlich auch meine Lover."

Er schaut mich mit seinen großen schwarzen Augen lange an: „Das ist egal. Aber für mich bist du die Einzige." Innerlich schmelze ich bei seinen Worten dahin, aber davon lasse ich mir nichts anmerken. Ich sage keinen Ton. Das bleibt mein Geheimnis. „Bloß nicht rückfällig werden!", ermahne ich mich und reiße mich zusammen.

Mit Anna sitze ich in meinem Lieblingscafé und schaue zu, wie sie ihr Bilderbuchbaby mit Haferbrei füttert. Es gluckst und gluckert und spuckt die Hälfte auf mein schwarzes Kleid. Ich erzähle ihr von Tekim.

„Das ging ja schnell", wundert sich die glückliche Mama. „Kaum hast du das 5L-Projekt in Schwung gebracht, gerät es schon in Gefahr?"

Ich schüttele den Kopf wie ein trotziges Kind. „Nein, nicht wirklich. Ich denke nur nach. Nachdenken ist doch erlaubt, oder?"

Sie lacht. „Du denkst aber sehr intensiv nach. Meine Liebe, du bist über beide Ohren verliebt, mach dir da mal nichts vor."

Verliebt? Wie kommt sie bloß darauf? Anna legt den Breilöffel zur Seite. „Annette, entspann dich. Leb es einfach. Lass dich darauf ein, wenn dein Herz es so sehr will. Und denk daran: Sollte irgendetwas schiefgehen, dann hast du immer noch dein 5L-Projekt, und das lässt sich jederzeit wieder aktivieren!"

Das Baby schreit und Anna lässt mich verwirrt im Café zurück.

Adios, 5L!

Ich treffe meinen kölschen Lover. Volker erwartet mich in der Fußgängerzone, dekorativ an seine dicke BMW-Maschine gelehnt. Dazu passend trägt er teure Lederkleidung. Er mustert mich mit seinen viel zu blauen Augen. „Warum wolltest du mich auf neutralem Boden sehen?", fragt er leise.

Ob er farbige Kontaktlinsen trägt? Den Impuls, ihm mit dem Zeigefinger auf die Iris zu tippen, kann ich im letzten Moment gerade noch unterdrücken.

„Hat dir das Hotel nicht zugesagt?", erkundigt er sich unsicher.

Ich schlucke ein genervtes Aufstöhnen hinunter. Lässig lehnt er an seiner fetten Maschine. Mit seinem durchtrainierten Body, den blonden Locken und dem leichten Grauansatz an den Schläfen gibt er ein cooles Bild ab. Ich stelle mir vor, dass er das Gleichgewicht verliert und umkippt, aber den Gefallen tut er mir nicht.

„Ich kann dich vorerst nicht mehr treffen", raune ich ihm verschwörerisch zu.

„Was ist passiert?", fragt er mit erschrockenem Unterton.

„Mein Mann ahnt was. Ich muss vorsichtig sein."

Er nickt verständnisvoll.

„Wie ist es denn bei dir? Weiß deine Frau von deinen Extratouren?"

Als könne uns jemand im Lärm der Fußgängerzone verstehen, flüstert er mir verschwörerisch zu: „Weißt du, meine Liebe, die Monogamie ist eine große Lüge. Meine Lebensgefährtin weiß, dass ich von ihr nicht viel halte."

„Von der Lebensgefährtin, der Lüge oder der Monogamie?" Ich zwinkere ihm wissend zu. Er lächelt. Ich finde sein Lächeln plötzlich albern.

„Nun, durch gewisse Bemerkungen in unseren Gesprächen kann sie sich denken, dass ich ihr nicht treu bin. Und ich erwarte auch keine Treue von ihr. Wenn sie einen Lover nebenbei haben möchte, warum nicht? Aber bitte diskret. Ich möchte davon nichts mitbekommen."

Ich bin beeindruckt. Sie könnte erahnen, dass er nicht monogam ist und dass er ihr andere Lover zugesteht. Welch aufschlussreiche Sicht der Dinge.

„Geht dein Mann eigentlich auch fremd?", will er nun von mir wissen.

„Nein!", rufe ich empört. „Das fehlt noch!"

„Aber das ist doch ungerecht von dir", weist er mich zurecht. „Es müssen doch gleiche Rechte für alle gelten. Kann es sein, dass du zweierlei Maßstab anlegst?"
Mit einem frechen Lächeln sehe ich ihm geradewegs in die getönten Linsen: „Das hast du gut erkannt. Sollte ich meinen Mann erwischen, ist sofort Schluss, klarer Fall! Und ich mache, was ich will. Sonst noch Fragen?"
Mein fiktiver Ehegatte tut mir fast ein bisschen leid. Volker zuckt innerlich zusammen. Oder bilde ich mir das nur ein?
„Du gibst es wenigstens offen zu", räumt er ein. „Du stehst dazu. Das finde ich gut."
Bevor er weitersprechen kann, radele ich davon. Da waren's nur noch drei.

Birkensohle schreibt mir eine SMS. „Bin scharf auf dich! Wann sehen wir uns?" Das sind ja ganz neue Töne! Er meldet sich von alleine? Dabei habe ich nicht die geringste Lust auf ihn. Trotz Orgasmusgarantie und jahrelanger Vertrautheit. Nein, ich störe mich noch nicht mal an seinem Geiz, das ist längst zu einem Running Gag zwischen uns geworden. Und wenn wir doch mal zusammen etwas trinken gehen, schaue ich einfach so lange stur geradeaus, bis er sein Portemonnaie zückt. Und das kann dauern.
Mehr als einen Drink bestellt er deswegen erst gar nicht. Er weiß, dass er gegen mich verliert. Aber er hat sich in sein Schicksal gefügt und ich nehme es als kleine Übung, die ich inzwischen meisterhaft beherrsche. Seit ich die Nagelbrett-Übung gemeistert habe, ist das nur noch ein kleines Geduldsspiel zum Zeitvertreib.
Da ich nicht innerhalb von Minuten auf seine SMS geantwortet habe, schiebt er gleich noch eine hinterher: „Habe Lust auf dich. Jetzt!" Wenn er selbst Lust hat, hat er einen Affenzahn drauf. Ich schreibe zurück: „Bei mir hat sich etwas geändert, lass uns telefonieren."
Keine halbe Minute später klingelt mein Handy. Ungeduldig fragt Birkensohle: „Was ist los?"

„Ich hab mich in Tekim verliebt. Im Moment will ich keine anderen Männer", sage ich kleinlaut.
Ich werde knallrot. Zum Glück sieht er mich jetzt nicht. Jörg reagiert verständnisvoll. „Das passt sogar ganz gut", meint er versöhnlich. „Ich hab eine neue Flamme und vielleicht sollte ich mich erst mal ein wenig auf sie konzentrieren."
„Wir können uns ja irgendwann auf einen Kaffee treffen!", schlage ich erleichtert vor. „Wir müssen ja nicht immer Sex haben, immerhin kennen wir uns schon so lange."
Jörg ist einverstanden. Was für eine revolutionäre Idee. Nur Kaffee trinken!
Ich blicke durchs Fenster in meinen verwunschenen Garten. Ich fühle ein Kitzeln in meiner Brust, in meinem Bauch. Das Kitzeln der Liebe – zart und unauffällig, und doch deutlich spürbar. Ich lächele. Bei mir ist die temporäre Monogamie ausgebrochen. Aber das behalte ich tunlichst für mich. Tekim darf davon auf keinen Fall erfahren.

Das Geständnis

„Wann triffst du dich eigentlich mit deinen anderen Lovern?", fragt Tekim. Seit Wochen sehen wir uns fast jeden Tag, oft sogar mehrfach. Sobald wir uns begegnen, fallen wir übereinander her. Wir lieben uns auf Sofas, Tischen, Stühlen, Waschmaschinen. Wir verwandeln die öffentlichen Grünflächen des Stadtviertels in unsere Spielwiese. Jetzt aber werde ich rot. Murmele irgendetwas in mich hinein. Ich kann doch nicht zugeben, dass ich alle anderen Lover in die Wüste geschickt habe, weil sie mich nicht mehr interessieren.
„Jetzt sag schon", insistiert er und schaut mir tief in die Augen.
„Na ja, halt so dann und wann, ist doch auch egal ... oder?", weiche ich ihm aus.
Er lacht. Ich finde das gar nicht lustig.

Ich rufe meine Freundin Lola an. „Sag ihm doch die Wahrheit", ermuntert sie mich. Aber das will ich nicht. Ich habe zu große Angst davor, mein sicheres 5L-Schutzschild aufzugeben. Ich will mich nicht in diese Liebe fallen lassen; will mich nicht einem einzelnen Mann ausliefern. Ich schüttele den Kopf. Nein, ich werde ihm nichts sagen. Soll er doch denken, was er will. Das bleibt mein Geheimnis.

Aber er lässt nicht locker. „Du bist meine Einzige", sagt er. Ich freue mich wie ein kleines Kind, drehe aber schnell meinen Kopf weg, damit er mein glückliches Lächeln nicht sieht. Dann fahre ich für eine Woche nach Spanien. Er ruft täglich an und ich verliebe mich immer mehr. Lola spricht mir zu wie einem kranken Gaul. „Du bist verliebt! Erlaub es dir!" Ich trau mich nicht. Zwei Tage vor meiner Rückreise schreibe ich eine SMS: „Vielleicht verrate ich dir ein Geheimnis." Das hätte ich lieber nicht tun sollen. Er ruft dreimal hintereinander an, um mir das Geheimnis zu entlocken. Ich schweige wie ein Grab. Kaum bin ich zu Hause, besucht er mich. Noch bevor er mir die Bluse zerreißt, fragt er: „Und? Jetzt sag schon!"

„Heute nicht!", wehre ich ab. „Ich sag's dir morgen."

Am nächsten Tag erlaubt er keinen weiteren Aufschub. „Erzähl!", fordert er mich auf. Ich gucke zum Fenster raus. „Na?" Ich betrachte meine Fingernägel. „Hm?" Ich wische ein paar unsichtbare Krümel vom Tisch.

„Also ... ich ....", draußen fährt scheppernd die Müllabfuhr vorbei. „Ich habe eigentlich im Moment ..." Tekim schaut mich aufmerksam an. „Also ... Ich habe keine anderen Lover mehr!"

Es ist raus. Puh, war das schwer! Ein breites Grinsen liegt auf seinem Gesicht. Er nimmt mich in den Arm. „Dein Projekt ist also zu Ende?"

Ich schlucke. Das klingt schlimm, geradezu beängstigend. Er streichelt meine Wangen. „Aber unser Projekt ist doch viel schöner!" Er küsst mich. Und ich beginne drei meiner 656 Muskeln zu entspannen. Und dann weitere drei und dann noch mal drei ...

Von da an sehen wir uns täglich. Wie eine Katze, die sich an ihren Besitzer anschmiegt, kuschele ich mich ins Gefühl des Aufgehobenseins. Lasse mich fallen in Tekims starke Arme, versinke in seinen schwarzen Augen. Seine Körperwärme ist Weichspüler für meine Haut, meine Poren. Alles ist weich in mir. Ich schwebe einen halben Zentimeter über dem Boden. Das Licht meines Stadtviertels hat eine Prise Sonnenblumengelb dazubekommen, wirkt wie an der Côte d'Azur nachmittags um halb vier. Der Geruch der Asphaltstraßen ist einem Duft von Flieder und Jasmin gewichen, und das mitten in Köln. Aller Schmerz weit weg gerückt, nur noch ein zartes Echo davon hallt in der Ferne.

Die bilaterale Monogamie wird unilateral gebrochen

Nur einen Monat später spüre ich deutlich: Da stimmt was nicht. Ich träume unruhig. Ich habe Schmetterlinge im Bauch, aber sie fühlen sich dunkel an. Es sind nicht die Schmetterlinge der Verliebtheit, sondern dunkle Nachtfalter der Angst. Ein paarmal frage ich Tekim: „Ist irgendwas? Bitte sag's mir!"

Er weicht mir aus. Auf manche Fragen antwortet er mit geschlossenen Augen. Wie ein kleines Kind, das nicht beim Lügen ertappt werden will. Als er endlich mit der Sprache herausrückt, wählt er dafür den ungünstigsten Moment, den man sich vorstellen kann. In höchster Ekstase keucht er: „Ich brauche noch andere Frauen. Aber ... du ... gehörst ... mir ... ganz ... allein."

Eine orgasmusbedingte Fantasie, denke ich zunächst. Aber ich hake trotzdem nach: „Wie hast du das denn gerade gemeint?"

Er legt sich ein Handtuch um den durchtrainierten Bauch und lässt sich in meinen einzigen Sessel sinken: „Ich habe eine Frau kennengelernt, die mich sehr in Versuchung bringt. Ich möchte sie gerne ausprobieren. Aber ich wollte es dir vorher sagen."

Ich bin schockiert. Da hat er monatelang um meine Exklusivität gekämpft, und schon ist alles wieder vorbei?
„Wenn du das nicht möchtest, dann mache ich es auch nicht", sagt er ein wenig halbherzig, aber es hört sich versöhnlich an und tröstet mich eine halbe Minute lang über die Pein hinweg. „Na, komm schon", versucht er mich aufzumuntern, da es mir augenscheinlich die Sprache verschlagen hat, „wir werden bestimmt eine Lösung finden ..."
In der folgenden Nacht kann ich nicht schlafen. Kein Auge mache ich zu. Die alte Wunde ist aufgerissen und blutet. Ich wollte doch nicht. Ich wollte mich doch nicht in diese Liebe fallen lassen!

Ich erinnere mich an eine Geschichte, die wir, als ich zwölf war, in der Schule durchgenommen haben. Ein Vater fordert seinen kleinen Sohn auf, eine Leiter hochzusteigen, und bittet ihn, herunterzuspringen. Der kleine Junge hat furchtbare Angst vor dem Sprung in die Tiefe. Doch der Vater bleibt geduldig: „Komm, mein Kleiner, spring! Du weißt doch, dein Papa fängt dich auf, hab Vertrauen ..." Irgendwann fasst sich der Kleine ein Herz und springt. Da tritt der Vater einen Schritt zurück und lässt das Kind auf den Boden fallen.

Anschließend sollten wir diskutieren, ob das ein guter oder schlechter Vater sei. Schlecht, weil er das Kind einfach fallen ließ? Oder gut, weil er dem Kind eine wichtige Lektion ins Leben mitgab: Vertraue niemandem, nicht mal deinem eigenen Vater.

Die Geschichte geht mir nicht mehr aus dem Kopf und ich krame eine Postkarte aus dem Haufen Papiere, die auf der Fensterbank verstauben, und schreibe: „Ich habe dir mein Herz geschenkt. Jetzt kann ich dich nicht mehr teilen. Das hat sehr wehgetan. Danke für die wunderschöne Zeit. Ich wünsche dir viel Glück."

Meine beiden besten Freundinnen raten mir, zumindest einmal darüber zu schlafen, bevor ich den Brief abgebe. Ich lasse mich überzeugen, doch schon um fünf Uhr morgens wache ich wie gerädert auf. Ich spüre die Gewissheit, dass der Brief noch heute seinen Adressaten erreichen muss. Welch Trost, dass es das 5L-Projekt gibt. Nun muss ich dort weitermachen, wo ich vor wenigen Wochen aufgehört habe. Mein Herz zittert.

Die vierte Chance

Ich schreibe eine SMS an Birkensohle: „Fick mich!" Zwei Minuten später ruft er an: „Aber gerne, jederzeit!" Eine Stunde später ist er da. Hätte ich um Hilfe gerufen, geschrieben: „Mein Herz brennt", er wäre nicht gekommen. Es lebe 5L! Birkensohle kommt um Mitternacht und bleibt bis zum Morgengrauen, dazwischen schlafen wir für drei Stunden ein. Das hatten wir uns nach sechs Orgasmen meinerseits auch wirklich verdient. Ein Höhepunkt meines bisherigen Sexlebens. Sein bestes Stück fühlt sich größer an als das der anderen Lover. Das Beste an Birkensohle: Er ist ganz und gar zu meinem Vergnügen da. Und endlich auch ohne emotionale Verwicklungen. Er ist ein echter Kumpel mit dem gleichen Lieblingshobby. Als er mir von seiner neuen Freundin und ihrem gemeinsamen Urlaub auf Mallorca erzählt, gesteht er mir, dass er beim Sex mit ihr fast ständig an mich denke. Auch wenn er sehr verliebt in sie sei. Ich spare mir den komplizierten Gedankengang und stelle mir nicht die Frage nach dem Warum. Nur mit mir könne er über das „Vertrackte der Liebe" sprechen, wie er es nennt. Jede andere Frau gehe ihm sofort an die Gurgel, wenn er sagt: „Ich bin nicht monogam." Aber die Logik habe in der Liebe eben nichts zu suchen, sie existiere dort nicht.

Sein Liebesplan sei es, eine Frau Nummer 1 zu haben, die er liebt, und dazu jede Menge Gespielinnen. Denn mehr als eine Frau zu lieben, könne er emotional nicht verkraften. Ich fühle mich wunderbar. 5L ist zurück und meine Freiheit auch. Ich darf nur nicht meine Nagelbrett-Übung vernachlässigen, dann kann mir nichts passieren. Birkensohle steht auf jeden Fall zu meiner Verfügung.

Hoffentlich hält dieses wundervolle Gefühl den ganzen Tag an! Ich überlege mir, ob ich auch Volker reaktivieren soll. Diesmal muss 5L wirklich zu 5L werden und nicht zu 2L und dann zu 1L. Es leben die Fünf, Viva!

La Galana

In diesen Tagen denke ich oft an Lola. Ich habe Angst davor, dass sie uns bald verlassen könnte. Für mich ist dieser Gedanke unvorstellbar. Erst vor wenigen Minuten bekam ich eine SMS von ihr: „Hallo, meine Schöne! Freu dich auf deinen Tag! Ich bin in Gedanken bei dir. Ich liebe dich!" Tränen kullern über mein Gesicht und eine tiefe Traurigkeit steigt in mir auf.

Ich sitze im Büro und lasse den Blick über Aktenordner, alte Plakate, Künstlerfotos und den Holztisch gleiten, auf dem seit einiger Zeit einmal in der Woche Zigarren gerollt werden. Das begann vor Tag null und lief dann einfach so weiter. Die Zigarrenrollerei führte ein Eigenleben, ohne mein aktives Zutun. Seit Monaten habe ich hier nicht innegehalten. Entweder trieb mich die Panik aus dem Haus oder die Sehnsucht nach Zärtlichkeit, nach einem Mann an meiner Seite. Oder aber ich versank in tiefer Nachdenklichkeit vor meinem Computer. Effektives Arbeiten gehört wohl der Vergangenheit an, denke ich gerade resigniert, als jemand an mein Fenster klopft. Ich schrecke aus meinen Gedanken hoch. Eine Gruppe von jungen Geschäftsleuten steht vor der Tür. „Dürfen wir bei Ihnen mal eine Zigarre rauchen?", fragen sie.

Ich verstehe nicht ganz: „Zigarre rauchen, hier?"
„Ja, wir haben gehört, dass bei Ihnen Zigarren gerollt werden, und Sie haben doch dienstags immer die Rollerinnen aus Kuba da, oder?"
Ich bin verblüfft, woher wissen sie das denn? Die Zigarrenrollerei ist mir irgendwann zugeflogen wie ein verirrter Papagei. Wenn ich darüber nachdenke, wo ich diesen Papagei zum ersten Mal sah, dann höre ich Meeresrauschen vermischt mit Gitarrenklängen. Ich erschnuppere den Rauch einer Zigarre in der salzig-feuchten Luft des Meeres, sitze auf einer Veranda in Havanna neben dem knarrenden Schaukelstuhl von Gregorio Fuentes, dem ehemaligen Kapitän von Ernest Hemingway. Er war damals 103 Jahre alt und ich verbrachte mit ihm den letzten Tag des vergangenen Jahrtausends. Er trank in kleinen Schlückchen süßen kubanischen Rum, den er auch mir in einer angestoßenen Porzellantasse anbot, und murmelte dabei Komplimente: „Que linda eres ... quedate aqui conmigo." – Wie schön du bist, bleib hier bei mir.

Jahrelang hatte ich Tourneen für kubanische Musiker organisiert und dabei auch die „Vieja Trova Santiaguera" nach Europa gebracht: fünf von der Zeit zerknitterte schwarze Charmeure, insgesamt 400 Jahre alt, die mit Kontrabass, Gitarre, Maracas und Gesang noch vor dem Boom des „Buena Vista Social Clubs" die Konzertsäle zum Toben brachten. Ich tourte mit „Madera Limpia", einer Band von jungen wilden Rappern aus Guantánamo, oder Felix Dima, einem 60-jährigen Trovador aus Santiago de Cuba mit seiner Gitarre. Irgendwann baten mich einige Festivalveranstalter, die karibische Musik durch eine Darbietung der Zigarrenrollkunst zu ergänzen. Ein Showact, bei dem kubanische Torcedoras aus frischen Tabakblättern Puros rollen sollten. Als begeisterte Künstlermanagerin sagte ich erst mal zu, wenngleich ich keine Ahnung hatte, wie ich das organisieren sollte. Das ist sowieso meine Lebenseinstellung. Erst mal Ja sagen zu einer Herausforderung, einen Weg finde ich dann schon. Ich suchte also zuerst nach geeigneten Zigarrenrollerinnen. In Westfalen leben die jüngsten in Deutschland ausgebildeten Dreherinnen, sie sind um die 85 Jahre alt. Jüngere gab es nicht. Ich aber brauchte Frauen im besten Alter, am liebsten Kubanerinnen, die dieses Handwerk beherrschen. Ich suchte und suchte und ich fand sie, oder besser gesagt, sie fanden mich: Yoly, Alicia und Silvia aus Kuba, Yanegsi aus Venezuela und später noch andere fröhliche Lateinamerikanerinnen.

Nun stellte sich die Frage nach der Erlaubnis. Was darf man in diesem Land? Eines jedenfalls ganz bestimmt nicht: aus frischen Tabakblättern Zigarren herstellen. Das ist so streng verboten, dass man fast den Eindruck gewinnt, man wolle einen Drogenhandel ins Leben rufen. Also klapperte ich sämtliche Behörden ab, die mir in den Sinn kamen. Ich schrieb Briefe, Faxe, E-Mails, telefonierte mir die Ohren wund – und gab irgendwann entnervt auf. Wenn es irgendetwas gibt im Leben, vor dem ich kapituliere, dann sind es bürokratische Hürden.

Doch dann flatterte eines Tages ein Brief vom Zollamt ins Haus. Ich traute meinen Augen nicht. Jetzt hatte ich es schwarz auf weiß: „Hiermit erteilen wir Ihnen die Erlaubnis, eine Zigarrenmanufaktur zu führen." Hatte ich das wirklich beantragt? Das war mir entgangen. Eigentlich ging es mir nur um die Erlaubnis für eine Tabak-Show. Aber eine eigene Manufaktur? Sehr exotisch fand ich diese Idee. Und ich liebe Exotik, also stellte ich mich der Herausforderung. Wenn schon eine Zigarrenmanufaktur, dann eine richtige, lebendige. Eine der Frauen wurde Produktionsleiterin und half mir, die entsprechenden Kontakte nach Lateinamerika zu knüpfen. Ich begann, Tabakblätter aus Nicaragua zu importieren, und rief meine eigene Marke, La Galana, ins Leben. Fortan ließ ich die Zigarren nicht nur auf Events, sondern auch in einer Ecke meines Büros rollen.

Dann katapultierte mich Tag null aus meiner Umlaufbahn. Ich konnte mich auf nichts mehr konzentrieren. Alles geriet in Vergessenheit: die Events, die Zigarren, die Künstler. Ir-

gendwann lebte ich nur noch von Geschäften, die ich lange vor meiner Trennung abgeschlossen hatte. Meine Firma war wie ein Auto, das ohne Motor einen Abhang hinuntergerollt war und nun auf einer langen, ebenen Strecke langsam zum Stehen kam. Ich spürte tief im Inneren: Wenn das so weitergeht, werde ich bald pleitegehen.
Die Yuppies schmunzeln mich jetzt an. Ich muss völlig entrückt auf sie wirken. „Dürfen wir jetzt oder dürfen wir nicht? Wir würden gerne heute in einem Monat einen besonderen Tag bei Ihnen genießen. Wir nehmen uns dafür extra frei."
Ich bin so verblüfft, dass ich einfach „Ja, ist in Ordnung!" rufe und ihnen die Türe vor der Nase zuknalle. Heute in einem Monat, da habe ich noch viel Zeit.

Sex und Freundschaft!

Es ist Montag. Eine Woche haben Tekim und ich mühsam ohneeinander überstanden. Da klingelt es und er steht vor meiner Türe. Sein Blick wirkt, als habe er einen Joint geraucht, dabei rührt er weder Drogen noch Alkohol an. Kann sexuelles Begehren etwa high machen? Wir setzen uns aufs Sofa und ich frage ihn: „Was willst du hier?"
Er streichelt meine Beine, sein Gesicht kommt näher.
„Lass das!", sage ich und denke: Nimm mich!
Ich schiebe seine Hände weg. Sie landen gleich wieder auf meinen Schenkeln, zwischen meinen Schenkeln. Ich schubse ihn weg. Allein die Berührung seiner durchtrainierten Oberarme macht mich willenlos.
„Nein", flüstere ich ermattet. Ich rücke einen Meter von ihm weg und schlage die Beine übereinander.
„Was willst du?" Ich versuche, entschlossen zu klingen. Sein Blick ist umflort. Er raunt: „Sex!"
„Ach, Sex?", kokettiere ich nun. Mir hallt ein Satz von letzter Woche noch in den Ohren: „Ich will mehr als eine Frau, aber du darfst nur mit mir Sex haben."

„Sex klingt gut." Ich habe meine Stimme nun tatsächlich im Griff. „Mit Sex bist du bei mir an der richtigen Adresse."

Ich spüre, wie in der Tiefe meines Bauchs der Schmerz hochkommt. Ich hatte mich eingelassen auf diese Liebe und dann dauerte es nicht mal einen Monat, bis er zur nächsten Frau weiterzog. Er ist mein Lehrstück. Mein 5L-Lehrstück. Wird er irgendwann mein Meisterstück sein?

Er ist zu mir gekommen, er will etwas von mir. Der Vorteil ist auf meiner Seite, den muss ich nutzen. „Also: Sex? Was noch?"

Jetzt ist auch seine Stimme gefestigt und er hat das Rauchige des Begehrens einen Moment zurückgestellt: „Freundschaft!"

Das klingt gut. Und so erwidere ich: „Du kennst meine Spielregeln, ab jetzt gilt wieder das 5L-Projekt. Sex und Freundschaft."

Ohne weitere Worte wirft er mich aufs Sofa, reißt mir die Klamotten vom Leib und wir versinken im Nirwana.

Lola geht

Zwei Stunden später klingelt das Telefon. Es ist Lolas Mann, Carlos. Ich zittere, als ich den Hörer abnehme.

„Bitte komm sofort nach Barcelona", sagt er in ruhigem Ton, aber ich spüre seine Verzweiflung. „Lola ist im Krankenhaus. Sie wurde direkt in die Palliativabteilung eingeliefert."

Ich fahre sofort zum Flughafen und nehme den nächsten Flieger nach Barcelona. Die Flugzeit zieht sich endlos hin. Unter mir die Zuckerwattewolken, über mir das tiefe, klare Blau des Himmels. Wird das Lolas neue Heimat sein? Ich denke an die letzten Tage und Wochen zurück. Fast täglich haben wir telefoniert. Lola hatte in der letzten Zeit große Probleme mit dem Atmen. „Vermutlich hat sich durch die Medikamente Wasser in der Lunge gebildet", flüsterte sie. Trotz Atemnot hörte sie sich zuversichtlich an. „Es kommen täglich Freunde, um mich zu besuchen", erzählte sie. „Es werden immer mehr. Meinst du, ich sterbe und sie kommen, um sich zu verabschieden?" Was hätte ich darauf antworten können? Ich wollte nicht feige sein, aber angesichts des Todes fühlte ich mich hilflos. Auch ihre Tochter, ihr Mann und ihre Theaterfamilie erzählten von den vielen Besuchern. In der jahrhundertealten Finca, in der sie seit einem Jahr wohnen, treffen sich Künstler, Schauspieler, Schriftsteller, Regisseure und Lolas Freunde aus allen Lebensphasen. Sie wird nicht sterben, denke ich. Ich kann es mir einfach nicht vorstellen.

Das Flugzeug landet mit leichtem Ruck. Jede Landung empfinde ich als eine Wiedergeburt. Welch dünne Linie das Leben und den Tod voneinander trennt. Da fällt mir ein: Lola hatte zeit ihres Lebens furchtbare Flugangst. Bei gemeinsamen Reisen klammerte sie sich ängstlich erst an der Armlehne, später an meinen Händen fest, brach in Schweiß aus und versank immer tiefer im Sitz. Kurze Zeit nach ihrer Krebsdiagnose sagte sie: „Einen Vorteil hat die Krankheit. Stell dir vor, Annette, ich habe keine Flugangst mehr!"

Vom Flughafen Barcelona nehme ich ein Taxi zum 40 Kilometer entfernt liegenden Hospital. Ich will nicht unnötig Zeit verlieren. Als ich das Zimmer betrete, ist Lola alleine. Sie strahlt über das ganze Gesicht, als sie mich sieht, und umarmt mich mit dem rechten Arm. Der linke Arm ist von der Brust ausgehend vom Krebs entzündet und in einen weißen Verband gewickelt, gehalten von einer Spezialschlinge, die sie selbst entworfen hat. Eine Schlinge, die der Ausdehnung ihrer Entzündung gerecht geworden wäre, hatte es nämlich nicht gegeben.

„Wie geht es dir? Was machen die Männer, was macht die Liebe?", erkundigt sie sich, auch wenn ihr das Sprechen schwerfällt mit dem Plastikschlauch durch die Nase, der ihr Luft zuführt. Sie streichelt zart über meine Wange. Ihr Lachen, ihre Worte hätte ich noch abfedern können, aber die liebevolle Berührung treibt mir die Tränen in die Augen. Ich

sage nichts, das ist auch nicht nötig, Lola versteht auch so. Sie wird plötzlich ernst: „Nie wieder darfst du zulassen, dass dir jemand wehtut! Nie wieder! Das musst du mir jetzt versprechen." Sie bleibt hart, bis ich ihr mein Versprechen gebe.
Die nächsten zwei Tage sind die dunkelsten meines Lebens. Keine 24 Stunden nach diesem Gespräch wird Lola in ein künstliches Koma versetzt. Ich weiß, warum. Die Luft. Der Atem. Ich kann mich immer nur kurz an ihrem Bett aufhalten, das Geräusch des Nicht-atmen-Könnens bringt mich in tiefste Verzweiflung. Ich habe Angst, aus diesem tiefen Loch nie mehr herauszufinden. „Angustia", meine Panik, ist wieder da, und schlimmer als je zuvor tobt sie in mir. Gemeinsame Freunde von Lola und mir sorgen sich um mich, und das ist mir schrecklich peinlich. Deshalb verstecke ich mich in der Wohnung der Krebsärztin, bei der ich übernachten darf. Ich komme aus meinem Loch nur raus, um alle paar Stunden einen Blick auf Lola zu werfen. Zwei Tage später, in den frühen Morgenstunden, ist Lola gestorben. Ich wache genau in ihrer Todesminute auf, wie ich später erfahre. Nachmittags findet die Aufbahrung mit einer Abschiedszeremonie statt. 500 Menschen erweisen Lola die letzte Ehre.

Ich bin am Boden zerstört und fliege zurück nach Deutschland, lasse Barcelona und meine geliebte Lolita weit hinter mir. Was heißt hinter mir? Lolita ist doch bei mir! Das spüre ich ganz deutlich.

Abends dirigiert der berühmte junge venezolanische Dirigent Gustavo Dudamel in der Philharmonie in Köln. Ich habe die Karte schon vor Wochen besorgt und weiß, Lola würde nicht wollen, dass ich zu Hause bleibe und um sie trauere. Also gehe ich hin – ganz alleine. Und in Gedanken bin ich bei ihr. Ich weiß weder, dass mich ein ganz besonderes Konzertereignis erwartet, wie die Presse später schreiben wird, noch dass mir ein großer Moment der Erkenntnis bevorsteht. Als die Göteborger Symphoniker loslegen, berührt jeder Ton meine Seele. Gustavo dirigiert göttlich. Ich gerate in eine Art mystischen Zustand. Ich denke an Lola in ihrem gläsernen

Sarg, weiße Rosen in der Hand. Das entspannte Lächeln im Moment ihres Todes ist noch da. All ihr Schmerz war plötzlich verschwunden. Wohin ist sie gegangen? Ich stelle mir vor, dass sie aus dem Fenster ihres Krankenhauszimmers geflogen ist. Direkt in den Himmel, wie der fliegende Geiger von Chagall, über den sie noch wenige Tage vor ihrem Tod unbedingt ein Theaterstück machen wollte.

Während Gustavo dirigiert, ich an Lola denke, mich vor Sehnsucht nach Tekim verzehre und die Musik in jeder Pore spüre, wird mir plötzlich klar, dass alles eins ist: Musik, Tod und Liebe. Sie sind Verschmelzen, Überschreiten von Grenzen, Einswerden mit dem Universum.

Die Wolfsfrau

Als ich am nächsten Tag aufwache, sehe ich vor meinem inneren Auge einen unendlich langen, weißen Sandstrand, der von Palmen gesäumt ist. Ich erinnere mich, dass Lola vor einem Jahr zwischen zwei Chemotherapien mit einer Freundin in die Dominikanische Republik geflogen ist. Dieser kurze Urlaub hatte ihr damals sehr gutgetan. Die Klarheit der Vision – ich sehe die Wellen, die sich am Strand brechen, ich rieche die Meeresluft und spüre den weichen Sand unter meinen nackten Füßen – weckt in mir das Gefühl, dass es Lola ist, die mir dieses Bild schickt. Es ist ihre Aufforderung, dorthin zu fahren und meinem geschundenen Herzen unter Palmen eine Pause zu gönnen. Als ich meiner Freundin Sonja von meinen Reiseplänen erzähle, ist sie sofort bereit mitzukommen.

Schon vier Tage später sitzen wir im Flieger. Den neunstündigen Flug nutzen wir, um uns das Neueste aus unserem Liebesleben zu berichten. Seit einiger Zeit nennen wir uns scherzhaft „siamesische Zwillinge", da uns vieles parallel passiert. Wie ich hat auch Sonja ihr Herz an einen aus ihrem 5L-Team verloren und wie Tekim, meine Number One, ist auch ihr Mr Right mal da und mal verschwunden. Sie weiß nie, woran sie bei ihm ist, und kann ihn nicht loslassen. Stattdessen hofft und hofft und hofft sie und nennt ihn zärtlich „Schnucko". Eine Verspanisierung des Wortes „Schnucki", wie sie mir erklärt. Schnucki findet sie nämlich albern.

Unser Bungalow im Palmenhain liegt drei Minuten vom Strand entfernt. Wir verbringen die Tage mit Essen und Schlafen. Morgens springe ich zu Sonjas Entsetzen schon um sechs Uhr aus dem Bett, um ja den Sonnenaufgang nicht zu verpassen. Stundenlang laufe ich am Strand entlang und beobachte das Spiel der Farben, wenn die Sonne hinter den Palmenwipfeln erscheint. Das üppige karibische Frühstück mit tropischen Früchten ist das zweite Highlight des Tages. Danach sind wir erschöpft und werfen uns auf die Liegen am Strand. Unsere Handys lassen wir im Zimmer. Schließlich genügen wir uns selbst und wollen keinen einzigen Gedanken an die Männer zu Hause verschwenden. Nach etwa einer halben Stunde muss dann immer eine von uns dringend in den Bungalow, weil sie etwas vergessen hat. Sonnencreme, Bikini, Buch … Na ja, und dann wird auch ganz unverfänglich ein Blick aufs Handy geworfen. Hat er geschrieben? Als wir uns gegenseitig bei unserem sträflichen Tun erwischen, lachen wir uns kaputt. Gott sei Dank bin ich nicht die einzige Verrückte.

Als uns endlich die ersten Kurznachrichten unserer Herzschmerzbereiter erreichen, analysieren wir jedes Wort und jedes Komma. Was hat er gemeint? Zwei kurze Sätze im Stil von „Na, wie geht's? Wann kommst du zurück?" werden zu geheimnisvollen Botschaften, in denen verschlüsselte Hinweise auf unsere Zukunft stehen. Bedeutet „Wann kommst du zurück?", dass er mich wirklich liebt? Oder will er wissen, wie lange ich noch weg bin, damit er ausgiebig seinen anderen Liebschaften frönen kann? Denkt sie, denke ich.

Ich entdecke in meinem Koffer ein Abschiedsgeschenk von Anna. Sie kam vor meiner Abreise mit ihrem Bilderbuchbaby vorbei und überreichte es mir feierlich. „Das hilft dir vielleicht bei deinen Fragen weiter", sagte sie und zog von dannen. Das Buch heißt „Die Wolfsfrau" und handelt von der Kraft der weiblichen Urinstinkte. Im Schatten der Palmen beginne ich zu lesen, und schon haben mich die Geschichten gepackt. Ich kann das Buch nicht mehr zur Seite legen. Ich nehme einen Stift zur Hand und streiche alle Sätze an, die mir wie Trostspender und Wegweiser ins Auge springen: „Wir dürfen nicht den Fehler machen, dieses immens heilsame Liebesgefühl einem Liebhaber entlocken zu wollen", steht da zum Beispiel. Richtig, denke ich, das heilsame Liebesgefühl muss aus unserem Inneren kommen. Uns selbst müssen wir lieben. Erst mal. Ich lese weiter.

„Manche Frauen wollen nicht wahrhaben, wie dringend sie diese Freiraum-Zeit, die ganz allein der Beschäftigung mit den eigenen Tiefen vorbehalten ist, brauchen." Ich staune. Während meiner Ehe habe ich mich vorrangig den Bedürfnissen meines Mannes gewidmet oder gearbeitet. Da gab es keinen Freiraum, keine Zeit für mich. „Die Träne trauert und heilt zugleich", lese ich. Ich beginne zu weinen. Und fühle mich besser.

„Wenn sich eine Frau all ihre Kraft nehmen lässt, ohne einen untergründigen Springquell zu haben, trocknet sie innerlich aus ..." Deswegen bin ich also in so ein schlimmes Loch gefallen. Ich lege das Buch zur Seite und versinke im Zauberblau des Himmels. Ich lese täglich stundenlang in dem dicken Wälzer. Über die Urquelle der weiblichen Kraft, die verschüttet ist und wiederentdeckt werden muss. Ich laufe barfuß kilometerweit und lasse die Worte in meinen Gedanken nachhallen. Ich spüre die Kraft der Erde unter meinen Füßen, stehe auf dieser großen, wunderbar runden Weltkugel. Eine winzig kleine Frau, stecknadelkopfgleich. Und die Weltkugel lässt mich nicht runterpurzeln ins Weltall, sondern sie hält mich fest.

Das Handy ist vergessen. Die Sonne, der Wind, das Meer geben mir die Informationen, die ich brauche. Ich muss zu mir finden. Zu meiner inneren Kraft, die im Verborgenen schlummert, vergessen über all die Jahre. Letzte Nacht habe ich intensiv von Lola geträumt. Ich sprach mit einer Freundin und plötzlich schien es, als sei Lola für einen kurzen Moment ins Leben zurückgekehrt. Sie vertraute mir an, wie intensiv sie jede Kleinigkeit im Leben genossen hatte. Das Einatmen von Frühlingsluft, die warmen Strahlen der Sonne im Mai, der Geruch eines frisch gebrühten Espresso, alle diese Momente, die sich wie Perlen auf der Kette des Lebens reihen. Sie sprach immer weiter und erzählte von all den kleinen Dingen, die ihr Herz erfüllt hatten. Viele meiner Freunde waren in dem Traum anwesend, aber sie verblassten angesichts von Lolas Vitalität.

Wir sind zurück in Köln. Der neue Versuch mit meinem Lehrstück Tekim hat nicht lange gedauert, gerade mal ein paar Wochen hat unsere Vereinbarung gehalten. Jetzt sind die Tage grau und die Nächte schwarz. Ein Nieselregen lässt das Scheinwerferlicht der Autos vor meinen Augen verschwimmen. Ich bemerke mal wieder, dass ich nachts eine Brille brauche. Ich kann die Menschen nicht erkennen, denen ich auf der Straße begegne. Ich erinnere mich an glückliche Zeiten mit Tekim. Als wir gerade eine kurze Sexpause auf meinem Sofa einlegten und ich ihm von meinem letzten Besuch beim Optiker erzählte, fragte er: „Darf ich dann auf deiner Brille abspritzen?" Niemals wäre ich auf die Idee gekommen, dass meine zukünftige Brille bei ihm erotische Fantasien hervorrufen würde. Doch jetzt ist alles vorbei. Endgültig. Wochenlang hatte ich mich geweigert, sein Hotel zu betreten. Denn dort lauerte Gefahr. Dort hatte er die andere Frau kennengelernt, hatte der Betrug seinen Anfang genommen. Aber war das Betrug? Er hatte es immerhin von sich aus erzählt ...

Doch charmant lockt er mich zurück. Vor ein paar Tagen schrieb er: „Kommst du auf einen Kaffee vorbei? Ich hab deine morgendlichen Besuche bei mir so vermisst!" Als ich den kleinen Empfangsraum betrete, ist er allein und strahlt mich übers ganze Gesicht an. Kaum bin ich da, kommt auch ein befreundeter Rechtsanwalt ins Hotel, den ich nur flüchtig kenne und dem ich kurz zunicke. Am Aufleuchten der beiden

Männergesichter erkenne ich sofort, dass eine weitere Person hinter mir den Raum betreten hat. Eine Frau. Sie stürmt geradezu herein, jung, hübsch, von frischer Lebendigkeit. Ein merkwürdiges Gefühl überfällt mich. „Ich muss gehen", rufe ich übertrieben fröhlich, schmeiße mich an den Hals des verdatterten Anwalts, küsse ihn auf beide Wangen, lasse alle stehen und fliehe hinaus auf die Straße. Im Nachhinein grübele ich: Warum habe ich so reagiert? Ich habe nichts Schlimmes getan, aber es fühlte sich an wie ein Blitzschlag. Ich schiebe die Gedanken schnell wieder weg.

Am nächsten Tag höre ich nichts von Tekim. Das ist ungewöhnlich. Gegen Abend schreibe ich: „Wie geht's dir? Alles okay?"

Er antwortet prompt: „Mit so billigen Personen wie dir habe ich nigs zu tun."

Dieses „nigs" berührt mein Herz: Mal schreibt er „nigs", mal „nicks". Ich liebe ihn dafür. Aber jetzt falle ich aus allen Wolken. „Lass mich in Ruhe", legt er nach. „Ich will nicks mehr mit dir zu tun haben!"

„Was ist denn passiert?", frage ich verzweifelt.

Doch er bleibt hart – knochenhart, beschimpft mich nach allen Regeln der Kunst, kündigt unsere Beziehung auf. Unser Sex- und Freundschaftsarrangement, alles.

Die Nacht ist schwarz, die nackte Straße spiegelt trostlos den Schein der Straßenlaternen und mein Blick hängt sehnsüchtig an der Türe seines Hotels. Das Licht, das aus den Fenstern nach außen strahlt, wirkt wie Kerzenschein, der an Weihnachten voller Verheißung aus erleuchteten Wohnzimmern flüstert: Hier ist die Welt in Ordnung, hier ist Heimat. Hier gibt es strahlende Kinderaugen, duftende Plätzchen, zufriedene Opas und Omas. Ich rufe mich zur Räson, denke: Hier hat er mich betrogen, hier ist dieses dumme Missverständnis passiert. Hier herrscht eine elektrische Spannung, die mich und ihn komplett verrückt macht. Jede Frau, die das kleine Hotel betritt, ist eine Nebenbuhlerin. Und für ihn ist jeder andere Mann ein potenzieller Lover.

Aber das ist jetzt vorbei. Ich lege Tarotkarten. Ich habe die Karten vor ein paar Monaten gekauft und befrage sie inzwischen mehrmals täglich. Sie sind meine Hände, wenn ich im Dunkeln tappe. Die tastenden Hände an meinen ausgestreckten Armen geben mir ein bisschen Sicherheit, auch wenn ich nicht weiß, wo ich bin. Die Karten sind gnädig und ich sollte sie die nächsten Monate nicht mehr anrühren, um mich an diesem Ergebnis noch lange zu erfreuen.

Was fühlt er für mich? – Ich ziehe die Zehn der Stäbe, das bedeutet Verzweiflung, und ich interpretiere: Er ist überfordert mit allem, was passiert ist.

Was wird er tun? – Ich drehe die Acht der Münzen um. Das bedeutet einen Neuanfang in der bestehenden Beziehung und innerlich jubele ich: „Ja! Lieber Gott, lass das wahr werden!"

Und was empfinde ich für ihn? Die Karte des Magiers. Dazu lese ich in den Erklärungen meines Tarotbuches: „Große Faszination." Das wusste ich auch vorher, dass ich immer noch verliebt bin, zum Teufel.

Aber was soll ich jetzt tun? Die Zwei der Kelche, sie steht für Versöhnung! Wie gerne würde ich auf die Karten hören und mich auf der Stelle mit ihm versöhnen! Er würde mich in die Arme nehmen und ich würde ihm sogleich alles verzeihen.

Ich wische die Karten vom Tisch und die Rührseligkeit von meiner Seele. Mit einem einzigen Handstreich. Ich bin mal lieber böse. Er soll nicht auf meine Party nächste Woche kommen. Er soll mir mein Sofa zurückgeben. Sofort! Das hatte ich ihm geschenkt, nachdem ich meine eheliche Wohnung aufgelöst hatte. Ich will nicht, dass er dort eine andere fickt! Nicht auf meinem Sofa! Denn vor ein paar Tagen haben wir stundenlang romantisch ebendort gekuschelt und sind Arm in Arm eingeschlafen.

Ich erzähle Gregor von dem schrecklichen Erlebnis und weihe ihn in meine Gedankengänge ein. Er reagiert streng: „Annette, kannst du mal bitte mit dieser übertriebenen Romantik und Dramatik aufhören? Ihr seid nicht Romeo und Julia. Komm bitte auf den Boden der Tatsachen zurück!"

Ich bin beleidigt und finde Gregor einfach nur gemein. Außerdem, denke ich, kann er Tekim sowieso nicht ausstehen. Seine Meinung jedenfalls steht fest: „Tekim will dich ausnutzen und in die Ehefalle locken. Du landest wieder genau da, wo alles angefangen hat!"
Kann Gregor mich vielleicht auch einfach mal aufmuntern? Muss er immer noch einen drauflegen? Auch meinem Therapeuten erzähle ich lieber nichts von unserem Streit. Sonst sagt er wieder: „Das Leben ist keine Oper!" Aber was kann ich denn dafür, dass bei mir eine Oper die nächste jagt?, denke ich unglücklich. Die Nacht ist schwarz, es regnet, ich fühle mich allein. Trotz meines 5L-Projektes.

Ein Blick auf den Kalender erinnert mich an mein Versprechen. Fast ein Monat ist vergangen seit dem Besuch der schnieken Geschäftsleute. Das war noch vor Lolas Tod. Es kommt mir vor, als sei seitdem ein Jahr vergangen. Sie wollen in mein Büro kommen und Zigarren rauchen. Dafür muss ich umräumen, ich muss meine Schreibstube in eine gemütliche Lounge verwandeln. In einer Ecke neben dem Schrank entdecke ich alte kubanische Fotos von meiner Reise im Jahr 1999. Ich versuche mein Glück mit Hammer und Nagel und es gelingt mir, die Bilder aufzuhängen, ohne meinen Daumen zu zertrümmern. Die Aufräumwut hat mich gepackt, und ich beschließe, einige Ecken meines Büros mit umzugestalten. Ich staune über meine Energie und setze endlich eine Idee von Lola um, die sie mir ganz zu Beginn meines Alleinlebens gegeben hat: Ich gestalte eine Fotowand rund um meine Karriere.
Damals hatte ich keine Kraft dazu. Ich unternahm zwar mehrere Anläufe, stolperte aber immer wieder über Bilder aus der Vergangenheit, die mich verletzten. Sie verursachten Atemnot: die Bilder meiner Ehe. Jeder meiner Anläufe endete damals gleich. Ich schmiss die Fotos zurück in ihre Kartons und ging spazieren.
Jetzt leiste ich ganze Arbeit. Ich suche aus Schubladen, Alben und Kisten die Aufnahmen zusammen, die wichtige

Stationen meines bisherigen Lebens markieren. Auf jedem Bild bin ich zu sehen – oder ein Künstler mit einer persönlichen Widmung. Ich lasse die Fotos vergrößern, kaufe schöne Rahmen und hänge sie in meinem Büro auf. Das bin ich! Ich bin ich.

Plötzlich merke ich, was ich alles geleistet habe, erkenne, welch außergewöhnliche Menschen meinen Weg gekreuzt haben und einzelne Wegstrecken mit mir zusammen gegangen sind. Ich habe meine Vergangenheit liebevoll angenommen – endlich!

Der Preis der Freiheit

Heute möchte ich mein 5L-Projekt in einen philosophischen Rahmen setzen. Also: Das Geschenk der Freiheit ist Rausch. Der Preis der Freiheit ist Schmerz. Rausch versus Schmerz? Die Freiheit beschert mir bestenfalls faszinierende sexuelle Erlebnisse, körperliche, geistige Höhenflüge und Höhepunkte! Im schlimmsten Fall – und der kommt leider häufiger vor, als mir lieb ist – beschert mir die Freiheit Momente der verzweifelten Einsamkeit. Heute schon wieder keine SMS von Lover Nummer 1, auch nicht von Nummer 2, nicht einmal von Nummer 3, auch keine Post auf der lilafarbenen Kontaktseite, selbst meine Freundin Sonja hat mich nicht angerufen, da sie heute mit einem ihrer Lover zusammen ist.

Und der Preis der Zweisamkeit, der Geborgenheit, ist die Unfreiheit. Man ist geborgen, aber nicht mehr frei. Keine Höhenflüge mehr. Man lebt wie ein domestiziertes Perlhuhn genauso wie die ganz normalen Haus- und Hofhühner in einer Legebatterie. Eingepfercht zwischen Leibern, die alle dieselben Probleme haben. Sie haben keinen Halt unter den Füßen, da sie ständig abrutschen. Ihr einziges Erfolgserlebnis – das gelegte Ei – wird ihnen nicht vergönnt, es kullert bergab in die Produktionsrinne, direkt in die lange Reihe endlos gleicher Eier, und keiner wird sich beim Frühstück an den Namen der

Henne erinnern, die dieses Ei gelegt hat. Mein Gott, welch große Erkenntnis. Zur Philosophin bin ich nicht geboren.

Ein Treffen mit Joystick

Den ganzen Tag habe ich Tekim nachgetrauert. Er war so anders als andere Männer. Er hatte etwas von einem coolen Streetkid, das imponierte mir. Er hat sich seine eigene Existenz hart erkämpft, alles ganz alleine aufgebaut. Aber besonders wichtig: Er brachte mir das Fluchen bei, hat die wüste Sprache der Straße mit mir geübt. Eine große Hilfe, vor allem als es mir so dreckig ging. „Fick dich ins Knie!" So etwas hatte ich, Kind des Bildungsbürgertums, Tochter eines Ingenieurs und einer Bauzeichnerin, behütet aufgewachsen zwischen Geigenunterricht und Lateinstunden, nie zuvor gehört, geschweige denn artikuliert. Tekim schenkte mir diese fetten, unanständigen Worte. Manchmal hat er richtig mit mir geübt. Ich musste die Sätze wieder und wieder sagen, egal wie peinlich es mir war. Das gesamte deutsche Fickvokabular brachte er mir bei, eine neue Sprache für mich, die als Ventil für meinen Seelenschlamassel diente, mein Sexleben beflügelte und neue Dimensionen der Lust erschloss.

„Ich will deinen Schwanz." – „Fick mich." Spätestens hier erkannte ich Überschneidungen: Geiler Sex und deftige Verteidigungsmaßnahmen greifen auf die gleichen Vokabeln zurück. „Fick dich" als Aggression, als Ausdruck von Verachtung für das Gegenüber. Mit möglicherweise heftigen Folgen. Und „Fick mich" als sexuelle Herausforderung, als Aufforderung, die mich schon durchs Aussprechen geil machte. Und mein Gegenüber gleich dazu. Nur zwei Worte!

Durch den Nieselregen laufe ich zur U-Bahn. Ein Unbekannter aus dem Internet wartet. Sein Pseudonym: Joystick. Nacktkatze trifft Joystick. Ich gehe extra an Tekims Hotel vorbei, vielleicht geschieht ein Wunder und er kommt herausgerannt, bittet mich um Verzeihung, umarmt mich. Meine Fantasie kommt in Gang. Ich stelle mir vor, dass wir mitten auf der Kreuzung ineinander versinken und einen Verkehrsstau verursachen.

Aber „nicks" passiert. Ist ja auch kein Drehbuch und kein Groschenroman – wie mein Psychologe in heimlicher Komplizenschaft mit Gregor bemerken würde. Im Vorbeigehen spähe ich durch das Hotelfenster, die Novemberdunkelheit ist meine Komplizin. Ich sehe einen jungen Unbekannten hinter dem Tresen stehen. Ein neuer Mitarbeiter? Ich bin enttäuscht, schiebe alle Gedanken unwillig zur Seite und tue so, als würde ich fröhlich die Treppen zum U-Bahn-Schacht hinunterhüpfen. Ich möchte ein unbeschwertes Bild abgeben, falls mir „jemand" zuguckt.

Kaum bin ich am Bahnsteig angelangt und aus jeglicher Blicklinie entschwunden, überfallen mich die Zweifel. „Was mache ich hier, mit wem treffe ich mich überhaupt? Vielleicht ist der Typ ätzend langweilig oder hässlich. Wie komme ich dann aus der Nummer wieder raus? Das ist das letzte Mal, dass ich so einen Blödsinn mache. Dann lieber jagen in freier Wildbahn. Da kann man wenigstens Witterung aufnehmen, ein Blick, ein Lächeln und schon weiß man, woran man ist.

Ich verscheuche die trüben Gedanken und bemerke, dass ich über 20 Minuten zu früh dran bin, wie peinlich! Ich mache Umwege im kalten Wind, frostwandele auf das Restaurant zu – mit einer Gelassenheit, als wehe ein laues Sommerlüftchen. Nachtblind, wie ich bin, sehe ich erst im letzten Moment, dass mein Kandidat auf der Straße wartet und mich im Zeitlupentempo herbeischlendern sieht. Mittlerweile bin ich genau zehn Minuten zu spät und stolz darauf. Mein Date ist schon als Silhouette eindeutig als der Herr vom Foto erkennbar.

„Keine Angst", begrüßt er mich, „ja, ich bin's."

„Ich hab keine Angst", protestiere ich. „Die Realität stimmt mit dem Bild überein, Pluspunkt für dich."

„Das Bild ist schon vier Jahre alt", berichtigt er mich.

„Es ist dunkel, die paar Falten mehr oder weniger sieht man jetzt sowieso nicht", erwidere ich.

Da das Restaurant proppenvoll ist, schlägt er ein Café um die Ecke vor. Neuerdings liebe ich große Männer. Neben ihnen habe ich das Gefühl, selbst ein paar Zentimeter zu wachsen. Mein Ex war zwar ein paar Zentimeter größer als ich, aber in meiner Erinnerung schrumpft er mehr und mehr. Wenn das so weitergeht, wird er in meiner Erinnerung als Zwerg enden und ich werde, wenn ich an ihn denke, gebückt wie ein altes Hutzelweibchen gehen.

„Das ging aber ruck zuck, sich mit dir zu verabreden", sagt Joystick anerkennend.

„Ich habe keinen Sinn für endloses E-Mail-Geplänkel."

Er hatte geschrieben: „Hallo Nacktkatze! Da entdecke ich dein Profil und denke, voilà! Wir suchen scheinbar das Gleiche. Zudem noch in Fast-Nachbarschaft, was rein pragmatisch ein nicht unwesentlicher Vorteil ist. Profil hin oder her, lass uns herausfinden, ob uns Stimme, Gesten, Lachen und, und, und ebenso verlockend erscheinen. Smarten Gruß, Heiner"

Den „smarten Gruß" finde ich albern, aber ich antworte trotzdem: „Wir können uns gerne mal ‚beschnuppern'. Liebe Grüße, Nacktkatze"

Heiner: „Hallo erneut ... ich freu mich über deine Antwort und denke, ‚beschnuppern' umschreibt es vorzüglich ... hast du einen ‚konkreten' Vorschlag? Wie du meinem Profil sicherlich entnommen hast, führe ich eine Wochenendbeziehung und kann daher ‚nur' von montags bis donnerstags."

„Dann mach einen Vorschlag!"

„Nein, Ladys first. Emanzipierte Zeiten."

„Nichts da mit Emanzipation, nicht in allen Bereichen des Lebens. Ich liebe Männer, die aktiv sind, Ideen haben, die Richtung vorgeben, also? Ein bisschen Kreativität bitte."

„Cleveres Mädchen! Du liebst also aktive, ideenreiche Männer? Aber lehnst du dich mit ‚vorgeben' nicht zu weit aus dem Fenster?"

„Das heißt ja nicht, dass ich alles akzeptiere!"

Er findet, mein Profil entspreche absolut nicht der Internetnorm. Aber der will ich auch nicht entsprechen, ich will überhaupt keiner Norm entsprechen. Mein Text war kurz: „Suche echten Kerl für echten Sex, gerne auch zwei. Suche keine Beziehung, sondern den/die Spielkameraden für die Lust."

„Andere User lieben endlose Korrespondenz, um sich schlussendlich vor einem Treffen in der realen Welt zu drücken. Oder ihr Profil weckt Erwartungen, die sie in der Realität nie erfüllen könnten", erläutert Joystick. „Ich habe noch nie ein vergleichbares Profil gesehen", schmeichelt er. Das wundert mich. Auf der Webseite geht's schließlich nur um Sex. Ich frage ihn nach seinen Erlebnissen.

„Nach meiner Erfahrung treten die meisten Leute offen und verdorben aufs virtuelle Parkett, aber in Wahrheit suchen sie doch nur einen Lebenspartner, mit dem sie im Alter Händchen haltend auf einer Holzbank im Schrebergarten sitzen können."

Er bestellt einen Milchkaffee, ich ein Glas Weißwein. Ich möchte locker werden für dieses neue Abenteuer. Kaum stehen die bestellten Getränke auf dem Tisch, will er ein Feedback von mir. „Wie findest du mich?"

„Ich bin noch nicht abgehauen", sage ich ausweichend. „Mein erstes Internetdate dauerte genau drei Minuten. Wir beide sitzen schon eine halbe Stunde hier."

Ungefragt gibt er auch mir eine Rückmeldung. Meine wilden Haare gefallen ihm und meine Augen findet er schön. „Was ist das eigentlich für eine Farbe?", will er wissen.

„Eine Variation von Grün", antworte ich mit einem tiefen Blick.

Mit meinen künstlichen Fingernägeln kann er nichts anfangen. Charmant, der Mann. Kurz nach dem Haarverlängerungswahn hatte mich der Nägelverlängerungsvirus erwischt. Ellenlange Katzenkrallen in Knallrot wollte ich. Meine kubanischen Freundinnen schleppten mich in ein chinesisches Nagelstudio, dort wurden meine echten Nägel ganz dünn geschliffen und dann mit einer Gel-Masse auf das gewünschte

Traummaß gebracht. Ich war begeistert, allerdings nur bis ich ins Büro zurückkam. Unmöglich, mit solchen Krallen zu tippen. Ich traf immer drei Buchstabentasten auf einmal und meine Schreibgeschwindigkeit reduzierte sich auf das Niveau einer Anfängerin. Egal, dachte ich, Schönheit hat eben ihren Preis.

Heiner alias Joystick erzählt von sich. Seit sieben Jahren führt er eine Wochenendbeziehung. Seine Freundin lebt 200 Kilometer von Köln entfernt und die beiden sehen sich nur von Freitagabend bis Montagfrüh. „Ich bin generell kein besonders monogamer Typ", fügt er hinzu. „Das habe ich meiner Freundin auch gesagt. Sie will keine Details wissen. Na ja, eigentlich will sie gar nichts wissen. Eine Zeit lang hatten wir beide nebenher Affären, dann versuchten wir es gemeinsam mit Gruppensex. Aber das artete schnell in Stress aus. Alleine die Abstimmung im Vorfeld, ob sich alle diese Personen auch wirklich gegenseitig gut finden ..."

„Und jetzt?"

„Sie ist treu und ich leiste mir meine Eskapaden heimlich. Das ist besser so. – Wie sieht's denn bei dir aus?", fragt er.

„Zu mir sage ich nichts", verkünde ich.

Er sinniert über meine Körbchengröße und versucht zu erraten, was ich darunter trage. Wir gehen gedanklich unsere Profile im Internet durch. Dort gibt es auch eine ellenlange Liste mit Vorlieben und Eigenschaften zum Ankreuzen. Neben Kuschelsex, hartem Sex, Analsex, ungewöhnlichen Orten, Fisting, Intimrasur und vielem anderen gibt es eine Reihe von Akronymen, von denen ich noch nie gehört habe. Ich habe scheinbar übersehen, dass er eines davon, BDSM, angekreuzt hat. Ich habe keine Ahnung, was das ist, und bitte ihn um eine Erklärung. Da hat mich Viola, meine persönliche Expertin in Sachen Sex, wohl nicht ausreichend gebrieft.

Die letzte Nachhilfestunde gab sie mir vor einer Woche, sonntags beim Kaffeetrinken.

„Weißt du, was Bakuka ist?", fragte sie mich erwartungsvoll.

„Keine Ahnung", meinte ich. „Eine Variante von Makramee? Was Asiatisches? Eine Kampfsportart?"

„Nein, ganz und gar nicht", ihre Augen funkelten schelmisch. „Da kommst du nie drauf!"

„Na sag schon", quengelte ich. Es war sicher was Spannendes, sonst würde sie nicht so geheimnisvoll tun.

„Das ist ...", sie legte eine Kunstpause ein. „Wenn eine Frau mit mehreren Männern gleichzeitig Sex hat, die dann alle auf ihrem Körper abspritzen und sie sich an genau diesem Ergebnis verlustiert."

„Was?", fragte ich etwas irritiert nach.

„Na ja, eine bunte Spermamischung für die Frau von heute ... zum Ablecken."

Mich schüttelte es. Ich hatte keine Lust auf weitere Details. Das ist definitiv nicht mein Fall. Aber das Leben ist bunt und hält für jeden Geschmack etwas bereit.

Nun also stolpert mir der Ausdruck BDSM über den Weg. Und der Gentleman an meiner Seite erklärt mir höchstpersönlich, was sich dahinter verbirgt. „Das ist kurz für Bondage & Discipline, Sadism & Masochism." Ich gebe zu, mich noch nie für solche Spiele interessiert zu haben. In Latexklamotten rumlaufen? Sich mit dicken Tauen fesseln, mit denen man sonst Überseedampfer an der Pier festzurrt? „Nein, so dick sind die Seile nicht", klärt er mich auf, „eher wie Springseile."

Ausprobieren ist wohl die einzige Art, das zu erfahren. Er erzählt von einem Club, in dem in elegante Anzüge gekleidete Herren ihre nackten Sklavinnen am Halsband führen. Einige umgekehrte Fälle gibt es auch. Interessant, denke ich, aber irgendwie nichts für mich. Heiner bemerkt meine ablehnende Haltung und sagt: „Man könnte sich das einfach mal angucken ... Da gibt es auch richtige Vereinsmeier, die sich dann tierisch aufregen, wenn sich jemand nicht an die Spielregeln hält. Eine Sklavin plötzlich doch eine eigene Meinung äußert. Wir sind schließlich in Deutschland."

Das Szenario reizt mich nicht die Bohne. Vermutlich bin ich dafür zu spießig. Mein Magen knurrt. Ich schlage meinem

Kavalier ein erlesenes Fischrestaurant direkt am Rhein vor. Er bittet mich, schnell telefonisch einen Tisch zu reservieren. Als ich für die Reservierung seinen Namen – den er mir vorher verraten hat – nenne, meint er:
„Du bist clever."
„Warum?"
„Weil ich ja sonst deinen Nachnamen erfahren hätte. Dann könnte ich dich jederzeit ausfindig machen."
Ich bin also im Vorteil. Kenne seinen Vor- und Nachnamen und habe seine Telefonnummer. Ich weiß sogar, wo er arbeitet. Er ist nicht mehr anonym.
Wir gehen zu seinem Auto. Wie empfänglich ich plötzlich für solch profane Dinge bin. Ich, die ich zeit meines Lebens Fahrrad gefahren bin, gerate ins Schwärmen, wenn man mich im luxuriösen Cabrio-Sportwagen mit weichen Ledersitzen mitnimmt oder gar nimmt. Heiner öffnet mir galant die Autotüre. Am Eingang zum Restaurant lässt er mir den Vortritt. Schmeicheleinheiten für mein angekratztes Ego. Als die Empfangsdame mich statt ihn nach der Reservierung fragt, bleibe ich einfach stumm und blicke mit extragroßen Augen auf den Herrn an meiner Seite. Heiner nennt seinen Namen und wir werden an den Tisch geführt. Woher habe ich nur auf einmal diese Raffinesse? Wo doch normalerweise immer ich die Macherin, die Organisatorin gewesen bin. Da habe ich wohl in einem alten Kinoschinken aufgepasst und mir etwas abgeguckt!
Ein Blick auf die Karte genügt. Der große Meeresfrüchteteller mit Austern, Jakobsmuscheln, Gambas und Hummer springt mir ins Auge. Die Essensfrage ist schon mal geklärt! Dann landen wir wieder beim Thema Sex. Mit einem völlig Unbekannten über Pikantes zu sprechen, passt zum frivolen Austernschlürfen. Mein Gentleman ist ein Fan von Reizwäsche. Das ist mein Stichwort! Seit Dubai male ich mir aus, dass mich ein Mann zum Einkaufen ausführt und beim Anprobieren „unsittlich" berührt. Eine erregende Idee. Als ich Joystick in meine Fantasie einweihe, läuft ihm das Wasser im

Mund zusammen. Beim Abschied steht fest: Am Montag gehen wir gemeinsam Dessous shoppen.

Birkensohle verrät mir ein Geheimnis

Überraschungsbesuch von Birkensohle. Er will die neuesten Abenteuer seiner 5L-Heldin hören. Vielleicht sieht er mich als Scheherezade aus 1001 Nacht, die dem Sultan eine Geschichte nach der anderen erzählte und so dem Tod durch Köpfen entkam. Diesmal revanchiert er sich. Der scheinbar gefühlsresistente Jörg alias Birkensohle vertraut mir ein Geheimnis an. „Auch wenn weder du noch sonst eine meiner Geliebten sich das vorstellen kann, ich war einmal, ein einziges Mal in meinem Leben verliebt." Wirklich? Bislang vermutete ich, die Worte „Liebe" und „Verlieben" seien für ihn Vokabeln einer unbekannten Sprache. Ein einziges Mal also. In seiner kurzen Schilderung erhält die Frau kein Gesicht. Nur so viel erfahre ich: Vom Tag ihres Kennenlernens an waren die beiden unzertrennlich. Nach acht Wochen war sie so plötzlich verschwunden, wie sie aufgetaucht war. Unangekündigt und unerwartet. Einfach weg. 25 Jahre ist das jetzt her. Es klingt, als sei es erst gestern gewesen. Noch Jahre danach habe er Potenzprobleme gehabt. Birkensohle und Potenzprobleme? Kann ich mir gar nicht vorstellen. Die Frau hatte damals aus unerklärlichen Gründen beim Hals-über-Kopf-Abschied seine Fotos mitgenommen. Er machte dann irgendwie ihre geheim gehaltene neue Adresse ausfindig, fuhr 600 Kilometer weit mit seinem alten Käfer, stieg in ihre Wohnung ein und klaute ihre geliebte und über Jahre zusammengetragene Briefmarkensammlung. Damit wollte er sie zur Herausgabe der Fotos zwingen. Das gelang ihm auch. Sie schickte ihm die Fotos – genauer gesagt die verkohlten Reste davon – per Post. Irgendwie hat ihn diese Geschichte traumatisiert.

Ein Mann kauft mir Reizwäsche

Um vier Uhr sind wir vor dem Wäschegeschäft verabredet. Während ich betont langsam auf das Geschäft zuschlendere, höre ich hinter mir eine Männerstimme: „Ach, sind Sie zufällig hier? Haben Sie schon was vor oder darf ich Sie auf einen Einkaufsbummel einladen?"

Ich drehe mich um: Es ist Heiner, mein Shopping-Date! Ich freue mich und bin gleichzeitig ein bisschen nervös. Wie wird es sich anfühlen, mit einem Fast-Unbekannten Reizwäsche einzukaufen? Ob er mit mir in die Kabine kommen wird? Mir beim Ausziehen zusehen, beim Anziehen eines zarten Hauchs von Nichts? Wie werde ich mich fühlen, erregt oder doch peinlich berührt? Wird er mich anfassen? Eigentlich wünsche ich es mir, das gehört schließlich zum Spiel dazu!

Wir betreten den Laden. Eine von den Jahren ein wenig verknitterte Frau kommt auf uns zu. Sie muss mal attraktiv gewesen sein, jetzt haben das Alter und, mehr noch, ihr Unwille darüber für ein leichtes Zittern auf ihren Wangen gesorgt, der graue Haaransatz an ihrem blond gefärbten Haar ist erkennbar und die ehemals sinnlichen Lippen sind von vielen kleinen Fältchen umrahmt.

„Kann ich behilflich sein?", fragt sie. „Wir möchten uns mal umsehen", sagt Heiner.

Sie weicht dennoch nicht von unserer Seite, nach dem Motto: Einen Kunden lässt man nie allein. Sie erkundigt sich nach meiner Körbchengröße, und noch bevor ich antworten kann, sagt Heiner mit Kennerstimme: 85C. Ich bin verblüfft und auch die Verkäuferin ist etwas irritiert, bringt aber dennoch ein Ensemble in Rot zum Anprobieren. Heiner lässt mich alleine in die Kabine, ich trage halterlose Strümpfe und einen schwarzen Tanga. Ich kokettiere mit meinem Spiegelbild. Mein Anblick gefällt mir und ich hauche lasziv in die Weite des Wäscheladens: „Monsieur!"

Mein Internetverehrer steckt den Kopf in die Kabine und betrachtet mich ausgiebig von oben bis unten. Nicht anzüglich, eher fachmännisch. Ich weiß nicht so recht, ob er seinen Sachverstand in erster Linie meinem Körper oder der Wäsche widmet. Er fingert am oberen Spitzenrand des BHs herum. Ich bemerke überrascht, dass er zittert. Er wirkte doch eben noch so gelassen. Bringt ihn die Situation etwa aus dem Konzept? Ich frage mich, ob er auch an meinem Höschen rumzupfen wird, das fände ich im Moment sehr inspirierend.

Er kritisiert die Naht am BH-Körbchen und referiert, wie die Nahtführung sein muss, damit die Brust in ihrer ganzen Pracht zur Geltung kommt und nicht durch einen falsch sitzenden Strich zerquetscht oder optisch entstellt wird. Er ist von der roten Kombination nicht angetan, und so verlassen wir den Wäscheladen wieder. Die kalte Winterluft erfrischt unsere erhitzten Gemüter. Wir legen eine Pause in einem Café ein. Ich trinke ein Glas Rum und rauche eine Zigarre. Heiner bestellt einen Milchkaffee und raucht eine Zigarette. Wir unterhalten uns ein bisschen, aber eigentlich habe ich dazu keine große Lust. Ich bin froh, als wir aufbrechen und die nächste Spitzenwäsche-Boutique betreten. Die jungen Verkäuferinnen zwinkern uns verschwörerisch zu. Zielsicher greift Heiner mehrere durchsichtige Pantys, die er mir zum Anprobieren gibt. Die Mädels blicken ehrfürchtig zu diesem Spezialisten, der jede Menge perfekt sitzende Kommentare zu nicht perfekt sitzenden BH-Körbchen verlauten lässt.

Er schickt mich zu den geräumigen Umkleidekabinen, die wie kleine Safari-Zelte aussehen und in denen mehrere Personen Platz finden würden. Kaum bin ich nackt, lugt mein Internetfreund durch den Zeltspalt: „Jetzt das grüne Teil. Wie war das noch mit deiner Augenfarbe, Variation von Grün?" Er schaut gebannt zu, wie ich das Höschen mit Feingefühl über die dank Workout straffen Schenkel streife. Nun ist eine schwarze Kombination dran. Der transparente BH sitzt perfekt. Das Höschen schlägt alles Bisherige: Eine kleine Shorts, an den Seiten geschlitzt, mit verspielten Spitzenapplikationen, sehr erotisch. Wir sind uns einig: Das ist es. Da zieht Heiner aus seiner Lederjackeninnentasche ein Päckchen: „Hier, für dich. Ein Geschenk!" Im Inneren sind zwei Kugeln erkennbar.

„Oh, Liebeskugeln!", rufe ich entzückt. „Meinst du, ich brauche so was?"

„Zieh sie an und trage sie den ganzen Nachmittag!" Jetzt überrascht er mich doch, das passt gar nicht zu ihm, der sonst so kontrolliert und schon fast etwas leidenschaftslos wirkt. Ich nestle nervös am Päckchen. Jetzt bin ich es, deren Hände zittern. Die Liebeskugeln gleiten mir aus den Händen und rollen unaufhaltsam Richtung Zeltrand. Ich höre schon das Gekicher der Verkäuferinnen, wenn sie vor ihren Füßen landen ... Zum Glück bleiben sie mit leisem „Klingeling" liegen. Ich hebe sie auf und werfe einen fragenden Blick auf meinen Gönner. Er will sehen, wie ich sie einführe. Schluck! Ich nehme meinen ganzen Mut zusammen. Wortlos deute ich auf das Tütchen, das mit im Paket war. Er nickt. Es ist Gleitgel. Ich fahre mit dem Zeigefinger drüber und trage es sorgsam Tropfen für Tropfen auf die Kugeln auf. „Okay, ich glaube dir, dass du sie einführst." Er verschwindet mit dem schwarzen Ensemble zur Kasse. Puh, Erleichterung!

„Na, wie fühlt es sich an?", fragt er mich, als wir die Straße entlanggehen.

„Prima!", antworte ich, als wäre es das Normalste der Welt für mich, mit Liebeskugeln in der Vagina herumzulaufen. Bei jeder Bewegung verursachen sie ein leichtes Klingelgeräusch und Heiner beruhigt mich, dass das ein Außenstehender nicht hören könne. Ich erhasche einen Blick auf mein Spiegelbild in den Schaufenstern. Gehe ich anders? Sehe ich verkrampft aus? Oder noch weiblicher? Ich will nicht weiter an meine klingelnde Muschi denken. Wir biegen in eine der teuersten Einkaufsstraßen des Viertels ein. Vor uns blinkt ein Schaufenster mit Edelauslagen und ich stoße einen spitzen Begeisterungsschrei aus. Im Fenster steht eine Puppe, die eine traumhafte Spitzenkombination trägt.

„Diese Farbe ist nix für dich", bemerkt er, fragt aber die Verkäuferin, ob es das Set noch in anderen Farbtönen gebe.

Er sucht mehrere Modelle aus und ich verschwinde in der Umkleidekabine. Ich ziehe das erste Höschen über, lege den wertvollen BH an und rufe „Monsieur!".

Diesmal kommt er ganz in die Kabine: „Zeig dich mal." Ich drehe ihm meine Hinterseite in voller Beleuchtung der Scheinwerfer zu. „Verlockende Aussicht", murmelt er, „aber die Farbe ..."

Ich bin enttäuscht. Ein Blick auf die Preisschilder verrät, dass diese kleine Herrlichkeit ein kleines Vermögen kostet, sollte seine Ablehnung am Preis liegen? Ich seufze: „Ich finde das so zart und fein!"

Er sieht mich von oben bis unten an, sein Blick verweilt an den relevanten Stellen. Er raunt: „Zieh mal an deinem Faden!"

Huch! Diese Kombination aus normalem Einkaufsbummel und erotischen Überraschungen ist gewöhnungsbedürftig. Ich schiebe den Stringtanga zur Seite, unter dem die Schamlippen kess herausschauen. Das fühlt sich nackt an. Nackter geht's nicht. Ich muss den Faden erst suchen, dann ziehe ich dran. Himmel, wie peinlich! Er lächelt gönnerisch: „Heute bin ich großzügig, wir nehmen das fliederfarbene Kunstwerk auch!"

Ich schwebe auf Wolke sieben. So wertvolle Spitzenwäsche habe ich noch nie besessen. Ich ziehe mich an, mein Gentleman geht zur Kasse. Was für ein bezauberndes, mir völlig unbekanntes Gefühl! Mein Leben lang habe ich alles selbst bezahlt mit meinem hart verdienten Geld. Und jetzt das! Wünsche gehen in Erfüllung. Man muss sie nur aussprechen.

Zurück auf der winterlichen Straße, sagt er schelmisch: „Das war ja ein richtiges – na, sagen wir – Schmatzgeräusch eben!" Ich muss schmunzeln. Welch unerwartete Auswirkungen so ein Schmatzen doch haben kann!

Als wir später bei einem Glas Wein und einem Teller Jakobsmuscheln mit gebratenen Gambas den Einkaufstag ausklingen lassen, fragt er mich wie ein Detektiv aus, bis er alles über mein 5L-Projekt erfahren hat. Er verabschiedet sich mit den Worten: „Denk mal in Ruhe darüber nach, ob du mich dabeihaben willst, und gib mir dann Bescheid; ich fahr dich jetzt nach Hause, ich bin hundemüde."

La Galana – erste Rauchwölkchen

Fünf Männer stehen vor meiner Türe. Jung, erfolgreich, gut aussehend. Träume ich? Hat mir das Universum das 5L-Projekt als Gesamtpaket frei Haus geschickt? Welch verführerische Idee! Fünf auf einen Streich.

Die Männer lächeln mich an: „Schön, dass es klappt!", sagen sie fast wie aus einem Mund. Ich stehe bewegungslos vor ihnen und versperre ihnen ungewollt den Weg. „Dürfen wir reinkommen?", erkundigen sie sich höflich. „Wir freuen uns schon seit Wochen auf diesen Tag."

Jetzt fällt der Groschen. Ich habe tagelang alles vorbereitet und den Termin dann doch vergessen. „Bitte treten Sie ein", lächle ich jetzt. Das Lächeln gilt mir selbst und meinem zerstreuten Kopf. Die fünf setzen sich an den dunklen Eichentisch, um den ich alte Stühle aus einer Haushaltsauflösung gestellt habe. Mein Nachbar Peter ist Theaterdekorateur. Er hat die Sitzflächen mit rotem Samt bezogen und das Holz mit Öl behandelt; jetzt sehen sie aus wie Stühle in einem Schloss. Auf einem Silbertablett, das Peter aus irgendeinem Requisitenkoffer gekramt hat, serviere ich die Hauptdarsteller des heutigen Nachmittags: meine La-Galana-Zigarren. Liebevoll schneide ich die Spitzen ab und befeuere das Brandende mit meinem Bunsenbrenner. Dann fächele ich sorgsam mit einem handbemalten spanischen Fächer, bis die Glut richtig sitzt. Währenddessen schaue ich jedem Einzelnen der fünf tief in die Augen und stelle mir vor, sie wären tatsächlich mein echtes 5L-Team. Dann lasse ich die Jungs alleine.

Nach vier Stunden sitzen sie immer noch da, rauchen gerade die dritte Zigarre, schlürfen Rum und schwärmen: So einen Nachmittag haben wir lange nicht erlebt. Dürfen wir wiederkommen?

Der fünfte Tibeter

"Du bist ganz neu hier, oder?", beginnt er unser Gespräch. Das stimmt. Die lilafarbene Seitensprungseite gehört der Vergangenheit an. Viola hatte mir mal wieder den ultimativen Tipp gegeben. „Ich hab eine neue Seite entdeckt!", rief sie aus, als sie mich neulich mit ihrem Besuch überraschte. Sie ließ ihre Tasche auf den Boden und sich selbst aufs rote Sofa fallen und erzählte atemlos: „Da geht's um anspruchsvolle Erotik. Geil und stilvoll zugleich. Was für Männer ich da schon geangelt habe! Einen 30-jährigen Boxer, einen Webdesigner mit Pseudonym ‚Philosoph', der mich in einen Swingerclub mitnehmen will. Einen Psychologie-Professor, der zwar ein unverbesserlicher Chaot ist, aber hervorragend fickt."

Diese Einführung überzeugte mich. Also meldete ich mich bei der einen Seite ab und bei der anderen an. Die Anmeldung ist ein voller Erfolg, die Nachrichten purzeln nur so in mein Postfach. Einer schreibt: „Kann man dein Foto auch ein bisschen näher heranholen? Und ziehst du mal deine Brille aus und schenkst mir ein Lächeln?" Auf meinem Profilbild zu sehen sind: lange Beine, auf dem Boden vor mir verstreut Kokosnüsse, im Hintergrund die glitzernde karibische See. Ich lehne in einem knappen Bikini mit Sonnenschlapphut und riesiger Sonnenbrille an einer windschiefen Palme.

Ein Blick auf seine Kurzbeschreibung zeigt einen lebensfrohen Mann Mitte 40, verschmitzt lächelnd und braun gebrannt. Die Bilder sind weder mit Photoshop bearbeitet, noch aufwendig im Studio inszeniert. Im Gegensatz zu vielen anderen versteckt er sein Gesicht nicht, steht zu sich und seinem Tun. Erfrischend! Ich klimpere in die Tasten: „Ich finde dich sympathisch, schicke nur nicht gerne Fotos durch die Gegend. Was hältst du von einem kurzen Treffen?" Er hält sehr viel davon und zwei Tage später verabreden wir uns in einer stylischen Bar.

Es ist mein sechstes Treffen mit einem Unbekannten aus dem Internet. Irgendwann wird das zur Normalität, schießt es mir durch den Kopf. Ich bin nur noch ein klitzekleines bisschen nervös. Wir kommen beide eine Viertelstunde zu spät, haben uns gegenseitig per SMS Bescheid gegeben und betreten gleichzeitig das Lokal. Er geht nur drei Schritte vor mir durch die Tür. Ich erkenne ihn sogar von hinten, seine Lederjacke trägt er auf dem Profilfoto. Die Fotos zeigen den echten, realen Mann. Das ist eine Ausnahme.

Als habe er mich in seinem Rücken gespürt, dreht er sich um. Ja, wir erkennen uns: „Wilde blonde Locken und ein langer grauer Mantel, das kannst nur du sein!" Er streift mir den Mantel ab und hängt ihn an die Garderobe. Er ist ein Gentleman der alten Schule: müsste unter Artenschutz gestellt werden. Er ordert für mich einen Mojito und für sich einen Caipirinha. Der Unbekannte scheint ein Genießer zu sein.

Am Mundwinkel entdecke ich eine winzige Spur Zahnpasta. Ich könnte ihn gefahrlos küssen, denke ich. Ein frischer Pfefferminzkuss wartet da. Ich überlege, ob ich ihn darauf hinweisen soll. Da beginnt er schon zu erzählen: „Mein Leben hat sich um hundert Grad gedreht, seit ich auf der Seite bin. Ich kann es kaum glauben, geschweige denn in Worte fassen. In einem einzigen Jahr habe ich so viel erlebt wie andere in einem ganzen Leben nicht ..."

Die Geschichten sprudeln nur so aus ihm heraus. Es ist nicht das erste Mal, dass sich mir gegenüber jemand so schnell öffnet. Ich bin eine dankbare Zuhörerin und im Laufe des langen Abends erfahre ich viel über ihn. Auch er begann nach der Trennung von seiner Frau ein neues Leben. Trennungen scheinen ein Geschenk der Götter zu sein. Wenn man bereit ist, das versteckte Geschenk zu sehen und anzunehmen. Ich lausche fasziniert. Ein buntes Universum aus Sexstorys und Lebensweisheiten breitet sich vor mir aus. Mir wird ganz schwindlig. Schon als 20-Jähriger lehrte und praktizierte er Meditation. Zwei Jahrzehnte später fand er seinen ganz eigenen Weg zur Lust. Auf mich wirkt er weise. Ich gebe ihm heimlich den Spitznamen „Buddha".

Wir streifen durch die Kölner Kneipenlandschaft und werden in jedem Lokal mit großem Hallo begrüßt. Dann landen wir in einem Club. Weit und breit kein Platz frei, doch der Besitzer eilt sofort herbei. In Windeseile wird ein Tisch für uns arrangiert. Kaum habe ich das Wort „Meeresfrüchte" ausgesprochen, bestellt er ein Spezialgericht, das nicht auf der Karte steht. Von rechts und links wird uns Wein nachgeschenkt, das Luxusmahl kunstvoll auf unseren Tellern arrangiert und schon beginnt die Band zu spielen. Die Szenerie wirkt wie aus den 20er-Jahren. Ich zünde mir eine dicke Torpedo-Zigarre an. Buddha staunt über meine Anzündetechnik mit Bunsenbrenner und Fächer. Plötzlich sind wir im Mittelpunkt der Aufmerksamkeit. Das haben die Jungs hier im Club noch nie gesehen: eine Zigarre rauchende Lady.

Unser Gespräch sprudelt. Ich erzähle eine Geschichte, die ich noch nie erzählt habe. Lola schenkte sie mir, als ich mal schrecklich unter Liebeskummer litt. Lola hatte mit 18 Jahren geheiratet und war bis zu ihrem viel zu frühen Tod mit ihrem Mann zusammen. Eine ihrer Freundinnen war jedoch weniger treu. Sie hatte mit Anfang 30 eine Affäre mit einem verheirateten Mann aus einer anderen Stadt. Er war bis über beide Ohren verliebt in sie, hatte aber große Angst vor den Gefühlen seiner Geliebten. Er wollte keine feste Beziehung. „Das ist bei Männern oft so", erklärte mir Lola damals. „Sie fürchten sich vor dem Klammergriff." Eines Tages fragte der

Mann mit einer Mischung aus Hoffen und Bangen: „Was bin ich eigentlich für dich?" Lolas Freundin spürte seine innere Panik vor einer Liebeserklärung, vor lebensverändernden Besitzansprüchen und antwortete: „Ein Spielkamerad." Da nahm er sie erleichtert in den Arm.

Seither gehört der Begriff „Spielkamerad" zu meinem Repertoire, er ist ein Mann, mit dem ich schöne Momente teilen kann, leicht, frei und unkompliziert. Der keine Panik vor mir haben muss, weil ich nichts von ihm will. Und der auch keine Ansprüche an mich stellen wird. Solche Männer möchte ich finden.

Gegen halb drei Uhr schlägt Buddha vor, noch einen Absacker in der *Bar Pikant* zu nehmen. Schon beim Abendessen hatte er mir von diesem Lokal erzählt. Der Besitzer der Bar ist eigentlich Veranstalter von geheimnisvollen erotischen Festen auf Burgen und Schlössern. Wenn ich Buddhas Ausführungen richtig verstanden habe, sind die Gäste dieser Abende in aufwendige historische Kostüme oder teure Abendroben gekleidet und tragen Masken. Sie kommen paarweise auf das Fest, wandern aber zwischendurch ohne Partner von Tisch zu Tisch oder in Separees. Das erinnert mich an den Film „Eyes Wide Shut". An den Maskenbällen kann man nur auf Empfehlung teilnehmen. Buddha verspricht mir, mich mitzunehmen. Wie aufregend!

Wir gehen gemeinsam in die Bar des Ballveranstalters. Sie liegt nur drei Häuserblöcke von meinem Zuhause entfernt. Erstaunlich, welche Geheimnisse da in meiner direkten Nachbarschaft schlummern. Der Eingang ist unscheinbar, die Bar ebenso. Direkt neben der Eingangstür befindet sich ein glitzernder Vorhang, hinter dem ab und zu Gäste zu zweit, du dritt oder zu viert verschwinden, um nach ein paar Minuten mit entspanntem Gesichtsausdruck wieder herauszukommen.

Wir setzen uns an die Theke, auch hier wird Buddha mit Bussis und Umarmungen begrüßt. Ich sitze mit dem Rücken zur Wand und überblicke die kleine Lokalität, an deren Wänden hypermoderne Matratzen angebracht sind, die man bei

Bedarf herunterklappen kann. „Haben die Leute hier Sex? Einfach so?", frage ich Buddha. Er zuckt mit den Schultern und lächelt maliziös.

Am Ende der Bar sitzen zwei Pärchen, eine der beiden Frauen, eine opulente Blonde, ist in ein kitschiges rosa Spitzenkleid gehüllt. Während die beiden Männer sich unterhalten, zupft die zweite Frau an den weißen Spitzenstrumpfbändern der ersten herum und rutscht dabei mit ihrer Hand immer höher, bis sie ganz unter dem Tüll verschwindet. Die andere seufzt, das höre ich bis ans andere Ende der Bar, und spielt dabei neckisch mit ihrem kleinen perlenbesetzten Abendhandtäschchen.

In meiner Blickrichtung, hinter meinem Begleiter, sitzt ein weiteres Paar an der Bar, nippt Cocktails und betreibt gepflegte Konversation. Da Buddha meinen Blick versperrt, sehe ich von den beiden nur die Köpfe. Während wir uns unterhalten, verschwindet plötzlich einer der Köpfe. Nun sehe ich nur noch ihren Kopf und dazu ein an die Wand ausgestrecktes Bein mit schönem Fuß in glitzerndem Stöckelschuh. Ich beuge mich zur Seite, um an Buddha vorbeizuspähen, und sehe den elegant gekleideten Herrn auf dem Boden vor dem Barhocker knien, die Dame hat ihre Beine gespreizt, betrachtet gelangweilt den Kronleuchter an der Decke, dreht das Cocktailglas in ihrer Hand, während sein Kopf mit dem gegelten schwarzen Haar zwischen ihren blassen Schenkeln beschäftigt ist.

Buddha plaudert gerade über die hohe Kunst des Massierens und bietet mir das komplette Verwöhnprogramm bei sich zu Hause an. Ich will sein Angebot annehmen, da kommt mir das Klingeln seines Handys zuvor. Dem Vater einer guten Freundin geht es schlecht und er muss sich hastig um drei Uhr morgens von mir verabschieden …

Versöhnung

Dieser Abend hat mir gutgetan. Komplimente sind mir wie reifes Obst zugefallen und Männer aller Couleur haben mich mit Blicken verschlungen. Ich habe jeden Grund, ausgeglichen zu sein. Zu Fuß gehe ich nach Hause, die Straße ist dunkel, um diese Zeit trifft man nur noch vereinzelt Nachtschwärmer. Ich bin zu dünn angezogen, sehne mich nach einem warmen Bad in einer echten Badewanne, aber eine solche besitze ich nicht. Da muss mal wieder meine Küchendusche herhalten. Manchmal dusche ich dreimal am Tag. Ein Überbleibsel aus der ersten Zeit nach der Trennung, damals brachte ich es locker auf sechsmal Duschen täglich. Das heiße Wasser liebkoste meine Haut, ließ mich an Sonnenschein denken und den Schmerz abperlen.

In der Ferne sehe ich Licht im Erdgeschoß von Tekims Hotel. Mein durchnässtes Herz macht einen Satz. Vor Freude oder Schreck? Mein inneres Rechenzentrum rattert und wirft sämtliche Informationen zusammen, die es jemals über die inneren und äußeren Umstände dieses Hauses gesammelt hat. Das Rattern einer alten Rechenmaschine hallt in meinem Schädel und plötzlich, „ritsch, ratsch" bleiben die Zahlenkolonnen stehen und spucken ihr Ergebnis aus: Tekim arbeitet manchmal nachts an seinem Bürokram. Meine Schritte steuern auf das Gebäude zu. Ich fühle mich sexy. Hinter mir liegt ein erfolgreiches Date, mein Rock ist kurz, die Stiefel sind hoch und die Strümpfe halterlos.

Wenn ich jetzt an die Türe klopfe und er mir öffnet, muss er mir nachgeben, muss er sich mit mir versöhnen – was anderes geht doch gar nicht. Kurz bevor ich die gefährliche Trennlinie zwischen Ampel und der anderen Straßenseite überquere, trifft mich die Erinnerung an das Ereignis vor ein paar Wochen wie ein Blitz. Genau dort, in diesem Haus ist alles innerhalb weniger Sekunden in die Brüche gegangen. Das Hotel ist vermintes Gebiet – ich will es nie mehr betreten, ich verliere dort meinen Verstand. Also lenke ich meine Schritte weiter nach rechts. „Das Leben ist keine Oper", höre ich die Stimme meines Therapeuten, „und auch kein Film!" Wie recht er doch hat. Zum Glück bin ich ihm begegnet. Mein dramatisches Talent ist einfach zu üppig. Ich gehe am Hotel vorbei, laufe weiter bis zu meinem Büro, öffne die Tür und setze mich an meinen Schreibtisch. Was mache ich um diese Uhrzeit hier? Meine Schritte haben mich hergetragen, meine in Lederstiefel gepackten Füße. Die Dinge nehmen ihren Lauf. Meine Hände wählen seine Nummer.

„Hallo", sage ich tapfer. Wer hätte gedacht, wie schwer sich dieses Wort ausspricht.

„Wer ist da?"

„Ich bin's."

„Wer ist ich?" Erkennt er mich nicht oder tut er nur so?

„Kennst meine Stimme nicht mehr?", flüstere ich.

„Ist es die Weihnachtsfee?", fragt er mit leichter Ironie. Wahrscheinlich erkennt er mich wirklich nicht, sonst wäre er nicht so freundlich.

„Ich bin's, Annette", hauche ich.

Schlagartig wird er kühl. „Was kann ich für dich tun?"

„Bitte lass uns sprechen, wir können es so nicht beenden", sage ich.

„Lass mich in Ruhe, ich muss arbeiten", schleudert er mir entgegen.

Er legt auf.

Ich gehe auf die dunkle Straße hinaus, als sei meine fliegende Untertasse nun wirklich auf Nimmerwiedersehen im Weltall verschwunden und ich müsste den Rest meines Daseins auf diesem kalten Planeten verbringen. Ich laufe heimwärts in Richtung meines kleinen Zuhauses, meiner kleinen Höhle, die einem Zugabteil gleicht, und morgens, wenn ich mich an den Mini-Esstisch setze, der direkt am Fenster steht, überlege ich, wo dieser Zug gerade Halt macht, in Köln oder Dortmund, in Moskau oder Paris? Hier bin ich sicher. Kann mich in meinem Bett verkriechen, eingerahmt von weißem Knuddelschaf, Laptop, iPod, Handy, Vibrator.

Während ich noch durch die dunkle Straße laufe, fährt plötzlich ein Auto im Schritttempo neben mir her und ein Typ mit Kapuze über dem Kopf sagt: „Komm, steig ein!" Ich erkenne ihn erst gar nicht, seine Augen liegen in dunklen Höhlen, er ist blass wie eine Wand. Wie eine Schlafwandlerin steige ich ein. Das Auto, ein kleiner roter Golf, gehört sicherlich seiner neuen Freundin, der Frau, wegen der ich ihn verlassen habe. Ich will nicht über sie nachdenken. Tekim interessiert mich isoliert, als Einzelstück sozusagen, losgelöst von allem, was sonst noch in seinem Leben passiert. Er fährt ein paar Straßen weiter, wirft einen Brief in den Briefkasten. Irgendwann kommt er wieder, abwesend. Wo sind seine Augen? Sein Blick? Bevor er den Motor startet, sieht er mich an, sein Gesicht – eine Maske: „Es hat keinen Sinn mit uns, ich habe eine Freundin, lassen wir es!"

„Aber das macht nichts, es spielt keine Rolle. Lass uns darüber reden."

„Ich fahr dich jetzt nach Hause, morgen telefonieren wir und machen dann einen Termin aus, okay?"

Ich nicke ohne jede Überzeugung. Er fährt los, einmal ums Karree. Ich bete, dass der Weg unendlich weitergehen wird, wie die Bilder von Escher, wo die Treppen nie enden, wo am Ende jeder Treppe eine neue anfängt, ich will mich mit ihm in diesem Labyrinth verirren, nur wir zwei.

„Wie bitte?", höre ich Sonja rufen. „Nur ihr zwei? Und was wird aus deinem 5L-Projekt? Wo sind die anderen vier?"

Er hält am Straßenrand. Mir fällt nichts ein, was ich ihm noch sagen könnte, er würde mir doch nur widersprechen. Ich sammle all meinen Mut, berühre mit leichter Hand seine Wange, flüstere: „So können wir nicht auseinandergehen, weißt du, wie sehr ich dich vermisst habe?"

Ich höre meinem eigenen Singsang zu, er hat etwas Hypnotisierendes. Ich spüre diesen Schmerz, den seine Abwesenheit in mir verursacht, ähnlich wie der Schmerz, wenn jemand einem mit hohen Absätzen absichtlich auf den großen Zeh tritt. Plötzlich fällt die Maske von seinem Gesicht ab. Seine Augen sind wieder da. Ein Hauch von Farbe liegt auf seinen Wangen, als er sagt: „Wenn du mich liebst, dann blas mir einen."

Ich lass mir den Satz auf der Zunge zergehen. Der Satz hat das Zeug zu einem Klassiker. Er reißt die Jeans auf. Unter der schwarzen Calvin-Klein-Shorts zeichnet sich mein Lieblingsstück ab. So schnell war ich noch nie bei der Sache. Ich fliege ihm zu, mein Mund umfängt seinen steifen Schwanz, meine Lippen spüren die weiche, zarte Haut, die seinen harten Muskel umspannt. Er fühlt sich so vertraut an. Auf der Stelle werde ich wild, auch das unterscheidet ihn von anderen. Kein anderer Mann verursacht diese extreme Lust in mir, wenn ich seinen Schwanz lutsche.

Er beginnt mit geschlossenen Augen zu sprechen. Sagt, er liebe mich, er habe mich furchtbar vermisst, er wolle mich schwängern. „Keine bläst so gut wie du", stöhnt er, und ich staune über diese gewagten Gedankenkombinationen. Dann tauchen heftige Fantasien in seinem Kopf auf: „Ich will mit dir wilde Sachen machen, du musst Paare im Internet suchen und dann ficken wir alle zusammen."

Ich lasse seinen Schwanz kurz los, schnappe japsend nach Luft, rufe begeistert „Ja!" und bin auch schon wieder mittendrin, lutsche ihn immer tiefer, versuche mich an der Deep-Throat-Technik, die werde ich für ihn und an ihm sicherlich in Kürze beherrschen.

Er stößt weiter diverse Szenarien aus, die er mit mir erleben will: „Ich werde dich anketten und dann werde ich ... dich lecken!" Ich weiß nicht, wie viele Autos zwischenzeitlich an uns vorbeigefahren, ob gar Fußgänger an uns vorbeigelaufen sind, mir ist nur klar, dass es mir egal ist, ob uns jemand sieht, nun ist das Eis gebrochen, er ist wieder da! Die Scheiben des kleinen Golf sind inzwischen von innen beschlagen, Wassertropfen laufen langsam daran herunter. Da klingelt sein Telefon und er sagt: „Ich muss jetzt los, wir telefonieren ..." Und schon stehe ich auf der Straße und sein Auto fährt davon.

Am nächsten Morgen überrascht mich Buddha mit einer Nachricht:
„Hallo 1,78 Meter mit den wilden blonden Locken, dem grauen Mantel und dem bezaubernden Lächeln. Ich meine die Frau mit dem kleinen Bunsenbrenner in der Hand, die die Zigarren so professionell anmacht wie kaum jemand anderes. Die ihren Mojito mit großen Eisstücken trinkt, aber nur, wenn kein sieben Jahre alter Rum aus Kuba in der Nähe ist. Es war ein sehr schöner Abend und fast eine sehr schöne Nacht.
Die für mich leider etwas traurig endete, da der Vater einer guten Freundin leider gestorben ist. Nun, so ist es im Leben: Alles hat seine Zeit. Es ist ein Kommen und Gehen. Ich wollte dir einfach nur Danke sagen für das Lachen, das Reden und dein Vertrauen. Ich bekomme hin und wieder mal das eine oder andere Kompliment, aber gestern Abend habe ich eins bekommen, das mich wirklich berührt hat. Das habe ich noch nie jemandem erzählt, hast du gesagt. Und es ist nicht das, was du gesagt hast, sondern wie du es gesagt hast. Und ja, Lola ist bei dir. Sie wird wie eine innere Stimme sein, wie ein Schutzengel. Und ganz sicher hat sie geschmunzelt, als sie gestern unsere Fischplatte gesehen hat. Wie auch immer, du bist nicht allein, und das weißt du. Ich wünsche dir einen wunderschönen Abend mit Menschen, die dir guttun, wo immer du bist und was immer du tust.
Viele Grüße vom Spielkameraden, er lässt dir ausrichten, dass du noch einen Massagetermin guthast. Lieben Gruß!"

Opernsänger in Italien

Ich sitze in einem heruntergekommenen Hotel in Rom, draußen ist es stürmisch und ungemütlich. Die verwitterten Fensterläden knarren, wenn der Wind an ihnen rüttelt. Ich wage mich trotzdem auf die Straße und finde nach ein paar Runden um die Häuser ein schönes Café, direkt an der Piazza Farnese. Ich bestelle Chianti und beginne zu schreiben. Ich bin inspiriert wie selten. Woran das wohl liegt? Vielleicht an der freudigen Erwartung, meinen Opernsänger aus Nordamerika bald schon wiederzusehen? Winston hat ein Stipendium für die Förderung begabter Sänger erhalten und wird mehrere Wochen in Italien verbringen. Als ich das vor zwei Wochen erfuhr, buchte ich sofort einen Flug. Ich bin eine treue Seele. Jedem einzelnen meiner Lover bin ich aus tiefstem Herzen treu. Ich treffe einen Tag vor ihm ein, er ist gerade noch bei einem Workshop in Norditalien, und erwarte ihn im Hotel, seinem Zuhause während seines Aufenthaltes in Rom. Warum bin ich so aufgeregt? Wir haben uns auf einem entspannten platonischen Level eingegroovt, das wird sich jetzt nicht mehr ändern, aber auch platonische Liebe ist schön! Nur eben nicht besonders kribbelig. Aber ich liebe die Liebe in sämtlichen Facetten und sie ist schließlich Gegenstand meiner aktuellen Feldforschung.

Zurück im Hotel, schrillt das altertümliche Telefon auf dem Nachttisch und die Rezeptionistin meldet einen Besucher im Foyer. Ich stürme die Treppe runter und da ist er: mein Opernheld. Unverändert schön und mit einem strahlenden Lächeln steht er vor mir. Er breitet seine Arme aus – wie damals. Die Umarmung fühlt sich genauso an wie vor einem Jahr, als wir uns am Kölner Hauptbahnhof zum ersten Mal begegneten. Ein warmer Mantel der Geborgenheit legt sich um mich. Er küsst mich mit seinen weichen Lippen und murmelt mit tiefer Stimme: „I don't believe it, I don't believe it." – „Ich glaube es nicht, ich glaube es nicht." Er hatte nicht erwartet, dass ich extra wegen ihm nach Italien fliegen würde.

Den Abend verbringen wir in dem kleinen Theater, wo die Stipendiaten eine Aufführung haben. Ich höre ihm beim Einsingen in der Künstlergarderobe zu, auch wenn es mir fast das Trommelfell zerreißt. Wir fotografieren uns gegenseitig in den Balkönchen des barocken Plüschtheaters und als wir endlich zurück im Hotel sind, mustern uns seine Kollegen mit verschmitzter Anzüglichkeit. „Was guckt ihr so? Wir sind doch nur Kumpel!", will ich schon sagen, aber das würde sowieso niemand verstehen. Das Freundschaftskonzept, bei aller Verdorbenheit, hat auch bei mir einen Platz. Einen großen sogar! Da nimmt er mich zur Seite und raunt: „Lass uns auf dein Zimmer gehen." Das habe ich nicht erwartet. Ich dachte, wir seien ein platonisches Liebespaar. Im Zimmer angekommen, sinken wir ins Bett und ein dicker, roter Samtvorhang legt sich über meine Erinnerung. Als uns das alte Telefon aus einem gnädigen Kurzschlaf reißt, ist es schon fast Mittag. Mein Bus zum Flughafen fährt in 20 Minuten. Wir springen aus dem Bett und ich packe eilig die Koffer, sonst verpasse ich meinen Rückflug.

Bei Nieselregen bringt er mich zur Haltestelle. Unsere Umarmung ist so lang und wir sind so in ihr versunken, dass der Busfahrer energisch hupen muss. – Ob wir uns je wiedersehen? Bald wird er wieder 8000 Kilometer von mir entfernt sein.

Rückkehr aus Modena

Glücklich betrete ich meine kleinen vier Wände. Der erste Schritt geht auf den Küchenschrank zu, wo ich zwischen Weingläsern und Tontellern den Adapter für mein Handy aufbewahre. Ich hatte ihn vergessen und konnte deswegen in den letzten Tagen weder Nachrichten noch Anrufe empfangen. Wer mir wohl geschrieben hat?

Als die im Nirwana gestauten SMS mit einem leichten, glücklich machenden „Pling" in meinem Handy eintrudeln, sehe ich zu meiner großen Freude, dass Tekim versucht hat, mich anzurufen, vor genau zwei Stunden. Ich rufe ihn zurück und er will als Erstes wissen, wo ich gewesen sei. Woher weiß er überhaupt, dass ich weg war?, frage ich mich. Ich erzähle von Italien und er staunt über meine vielen Reisen. Er fragt, ob er in einer Stunde vorbeikommen kann. Ich bin glücklich! Die weiteren SMS sind ein lebhafter Beweis für die Realitätstauglichkeit meines 5L-Projektes. Ich werde euphorisch! Mein neuer Internetkandidat Buddha wollte mich heute Abend zu einer der berühmten KitKat-Partys einladen, auf denen sich die Gäste in erotischen Outfits begegnen. Aber ich möchte keine Öffentlichkeit, wenn ich so etwas mache, inkognito ziehe ich vor. Außerdem wäre das heute ohnehin zu viel des Guten ... Als Nächstes habe ich eine SMS von Schwimmer Nummer zwei auf dem Display. Er schreibt, ich könne jederzeit gerne nach Antalya kommen. Das klingt mehr als verlockend. Sind da mehrere Schwimmer im Spiel? Eine heiße Idee. Die größte Überraschung ist eine SMS von Bastian, dem Dauerklingler, den ich schon ganz vergessen hatte. Mehr als ein Jahr ist vergangen, seit er sich an meiner Türklingel vergriffen hat. „Bist du noch wach?", schreibt er um 19:40 Uhr und ich bin mir sicher, das ist ein Fehlläufer, schreibe aber höflich zurück. „Ja, ich gehe normalerweise nicht so früh schlafen ... Liebe Grüße." Daraufhin fragt er: „Vielleicht hast du vor Weihnachten mal Lust auf ein Essen? Liebe Grüße, B." Ich antworte: „Sehr gerne." Ich kann mir im letzten Moment verkneifen, noch dahinterzuschreiben: Welches Weihnachten meinst du? Dieses oder nächstes?

Das Leben ist schön!

Der Intellektuelle – Lesung privat

Ich rufe Christian, den Filmproduzenten, an. Ich habe ihn insgeheim zu meinem Berater in Sachen Buchprojekt erkoren. Er weiß zwar nichts von seinem Glück, aber Männer müssen ja auch nicht alles wissen. Seit wir uns bei Gregors Preisverleihung kennengelernt haben, schreiben wir uns ab und zu E-Mails. Seit Wochen versuche ich, einen Termin bei ihm zu bekommen, um ihm mein Werk vorzustellen. Aber der Mann sitzt mehr im Flugzeug als auf der heimischen Couch und ist kaum greifbar. Umso größer ist die Überraschung, als er diesmal gleich an den Apparat geht. „Ich habe ein paar Textstellen vorbereitet, die ich dir gerne vorlesen würde. Ich finde vorlesen besser als zusenden", bereite ich ihn vor. Christian ist da ganz meiner Meinung und lädt mich in sein Büro ein. Ich buche sofort einen Flug nach Berlin. Wer von uns beiden auf die Uhrzeit meiner Vorlesestunde gekommen ist, weiß ich nicht mehr. Vermutlich war Christians Terminkalender einfach zu voll. Punkt Mitternacht öffnet ein verschlafener Security-Mann das Portal des großen Bürogebäudes, in dem Christians Filmgesellschaft residiert, und weist mir den Weg in den siebten Stock. Christians Büro hat Saalgröße. Ein riesiger Tisch aus versteinertem Holz, wie er mir stolz erklärt, wirkt fast verloren. Die Fensterfronten lassen den Blick frei auf die deutsche Metropole, die zu dieser Stunde in ihrer magischen Beleuchtung wie ein verzaubertes Märchenland aussieht.

Ich habe mich gründlich auf diesen Termin vorbereitet. Ich will gleich zwei Fliegen mit einer Klappe schlagen. Die erste Fliege ist Christian himself als Kandidat für mein 5L-Projekt und die zweite Fliege ist ein Deal mit seiner Filmproduktionsfirma. Die Verfilmung meines Buchs wäre doch genau das Projekt, das in seinem Portfolio noch fehlt. Das werde ich versuchen, ihm klarzumachen. Sag ich jetzt mal so. Wie schön, dass dieser Mann so viel auf einmal zu bieten hat! Träumen ist ja nicht verboten. Ich habe die prickelndsten Stellen meines Manuskriptes mit gelben Post-its markiert. Ich lasse mich in seinen Chefsessel aus rotem Safranleder fallen, um im Schein der Tiffany-Leselampe – Antikwert 200 000 Euro aufwärts, wie er nebenbei fallen lässt – meine Vorlesung zu beginnen. Wer weiß, welche Drehbücher er in diesem Sessel schon durchgeblättert hat! Welche berühmten Namen schon durch diesen Raum geschwirrt sind!

Bevor ich beginne, zünde ich eine Torpedo-Zigarre für Christian an. Wenn es ein passendes Szenario für meine Zigarren gibt, dann hier und jetzt. „Eigentlich ist das ein Nichtraucherbüro …", wagt er noch einzuwenden. Aber schon brennt das gute Stück und verbreitet würzigen Tabakduft. Er

kann nicht widerstehen. Ich lese, während Christian sich an seinen vier Meter breiten Schreibtisch lehnt und lauscht: „Sekunden später sind seine Augen nur noch halb geöffnet, die kussverdächtigen Lippen ebenso ..."
„Lies weiter", sagt Christian leise.
„Meine Lippen gleiten über seine zuckerzungenweiche Eichel, ich erlutsche jedes zarte Detail."
Nach einer Stunde schiebe ich die Manuskriptseiten übereinander, stopfe den Packen in die Handtasche aus Krokolederimitat und schaue Christian erwartungsvoll an. Er murmelt irgendwas von „Alle Achtung!", nuschelt „Halte mich auf dem Laufenden, lies mir irgendwann die neuen Texte vor ..." und lädt mich dann mit fester Stimme auf einen letzten Drink in eine nahe gelegene Bar ein.
In der Bar wirkt er unkonzentriert. Ich frage ihn nach seiner Einschätzung meines Textes, aber die Antworten sind nicht ergiebig. Hat ihm mein Schreibstil nicht gefallen? Als Fachmann kann er mir sicher wertvolle Tipps geben. Sein Blick gleitet immer wieder von meinem Gesicht Richtung Dekolleté.
„Wie findest du mein Manuskript?", frage ich ihn ohne Umschweife.
Er putzt seine schwarze Hornbrille mit der Serviette, die als Untersetzer für ein Schälchen mit gesalzenen Erdnüssen dient. „Das mit dem Wäschekauf ...", beginnt er und räuspert sich. Er putzt weiter, das Salz ist jetzt auf den Brillengläsern.
„Ja?", frage ich nach. „Geht das zu sehr ins Detail und überfordert möglicherweise den männlichen Leser?"
Er setzt die Brille wieder auf. Mit Salz.
„Was war denn das genau für Wäsche?"
Ich lächle. „Ich hab das teurere der beiden Ensembles heute an!"
Er räuspert sich schon wieder und lässt ein gedehntes „Aaach?" hören.
Da ich einen tiefen Ausschnitt trage, ist es ein Leichtes, die obere Spitzenbordüre des BHs zu fassen und hochzuziehen.

Ich beuge mich zu Christian und lasse ihn einen Blick hineinwerfen. „Schau, gefällt es dir?"
Der Kellner bringt genau in diesem Moment die Rechnung.

La Galana – Ja!

Tekim hat zwar nur ein kleines Hotel mit sieben Zimmern, aber in seiner Brust schlägt ein großes Unternehmerherz. „Kann es sein, dass du deine Arbeit vernachlässigst?", erkundigt er sich bei mir. „Ich mache mir Sorgen um dich. Du arbeitest überhaupt nicht mehr. Ich sehe dich immer nur im Café sitzen, schreiben, dann gehst du spazieren und dann verreist du. Was soll aus deinem Geschäft werden, wenn du so weitermachst …?"

Ich drehe an den Fransen meines Seidenschals und beginne, aus ihnen Zöpfchen zu flechten. „Ich kann nicht arbeiten", sage ich trotzig. „Es hat keinen Sinn."

Vor wenigen Tagen hatte mir eine Tangogruppe aus Argentinien, die ich seit Jahren vertrete, folgende Mail geschrieben: „Annette, jetzt haben wir die Tournee schon zum dritten Mal verschoben, was ist los?" Ich antwortete umgehend: „Wir machen das nächsten Herbst. Mir geht es schon viel besser. Jeden Tag ein bisschen besser, jetzt schaffe ich es." Daraufhin schrieb mir die Managerin zurück: „Annette, ich hab mal die gesammelte Korrespondenz mit dir durchgeschaut. Diesen Satz schreibst du schon seit Ewigkeiten immer wieder. Kann es sein, dass du deinen Zustand unterschätzt?" Ich erschrecke, mir war gar nicht bewusst, wie viel Zeit vergangen ist, seit Herr X mich aus der Umlaufbahn meines bisherigen Lebens geworfen hat. Ich schreibe zurück: „Bitte seid mir nicht böse, dann lasst uns die Zusammenarbeit beenden. Scheinbar dauert es doch viel länger, als ich gedacht habe, bis ich wieder heile bin."

Auch andere Künstler melden sich bei mir. Ich spüre, dass ich es inzwischen überhaupt nicht mehr ertragen kann, wenn jemand etwas von mir will. „Lasst mich doch in Ruhe", würde ich dann am liebsten sagen. – Eine denkbar schlechte Haltung für eine Künstlermanagerin. Arme Künstler! Schließlich kündige ich schweren Herzens allen meinen Exklusivkünstlern die Zusammenarbeit. Sie haben Verständnis.

Jetzt bin ich frei. Ich erzähle Tekim von meiner Vision, ein Zigarrencafé zu eröffnen. Größer als die kleine Kuba-Ecke in meinem Büro. Ein plüschiges, gemütliches Café mit Ladengeschäft. „Ich möchte einen Wohlfühlort schaffen, meine eigene kleine Welt", schwärme ich. „Wenn ich an den Moment zurückdenke, den ich in Kuba erlebt habe, jenen legendären Nachmittag mit Gregorio Fuentes, dann stelle ich mir vor, dass ich genau dieses Gefühl nach Deutschland bringe. Ein Stück Kuba in Köln!" Ich kann wieder lachen.

Tekim klopft mir liebevoll auf die Schulter. „Das ist die beste Idee, die ich von dir gehört habe, seit wir uns kennen!", sagt er lachend. „Das wird 100 Prozent funktionieren. Wenn du möchtest, helfe ich dir dabei!"

Jahrestag mit Birkensohle

Eine unverbesserliche Romantikerin bin ich. Mein blonder Liebhaber Jörg spukt hartnäckig durch meine Gedankenwelt. Unser Wiedersehen auf der Künstlermesse nach einer Pause, die die Dauer meiner Ehe hatte, ist der Auslöser. In all den Jahren waren wir immer unabhängig voneinander dort gewesen. Er kam als Einkäufer, ich als Verkäuferin. Ich verkaufte Musik-, Tanz- und Showacts und er kaufte ebensolche für eine Eventagentur ein. Dort erlebten wir letztes Jahr jene Hotelnacht. Und nun? Ich überlege mir, wieder hinzufahren. Job und Spaß und ein Wochenende mit geilem Sex, ein verlockender Gedanke. Bei unserem nächsten nächtlichen Treffen schlage ich ihm dieses Szenario vor. „Ich weiß gar nicht, ob ich fahre", antwortet er. „Ich sag dir Bescheid." Einen Nachtfick später frage ich erneut. Ich bin hartnäckig. Keine klare

Antwort, er bleibt unverbindlich. Seltsam. Der Termin rückt näher, ich muss ein Hotel buchen.

Zwei Wochen vor dem Datum maile ich ihm: „Wie sieht's aus? Ich fahre in zwei Wochen. Sehen wir uns? Sollen wir uns ein Doppelzimmer teilen?" Diese Frage hat es in sich. Sie könnte ihn dazu verführen, Ja zu sagen, weil er darauf spekuliert, seine Hotelkosten zu halbieren. Er müsste allerdings inzwischen gelernt haben, dass ich von einem Mann erwarte, dass er das Hotelzimmer zahlt. Er lässt sich Zeit, Tage später erhalte ich endlich die Antwort: „Ja, ich fahre, bin aber schon anderweitig verplant. Bin in Begleitung." Ich bin sprachlos. Dass sich unsere Beziehung auf den Austausch von Körperflüssigkeiten konzentriert, wie meine Freundin Viola einmal so prosaisch formulierte, ist das eine. Dass wir 100 Prozent ehrlich sind, verbuche ich als Plus. Aber dass da nicht ein winziges Fünkchen von Loyalität ist, haut mich um! Das ist ein klares Minus. Monate vorher schon habe ich ihn darauf angesprochen, und jetzt nimmt er plötzlich eine andere mit? Eine Runde um den Block, frische Luft, das hilft über den ersten Schrecken hinweg. Ich bemerke, dass das noch nicht reicht. Ich sollte wenigstens eine Nacht darüber schlafen.

Am nächsten Tag schreibe ich Birkensohle eine Mail:

„Ich bin *sehr, sehr* böse! Ich biete dir drei Optionen an, um aus der Nummer heil wieder herauszukommen. Du nennst mir die Adresse deines Hotels und ich buche mich dort ein. Dann darfst du zwischen folgenden Möglichkeiten wählen:

1. Betrug der Geliebten eins mit der Geliebten zwei im Dunkel der Nacht.
2. Du besorgst mir zwei richtig geile Schwimmer.
3. Wir haben ‚Spaß zu dritt'."

Ich rechne nicht mit einer Antwort. Mein blonder Ausnahmelover ist wortkarg, zumindest, wenn ich etwas von ihm will. Umso erstaunter quittiere ich seine postwendende Antwort: „Die gut gebauten Schwimmer besorgst du dir lieber selbst, ist nicht mein Fachgebiet. Betrug der Geliebten mit der Geliebten ist zu stressig, ich nehme Option 3."

Keine wirkliche Überraschung. Jeder kluge Mann hätte die dritte gewählt. Allerdings erschrecke ich nun vor meiner eigenen Courage. Ich kenne seine Geliebte nur vom Hörensagen, hatte noch nie einen Dreier und mit einer Frau war ich auch noch nie im Bett. Oh je, so viele Premieren auf einmal! Meine Mitspieler sind genauso grün hinter den Ohren wie ich. Ich mime die Starke und texte: „Alles paletti, um die Organisation kümmerst du dich."

Ein paar Tage vor Abfahrt frage ich, ob ich in seinem Auto mitfahren kann. „Nein, mein Auto ist leider schon voll", lässt er mich wissen.

„Wie, schon voll? Du kümmerst dich nicht um die Anreise deiner Sexgefährtin?"

„Sorry, ich habe alle Plätze bei der Mitfahrzentrale verkauft, teilweise sogar nur für Teilstrecken. Das Auto ist komplett ausgebucht."

Dieser Eventmanager, Mitte 40, Organisator von großen Firmenveranstaltungen und Verwalter von Budgets mit vielen Nullen, hat seine Karre mit Mitfahrern vollgepackt, die ihm jeweils zehn Euro zahlen, und ich, die Luxusgeliebte, soll selbst sehen, wie ich ans Ziel komme? Seinen alten Spitznamen Birkensohle trägt Jörg anscheinend nach wie vor zu Recht!

Was seine Fahrtlogistik angeht, erfahre ich später, dass er immerhin Geliebte Nummer zwei eingeplant hat. Wenigstens das. Ein winziger Beitrag, möglicherweise verwendbar für seine Ehrenrettung. Einziger Vorteil an dieser kuriosen Geschichte ist, dass er mir die Telefonnummer der Mitfahrzentrale gibt und ich etwas tue, was ich seit meiner Studienzeit nicht mehr getan habe. Meine Mitfahrgelegenheit entpuppt sich als sympathische Frauenärztin Ende 20. Sie ist auf dem Weg nach Italien. Wir kommen schnell auf das Thema Männer zu sprechen. Ich erkläre ihr mein 5L-Projekt und sie nickt anerkennend: „Das ist die Zukunft! Alle anderen Systeme haben ausgedient. Für die Zweierbeziehung klassischer Art ist unsere Gesellschaft zu mobil, zu kreativ, zu flexibel." Ich staune über diese lockere Einstellung. Ändert sich da gerade etwas im Bewusstsein jüngerer Frauen?

Sie sei allerdings gerade in einer monogamen Phase, erzählt sie mit gewissem Bedauern. Ihr neuer Freund möchte sie für sich alleine und jetzt will sie das ausprobieren. „Aber ich gestehe, es fällt mir schwer. Nur wenn man eine gemeinsame Familie gründen will, ist Monogamie doch die bessere Lösung", fügt sie pragmatisch hinzu. Bei strahlendem Sonnenschein setzt sie mich vor der Messehalle ab, ich wünsche ihr eine angenehme Weiterfahrt gen Süden und sie überlässt mich meinem Schicksal.

Als Erstes steuere ich den Stand an, an dem mein Lover und seine Geliebte Nummer zwei, Klara, auf mich warten. Alle Gesichter sind leicht gerötet vor Aufregung. Wir begrüßen uns betont locker und reden ein bisschen zu laut. Mein Lover oder besser gesagt unser Lover verschwindet schon nach wenigen Minuten. „Ich habe was Wichtiges zu tun ..." Wir zwei Ladys bleiben alleine zurück.

„Lust auf einen Kaffee?", frage ich. Sie nickt und schon marschieren wir los. Wir sind ein ungleiches Paar: Sie ist einen ganzen Kopf kleiner, hat polange blonde Haare, ein engelsgleiches Gesicht und einen wachen, gar nicht engelsgleichen frechen Gesichtsausdruck. Ihre strahlenden Augen werden von langen Wimpern gerahmt und sie hat eine süße Figur. Sie gefällt mir auf den ersten Blick.

„Jörg hat viel von dir erzählt." Sie hibbelt auf ihrem Stuhl im Café herum. Eine Mischung aus Neugierde und Aufregung hat sie gepackt. Sie löchert mich mit Fragen. Ich erläutere ihr das 5L-Projekt. Sie will alles wissen. Von jedem einzelnen der Kandidaten, ob aktuell oder passé, möchte sie eine Beschreibung. Ihre „Ohs" und „Ahs" beflügeln meine Erzählkunst und ich rede mich heiß.

Eben hielt ich meine Story noch für gewagt, da überrascht sie mich mit ihren Erlebnissen. Schon als 19-Jährige betätigte sie sich an der Uni als Männertesterin für ihre Freundinnen.

Meinem ungläubigen Blick begegnet sie fröhlich: „Einige der Mädels wollten heiraten und sicher sein, dass ihr Freund treu ist. Da habe ich sie auf die Probe gestellt."
Ich will mehr wissen: „Und wie war das Ergebnis?"
„100 Prozent positiv", triumphiert sie.
„Was meinst du damit?"
„Na, 100 Prozent wären bis zum Äußersten gegangen, wenn ich den Versuch nicht vorher abgebrochen hätte." Sie grinst frech.
„Und wie haben deine Freundinnen reagiert?"
„Unterschiedlich. Manche trennten sich von ihrem Freund, manche blieben trotzdem zusammen. Aber dann mit weniger Rosafilter auf der Brille und mit etwas mehr Verdorbenheit im Handtäschchen."
„Hat dich das Ergebnis gewundert?"
Klara schüttelt den Kopf. „Nein. Gar nicht. Für mich war das schon vorher klar. Es gibt nur ganz wenige Männer, die treu sind. Die kann man mit der Lupe suchen."
Nach dem dritten Kaffee sind wir liebestoll. Wir rätseln über den Verbleib von Birkensohle, am liebsten würden wir ihn sofort packen und mit ihm ins Hotel fahren. Aber er ist in einem der Konferenzsäle verschwunden.

Klara fährt schon mal allein ins Hotel. Sie ist Studentin und bereitet sich gerade auf einige Prüfungen vor. Auch ich will fleißig sein, den Tag geschäftlich nutzen, auch wenn mir der Sinn gar nicht danach steht. Bevor Jörg und ich ins Hotel fahren, wo unsere „Zweitgeliebte" wartet, sind einige logistische Fragen zu klären. Theoretisch bin ich in einer Privatunterkunft am Stadtrand untergebracht, müsste also meine Schlüssel abholen. Die Vorstellung eines wilden Dreiers mit anschließender Fahrt durch die Nacht inspiriert mich nicht.
„Wie soll ich da hinkommen?", frage ich den Star des Abends. Als Star darf er sich fühlen, bei zwei so tollen Spielgefährtinnen!
„Da fährt bestimmt ein Bus", antwortet er lapidar.

Ich kann es nicht fassen. Da erwartet diesen Mann ein Sexabenteuer, nach dem sich bestimmt 99 Prozent aller Herren der Schöpfung die Finger lecken würden, und er bietet mir noch nicht mal an, in seinem Hotelzimmer zu nächtigen? „Du kannst ja auf einer Isomatte auf dem Boden schlafen und ich mit Klara im Bett", schlage ich provozierend vor. Das lehnt er unumwunden ab. So entschlossen, wie er ablehnt, will ich nun die ganze Sache abblasen.

Er bemerkt meine steile Stirnfalte und versucht die Situation zu retten: „Ich kann dir mein Auto geben, dann fährst du damit später in die Unterkunft."
Ich schüttele den Kopf. „Ich hatte vor, das eine oder andere Gläschen zu trinken. Wir lassen das Ganze."
Das will er doch nicht auf sich sitzen lassen. Er verschwindet kurz und als er zurückkommt, strahlt er, als hätte er soeben das Ei des Kolumbus entdeckt. „Ich habe eine Pension ganz in der Nähe des Hotels gefunden, da wäre im Notfall noch ein Zimmer frei!"

Ich sage nichts, sondern rufe Klara an, die es sich im Hotelzimmer gemütlich gemacht hat. Ich schildere ihr die neueste Entwicklung und sage, dass ich nicht kommen werde. Da wird sie energisch. „Das kommt nicht in die Tüte! Natürlich schläfst du hier!"

Als Jörg und ich das Zimmer betreten, rekelt sich Klara schon wohlig zwischen den Laken. Ich setze mich zu ihr aufs Bett und rutsche zu ihr. Birkensohle entkorkt eine Sektflasche mit lautem Knall, dann verschwindet er kurz im Bad und kommt nur mit Shorts bekleidet wieder. So, wie er da direkt vor uns steht, fällt mir spontan nur eine adäquate Bewegung ein: Griff durchs Hosenbein ins Innenleben. Da steht was, hart und groß. Mit gekonntem Griff ziehe ich ihm das überflüssige Stoffutensil vom Leib und schnappe mit dem Mund nach seinem Prachtstück. Dass Klara auf dem Bauch liegt und uns mit aufgestützten Ellbogen aufmerksam zusieht, animiert mich zu Höchstleistungen. Ich lutsche seinen dicken Stängel, während meine kleine Mitgeliebte aufgeregt mit dem

Fuß wippt. „Wow, du kannst den aber tief in den Mund nehmen!", sagt sie bewundernd. „Wie machst du das, der ist doch echt groß!" Ich kann nicht antworten. „Darf ich auch mal probieren?", erkundigt sie sich wohlerzogen. Sie darf. Am nächsten Morgen liegt Birkensohle glücklich lächelnd wie ein Barockengel zwischen uns und summt vor sich hin. „Das müssen wir öfter machen!", säuselt Klara. Ich nicke still. „Aber nur mit mir!", ergänzt unser Lover und schlägt die Augen auf. Ich kann es nicht glauben, ausgerechnet dieser Mann meldet Exklusivrechte an!

Das versteckte Geschenk

Nach diesem inspirierenden Intermezzo zu dritt gönne ich mir ein Wochenende im Schwarzwald, wohne in einer kuscheligen Pension, unternehme lange Spaziergänge durch Tannenwälder und spüre den weichen, mit feinen, braunen Nadeln gepolsterten Boden unter meinen Füßen. Es sind noch andere Gäste in diesem Ferienort, aber ich beachte niemanden, bin ganz alleine mit mir und meiner Welt. In der Stille der Natur lässt das Echo meiner Erlebnisse Saiten anklingen, von denen ich bisher nichts wusste. Es hallt wider. Die Kühe auf den Hochwiesen blicken stundenlang wiederkäuend in die Ferne oder ins Leere, wer weiß das schon. Und ich lasse meinen Blick zu den Vogesen schweifen, die im Dunst der Mittagssonne gerade zu erahnen sind. Erinnerungen an meine Kindheit steigen aus dem Nebel meiner Betrachtungen. Wandern mit den Eltern über Höhenwege, einen Rucksack auf der Schulter, einen Stock in der Hand. Der Geruch nach würzigen Bergkräutern, der Geschmack von selbst gesammelten Heidelbeeren und wilden Erdbeeren. Seltene Momente des Familienglücks. Beim Abendessen spüre ich Blicke auf mir, ich lasse meinen Blick durch den Raum schweifen. Ein sympathischer Mann sitzt dort, Mitte 40, Typ Manager. Er lächelt mir zu, ich lächele zurück und blicke dann wieder zum Fenster hinaus, heute lasse ich mich durch nichts ablenken.

Am nächsten Morgen wache ich mit dem ersten Sonnenstrahl auf, der durch meine weißen Spitzengardinen schaut und mein Gesicht streichelt. Ein tiefes Glücksgefühl durchströmt mich. Tief in mir höre ich das Wort „Geschenk". Dieser Tag, diese Stille, diese Landschaft: ein Geschenk. Das Glücksgefühl wächst und bekommt eine andere Dimension. Es ist die Gewissheit, dass da noch jede Menge andere Geschenke warten. Jeden Tag. Selbst wenn ich sie erst nicht sehen kann. Selbst wenn sie sich manchmal verstecken in schlimmen Problemen, Katastrophen sogar. Doch sie sind da. Das wird mir in diesem Moment klar. Als ich zum Frühstück über die Holzstiege in die heimelige Schwarzwaldstube hinuntersteige, sehe ich auf meinem Tisch einen Strauß weißer Rosen stehen. Dazu eine Postkarte mit röhrendem Hirsch: „Das ist für Ihr Lächeln von gestern Abend." Kein Name, keine Unterschrift.

Neuer Proband

In meinem Lieblingsportal ist ein süßer junger Typ auf meinem Profil gelandet. Wir haben uns spontan in einem Café meiner Wahl verabredet.

„Du bist schon länger auf der Seite?", fragt Kevin nach unserer Begrüßung.

Ich verteile insgeheim einen Minuspunkt für fehlende Aufmerksamkeit. Das hätte er ganz leicht meinen Profilangaben entnehmen können. Mangelnde Vorbereitung! Ich antworte trotzdem geduldig: „Nee, erst so seit zwei Monaten."

„Und was suchst du? Du schreibst was von mehreren Lovern, die dich alle glücklich machen …?"

„Mein Ziel ist es, fünf Lover im Team zu haben. Fünf Lover gleichzeitig, die ich etwa einmal alle ein bis zwei Wochen sehe."

„Ach so, dann bin ich also ein Versuchskaninchen?"

„Nein, warum? Man gestaltet ja sein Leben auch in anderen Bereichen und sagt: Ich möchte studieren und dann am liebsten bei dieser oder jener Firma arbeiten. Oder ich mache Sport und gestalte meinen Körper – den Bauch flacher, größere Muckis. Das kann man auch fürs Gefühls- oder Sexleben planen."

„Und abends sitzt du dann zu Hause und führst Statistiken?", fragt Kevin schelmisch.

„Die nächste Frage bitte", antworte ich in Anlehnung an die charmante Art des Altbundeskanzlers Helmut Schmidt, unangenehmen Fragen auszuweichen.

„Ich bin überwältigt. So eine Frau und so ein Projekt habe ich noch nie kennengelernt. Kann ich bei 5L mitmachen?"

„Ja, gerne. Aber jetzt musst du das Gespräch übernehmen, ich sag nichts mehr."

„Tja, dann trink ich mal meine Cola aus und dann gehen wir an die Statistik!"

Dieser Vorschlag ist ganz nach meinem Geschmack. Trotzdem schlage ich ihm vor, die Statistik noch etwas warten zu lassen, da ich keine Lust habe, mitten in der Nacht nach Neuss zu fahren, wo der süße Kerl wohnt. Diesen Leckerbissen will ich mit der gebührenden Aufmerksamkeit genießen, er ist jung, gut trainiert und sehr sympathisch. Für ihn werde ich mir einen ganzen Abend Zeit nehmen.

Ich recherchiere weiter

Ich freue mich, dass ich so im Flow bin. Mein Projekt gefällt mir immer besser und ich spüre deutlich: Sex ist ein großes Geschenk an die Menschheit. Allerdings nur, wenn wir ihn entspannt und ehrlich ausleben. Wenn wir unsere Triebe nicht unterdrücken und zu unserem Begehren stehen, wenn wir sie nicht als Machtmittel missbrauchen. Die ganze Diskussion rund um Monogamie, Matriarchat und Emanzipation wurde im 19. und 20. Jahrhundert angestoßen. Freud und Reich, die Urväter der Psychologie, haben sich immer wieder mit der Sexualität im Allgemeinen und der unterdrückten Sexualität im Besonderen beschäftigt. Und dass die Sexualität *die* Triebfeder ist, weiß ich ja bereits. Triebfeder und Motor. Sex bewegt die Welt. Sex und Liebe. Und wie oft wurde das schon verwechselt? Oder wie oft überschneidet sich das? Durch mein Projekt lerne ich, dass es tatsächlich möglich ist, Sex getrennt von Liebesgefühlen zu genießen. Männer konnten das schon immer. Da dürfen wir mal spicken und was von ihnen lernen. Es bringt einen riesigen Gewinn für eine Frau. Behaupte ich.

Beas Blind Blind Date

Ich habe eine neue Freundin. Bea trägt ihre hüftlangen kohlrabenschwarzen Haare gerne als Zopf und arbeitet als Vertreterin bei einer Versicherung. Eines Tages landete sie auf meinem Online-Profil: „Ich bin zwar kein Mann und als Frau auch nicht bi, aber dein Profil liest sich so spannend, dass ich dich unbedingt kennenlernen muss." Ich schmunzele. Taugt dieses Erotikportal auch für ganz „normale" Sozialkontakte? Wir verabreden uns am nächsten Tag um die Mittagszeit in einem Café. Erzählen uns gegenseitig unser Leben im Schnelldurchlauf. Sie hat sich gerade nach einer herben Enttäuschung – ihr Mann hat sie mit seiner 20-jährigen Sekretärin betrogen – getrennt und ist jetzt wild entschlossen, ihre Trauer in positive Energie zu verwandeln. In den nächsten Tagen telefonieren und chatten wir wie zwei Frischverliebte. So, wie das halt nur Frauen können. Eine Woche nach unserem ersten Treffen ruft sie mich mitten in der Nacht an, um von ihrem neuesten Abenteuer – einem Blind Blind Date – zu berichten. Blind Blind weil sie den Typen noch nie zuvor gesehen hatte und sich freiwillig die Augen verbinden ließ, bevor sie seine Wohnung betrat.

Da war ich dann doch erstaunt: „Wie kannst du jemand völlig Fremden so vertrauen?"
„Wir hatten uns ein paar kurze Mails geschrieben, um das Organisatorische zu klären. Dann haben wir lange telefoniert und es passte auf Anhieb." Bei aller Experimentierfreude – das konnte ich nicht wirklich nachvollziehen. Bea lehnte ab, als er ihr ein Foto schicken wollte, deshalb wurde die Idee eines „doppelten" Blind Date geboren. Und zwar bei ihm zu Hause. Bea erzählt alles bis ins kleinste Detail: „Ich klingelte, die Tür wurde geöffnet. Im Flur hatte er mit Schokoladenbonbons eine Spur bis ins Badezimmer gelegt. Dort brannten Kerzen, eine Flasche Rotwein stand mit einem Glas bereit und daneben lag eine Postkarte mit ein paar Anweisungen."

Natürlich war vereinbart, dass sie die Sache jederzeit beenden konnte und nichts tun musste, was sie nicht wollte. Diesmal jedoch folgte sie seinen Anweisungen: „Ich blies die Kerzen aus, stellte mich mit dem Rücken zur Tür, dann kam er rein, verband meine Augen mit einem Tuch ..."

Die Stimmung war ihr zufolge hocherotisch. Ich hingegen schwankte zwischen Neugier und Grusel. Mir persönlich wäre das Ganze eher unheimlich gewesen. Im Schlafzimmer fesselte er sie mit Stoffhandschellen und begann mit einer nicht enden wollenden Serie von lustvollen Szenen. Es setzte dabei alle möglichen Sex-Spielzeuge ein – na ja, immerhin das war mir nicht fremd.

„Ich konnte ja nichts sehen, aber da waren mindestens Sekt und Honig dabei und Federn, Dildos, Liebeskugeln, Öl, Gleitgel, und dazu hatte er entspannende Musik aufgelegt, um wirklich alle Sinne zu stimulieren." Jede Stelle an Beas Körper wurde berührt, geküsst und gestreichelt, mal sanft und zart, mal leidenschaftlich. Alles war überraschend, geheimnisvoll und intensiv. „Er behandelte meinen Körper wie ein Instrument und war begeistert, welche Reaktionen er in ihm hervorrufen konnte."

Ich hörte Bea gut zu – irgendetwas hatte sie noch in petto.

Nur was? Als sie endlich damit herausrückte, hätte ich fast gelacht. Nach diesem vierstündigen Sextraum wollte sie die Augenbinde abnehmen. Erst nach einigem Zögern stimmte er zu. Sie erlebte ein blaues Wunder – das Serail der Lüste, das sie sich in ihrer Fantasie vorgestellt hatte, verwandelte sich schlagartig in ein biederes deutsches Schlafzimmer. Das Spielzeugarsenal lag auf einem Bügelbrett ordentlich aufgereiht und auf dem danebenstehenden Wäscheständer saß eine knallgelbe Plüschente. Dieser Absturz war tief und Bea musste sich sehr zusammenreißen, einen einigermaßen eleganten Abgang zu machen.

Übrigens: Am nächsten Tag erhielt Bea eine SMS von ihm. „Ich habe mich von dir benutzt gefühlt." – Die männliche Seele ist wahrlich unergründlich.

Secret

Silvester verbringe ich ganz alleine. Ich leere eine Flasche Champagner auf dem Flachdach des Nachbarhauses und mache Selbstporträts mit meiner Digitalkamera im Garten. Dazu lege ich ein aufwendiges Make-up auf. Silvester ist Silvester, das Outfit muss dem Anlass gerecht werden, auch wenn mich keiner sieht außer mir selbst. Die Schminke ist verlaufen auf den Fotos, weil ich ein bisschen geheult habe. Ich finde aber, ich sehe sexy aus, wie ich mit verschmierter Wimperntusche im von Raureif überzogenen Gras liege, auch wenn mein Gesicht ein bisschen an einen Fischkopf erinnert, weil mein Arm nicht lang genug ist, um die Kamera weiter weg zu halten. Meine Lippen sind leicht geöffnet, mein Blick ist lasziv, da beschwipst.

Nachts telefoniere ich mit meinem Lover aus Nordamerika und seiner gesamten Familie. Sie machen sich große Sorgen um mich. In seiner großen Familie kann man sich Alleinsein nicht vorstellen. Seine Brüder, Schwestern, Onkel und Tanten treten in Gruppen, als lärmende Großfamilie auf, nicht allein.

Ich denke wehmütig an die Anfänge meines 5L-Projekts zurück. Winston, damals mein einziger Lover aus Fleisch und Blut, war 8000 Kilometer weit weg. Die anderen Kandidaten existierten nur auf dem Wunschzettel. Aber das ist lange her.

Am 2. Januar klingelt vormittags der Postbote und bringt mir einen großen Briefumschlag von Buddha. Seit drei Wochen kennen wir uns nun. Buddha ist Lover Nummer 4, je nachdem, ob ich die Lover chronologisch oder nach Bedeutung zähle, und je nachdem, wen ich überhaupt in den Status eines Lovers erhebe. Buddha ist eigentlich kein Lover im strengen Sinn, wir haben nämlich keinen Sex. Aber er war mir vom ersten Moment an näher als alle anderen Männer, die ich kennengelernt habe. Ich freue mich riesig über die Post zum Jahreswechsel: Der Umschlag enthält drei CDs, auf denen das Wort „Secret" steht. Dazu eine Karte: „Aufgabe: Höre diese CDs täglich. Immer wieder, bis du sie auswendig kannst."

Ich schmeiße sie sofort in meinen alten verbeulten CD-Player und höre eine hypnotisierende Frauenstimme, die von sphärischen Klängen untermalt davon spricht, dass alles Energie sei. Gedanken seien Energie, die Materie schafften. Wir seien nicht das Ergebnis unserer Umstände, sondern könnten alles erschaffen, was wir uns wünschten. Dafür müssten wir uns nur so verhalten, als wären unsere Wünsche schon jetzt Wirklichkeit. Durch unsere eigene Kraft und das Universum würde sich auf diese Weise jeder Gedanke materialisieren lassen.

Das Ganze klingt so esoterisch, dass sich mir die Nackenhaare aufstellen. Aber je öfter ich mir die Worte anhöre, desto mehr leuchtet mir ihre Botschaft ein: Am Anfang steht immer eine Idee. Jeder Gegenstand, der von Menschenhand erschaffen wurde, wurde zuerst von irgendjemandem erdacht. Ob Gartenhäuschen, Kaffeetasse oder Wolkenkratzer. Irgendwann hat sich jemand an einen Tisch gesetzt und eine erste Skizze davon erstellt. So wie ich mit meinem 5L-Projekt. Buddha hatte mir schon oft von „Secret" erzählt. Er kennt viele

Menschen, die sich in Krisensituationen befunden haben. In bunten Farben schilderte er mir, wie sich einige seiner Freundinnen und Freunde durch „Secret" zum Positiven entwickelt haben.

Auch meinem Freund Gregor habe ich einmal kurz davon erzählt, aber er winkte sofort ab: „Bitte nicht dieses Esoterik-Gehabe!" Gregor hat mit Esoterik nichts am Hut und auch ich muss Buddha ja nicht alles glauben. Weder Buddha noch sonst jemandem. Aber es tut gut, ihn um mich zu haben. Er animiert mich, jeden Tag neue Hoffnung zu schöpfen.

Party Pikant

Buddha führt Bea und mich aus. Ziel ist die „Party Pikant". Eigentlich hatte Bea meinen fünften Tibeter nur um Rat fragen wollen: Die Loversuche im Internet ist ihr gerade zu mühsam, daher liebäugelt sie mit dem Gedanken an schnellen und unkomplizierten Sex im Swingerclub. Bea ist einfach völlig schmerzfrei. Der Schmerz des Betruges durch ihren Mann hat sie scheinbar abgehärtet. Ich könnte mir niemals vorstellen, alleine in einen Swingerclub zu gehen. Sie jedoch ist wild entschlossen und Buddha soll ihr eine Übersicht über die Clubs in unserer Gegend geben. Sie kennt Buddha nur aus meinen Erzählungen, aber seit Wochen liegt sie mir nun schon in den Ohren: „Stell ihn mir doch mal vor, klingt alles so, als sei er ein Mann zum Pferdestehlen."

Die Idee, bei der „Party Pikant" vorbeizuschauen, kam Buddha beim Kaffeetrinken. Weder Bea noch ich sind vorbereitet. Lustigerweise tragen wir beide – als hätten wir uns abgesprochen – knielange Hemdkleider, sie in Lila, ich in Schwarz, deren aufregendstes Detail die Knöpfe sind. Wir wirken wie zwei brave Hausmütterchen. Als wir den Club betreten, flüstert Buddha: „Macht bitte die Knöpfe weiter auf."

Die junge Frau an der Kasse trägt ein schwarzes Netzkleid auf nackter Haut, die Brustwarzen gucken kess durch die Löcher. Der Herr am Eingang ist mit einem Stringtanga aus weißem Leder, einer Kapitänsmütze, schwarzer Krawatte auf nackter Haut und glänzenden Stiefeln bekleidet. Er mustert uns von oben bis unten und runzelt die Stirn. „Im Keller könnt ihr euch umziehen", sagt er barsch. Aber Buddha lässt uns schnell zur Bar durchhuschen.

Die Jungs im Club tragen knappe, schwarze Latexhöschen zu Stiefeln und eine Fliege oder Krawatte auf nacktem Oberkörper. Ich finde das eher komisch als sexy.

Aber hübsch sind sie, keine Frage, gut gebaut, die Muskeln brav im Studio gepusht, die Gesichter rasiert, die Beine auch, die Bäuche flach. Die Damen tragen vorzugsweise Korsagen zu Miniröcken, Dessous, Overknee-Stiefel, Netzkleidchen, Stockings, High Heels. Die ganze Szenerie ist auf- und anregend und wir genießen es, den Gästen bei ihrem Treiben zuzusehen. Das Treiben beschränkt sich im Barbereich auf Tanzen, Trinken und Flirten. Buddha verrät uns aber, dass es in einem anderen Raum die Lovelounge gibt. Dort wird gevögelt.

Ich muss an Tekim denken, fische mein Handy aus meinem Handtäschchen und schreibe: „Ich vermiss dich, Kumpel!"

Wir gehen auf die Tanzfläche. Buddha bringt uns Cocktails, deren Alkoholgehalt so hoch ist, dass ich schon nach einem halben Glas voller Enthusiasmus sein Netzhemd zerreiße. Ich finde ihn so erotischer. Gerade gucke ich mich nach meinem nächsten Opfer um, als mich eine Frau anspricht, deren üppige Brüste aus einer fest geschnürten Korsage quellen: „Ihr seid unvorbereitet hier reingestolpert?", fragt sie und mustert mich und Bea kritisch von oben bis unten. „Das ist definitiv nicht das passende Outfit." Sie runzelt die Stirn und ich warte darauf, dass sie gleich den Zeigefinger hebt oder uns des Hauses verweist. Meine Güte, die sehen so ausgeflippt aus, denke ich, und sind dabei doch total spießig!

„Ja, da hast du recht", sage ich zur üppigen Korsettträgerin. „Wir hatten heute unsere Jahresversammlung vom Hausfrauenverein Nordstadt, und da haben wir uns diesen Herrn hier gemietet", ich zeige auf Buddha, „und ihn gebeten, uns auszuführen."

Die Tittenqueen schaut mich ungläubig an. Ich lasse sie einfach stehen und erkläre Buddha unsere neuen Rollen für heute Abend. Die Idee, von uns „gemietet" worden zu sein, törnt ihn an und er schickt mich zu einem gut aussehenden Typen in enger Lederhose und feinmaschigem Netzhemd, der mich schon die ganze Zeit von der Theke aus fixiert, und sagt: „Das ist Timo, frag ihn doch, ob ihr ihn auch mieten könnt!"

Timo legt sofort einen Arm um mich und nutzt die Lautstärke auf der Tanzfläche, um mir nahezukommen. „Was?" ruft er. „Ihr habt den Typen engagiert? Also ich mach das auch umsonst!" Er bestellt mir einen zweiten Cocktail und ich zerreiße auch sein Hemd. Das macht richtig Spaß. Bea und Buddha tanzen und ich schmücke meine Geschichte vom Hausfrauenverein mit tausend Details aus. Ich bin in meinem Element. Neben Timo steht eine faszinierende Frau: schlank und durchtrainiert, jeder einzelne Muskel ihres Körpers ist definiert. Sie trägt schwarze Schnallenstiefel, die ihr bis zu den Oberschenkeln reichen, einen Tanga aus Leder und einen BH mit mehreren Schlitzen, der ihre Nippel entsprechend in Szene setzt. Sie hat grüne Katzenaugen und schwarze Naturlocken und bewegt sich wie eine Raubkatze zwischen Timo und einem anderen Typen, der ebenfalls groß und attraktiv ist. Ich kann den Blick nicht von ihr lassen, während Timo mir einen weiteren Cocktail reicht. Ich bin übermütig und protestiere nicht, als die Raubkatze nun zu uns stößt und mich küsst, während Timo auf einem Barhocker sitzt und ich meine Rückseite gegen seinen harten Schwanz drücke.

Plötzlich ist Aufbruchstimmung. Ich habe gar nicht gemerkt, dass es schon vier Uhr morgens ist, irgendjemand hat Bea das Hausfrauenkleid aus- und irgendein Dessous angezogen. „Das ist ja wie Karneval", kichert sie, und da fällt mir ein, dass sie mir erzählt hat, dass sie ein echter Kölner Karnevalsjeck ist. Wenige Augenblicke später sitzen wir in zwei Taxis und fahren in das Haus eines der Spielgefährten.

Es wird schon hell draußen, als wir ankommen. Der Hausherr stellt jede Menge Getränke vor uns auf den Tisch und die Raubkatze verschwindet mit den Worten „Ich geh mal 'ne Runde duschen" im Bad

Sie kommt splitterfasernackt zurück und stellt sich mit ihrer Muschi direkt über den Kopf des Gastgebers. „Leck mich", sagt sie. Er guckt hoch zu ihr, der Muschi, die nun über ihm schwebt, und macht sich eifrig ans Werk. Gespannt gucke ich zu.

Bea und Buddha sind irgendwann nicht mehr im Wohnzimmer zu sehen. Eine der angrenzenden Zimmertüren ist jetzt geschlossen. Die anderen drei verschwinden im Schlafzimmer, um einen Joint zu drehen. Dabei ziehen sie nach und nach ihre Klamotten aus. Ein Teil nach dem anderen landet auf dem Boden oder in den Wipfeln der Zimmerpalmen. Sie winken mich zu sich. „Aber ich weiß doch gar nicht, wie man eine Frau leckt", protestiere ich leise. Da stellt die Raubkatze sich vor mich, winkelt ein Bein an und erklärt mir mit der Detailliebe einer Erdkundelehrerin jeden Hügel, jedes Tal ihrer Klitoris und Vulva und ich muss hier ein bisschen lecken und da saugen und sie ruft: „Ja, genau hier an der Vorhaut musst du lecken", und ich wundere mich: Vorhaut? War das nicht was bei den Männern?, und sie schluchzt und stöhnt und ruft: „Ja, ja, ja!", und dann schüttelt sie ein heftiger Orgasmus und ich bin stolz wie eine Schneekönigin. Das kann ich jetzt also auch!

Anschließend geht es richtig zur Sache, ich sage irgendwann: „Kann mich mal bitte jemand ficken?" Die Katze schiebt mich auf Timo, der übrigens ihr Freund ist, wie sich herausgestellt hat, und dann sollen abwechselnd er und der andere Hüne ihr Glück versuchen. Allerdings ist der Hüne wohl genauso reizüberflutet wie ich und sein bestes Stück fällt in sich zusammen. Da helfen weder Gleitcreme noch das hochprofessionelle Auf-den-Schwanz-Spucken der Katze. Sie wird nicht müde, lutscht die Schwänze der beiden Jungs mit großer Begeisterung und spuckt immer wieder drauf. Wie ist sie denn auf diese Idee gekommen? Dann lässt sie sich von den Typen lecken und fliegt von einem Orgasmus zum nächsten und ich werde fast ein bisschen neidisch, denn ich kann nicht loslassen, mein Orgasmus ist in unerreichbare Ferne gerückt – für mich ist das alles etwas zu viel des Guten. Irgendwann sage ich: „Das ist eine einzige Reizüberflutung, danke, es war sehr schön, aber ich gehe jetzt nach Hause." Einer der Jungs bestellt mir ein Taxi und bringt mich zur Türe.

Als ich um sieben Uhr morgens zu Hause ankomme, sehe ich eine SMS von Tekim auf meinem Handy: „Was soll das heißen – ‚Kumpel'? Ist dir ein Stein auf den Kopf gefallen?" Mein Herz schmilzt: Der Mann meines Herzens will nicht, dass ich sein Kumpel bin. Aber was will er denn dann? Ich antworte: „Ich sage ‚Kumpel', aber in meinem Herzen sieht es ganz anders aus ...", und schlafe ein.

Meine Scheidung

Heute ist mein Scheidungstermin. Mein Scheidungstermin? Gehören zu einer Scheidung nicht zwei Personen?, frage ich mich. Bei mir jedenfalls nicht. Der Herr, um den es sich heute dreht, der zweite Teil des abhandengekommenen *Wir* ist verschollen. Nicht in den Tiefen des Internet oder der Unendlichkeit des Universums, nicht auf einem Kriegsfeldzug, von dem Männer manchmal nicht mehr heimkehren, er ist auch nicht mal eben Zigaretten holen gegangen. Er ist einfach so von einem Tag auf den anderen nach 15 Jahren Ehe und, wie ich vermute, einem Jahr des angeblich verzweifelten Hoffens auf meine Rückkehr verschwunden. Ich glaube, er konnte einfach nicht verstehen, warum ich ihm nicht verziehen habe – und trat die Flucht an. Plötzlich war er weg, ohne sich ab- oder umzumelden, Verbleib ungewiss. Ein Nachforschungsantrag wäre zu kompliziert gewesen, außerdem hätte mich das Ergebnis sowieso nicht interessiert. Und so hatte ich eine Scheidung in Abwesenheit beantragt.

Eine tolle Erfindung, finde ich. Mein Scheidungsbegehren wurde publik gemacht über einen Aushang bei Gericht und eine Annonce in der Zeitung. Danach begann eine dreimonatige Frist, in der es keine Rückmeldung des Gesuchten gab. Dann war alles klar und der Weg zur Scheidung frei. Ich freue mich auf den heutigen Tag, weil ich endlich einen Schlussstrich ziehen kann. Der Gerichtstermin ist für acht Uhr morgens angesetzt. Was für ein Zufall, genau um diese Uhrzeit haben wir damals geheiratet. Ich springe fröhlich aus dem Bett, werfe mich in Schale, nicht zu sexy, das Outfit soll dem Ernst der Lage schließlich gerecht werden. Kurzer Rock, aber nicht zu kurz, Ausschnitt, aber nicht zu tief, Make-up, aber nicht zu dick. Ich überlege, welche Straßenbahn zum Gericht fährt, für einen Augenblick ziehe ich auch mein Fahrrad in Erwägung, aber dafür ist der Rock dann doch zu kurz und das Wetter zu schlecht. Da durchblitzt mich eine Idee. In meinem neuen Leben gibt es eigentlich nur einen Weg, um standesgemäß zum Gericht zu kommen: Ich muss mich abholen lassen, von einem sympathischen Mann mit Auto. Ich denke kurz nach, gehe die Kandidaten meines 5L-Projektes in Gedanken durch. Birkensohle hat eine neue Freundin und könnte schwerlich erklären, warum er um sieben Uhr morgens plötzlich aus dem Haus muss. Der Bauingenieur und Dessousliebhaber von neulich ist wahrscheinlich schon längst auf einer Baustelle. Tekim muss sich um das Frühstück für seine Gäste kümmern und Kevin wohnt zu weit weg. Da fällt mir nur einer ein: mein Scheidungsanwalt! In zarten Tonmodulationen flöte ich ins Handy und bitte ihn um diesen Gefallen. Er kann mir nicht widerstehen und sagt zu. Eine Viertelstunde später fährt er in einer verrosteten Schrottkarre vor. Trotz seiner jungen Jahre wirkt er wie ein zerstreuter Professor, wischt noch schnell ein paar Krümel vom Beifahrersitz, wirft die im Fußraum deponierten alten Zeitschriften auf die Rückbank und lächelt spitzbübisch.

„Müssen wir noch was besprechen?" Ich grübele. Gibt es Knackpunkte, die wichtig sind?

„Der Richter wird dich fragen, ob die Ehe wirklich zerrüttet ist. Ob du nicht doch eventuell zu ihm zurückkehren willst …"

„Was?", schreie ich. Mein Anwalt zuckt zusammen. „Entschuldige", murmelt er in seinen nicht vorhandenen Bart, er ist nämlich frisch rasiert, und ich überlege einen Moment, wie es sich anfühlen würde, ihn zu küssen.

Wir parken und machen uns auf den Weg zum großen Gerichtsgebäude. Ich bin definitiv zu gut gelaunt für diesen ernsten Anlass, er übrigens auch, und aus unerklärlichen Gründen werden wir immer wieder von Lachanfällen geschüttelt, wie zwei alberne Teenager.

„Bitte erzähl mir was Trauriges, lass uns mein persönliches Drama Revue passieren, sonst nimmt der Richter mich nicht ernst und meine Scheidung gerät doch noch in Gefahr!"

Wir erinnern uns an das plötzliche Verschwinden meines Gatten und der Ernst der Lage wird mir wieder klar. Wie böse Gespenster tauchen die vergangenen Ereignisse vor meinem inneren Auge auf.

Noch vor einem halben Jahr konnte mich Gregor nur mit Mühe von meinem Vorhaben abbringen, meinen Ex mitten in der Nacht in unserer ehemals gemeinsamen Wohnung aufzusuchen und alles kurz und klein zu schlagen. „Das entspricht doch nicht deinem Stil", meinte er damals. „Gib dir keine Blöße, zeig ihm lieber deine Größe." Das klang wie ein Gedicht und ließ mich innehalten. Das Kurz-und-klein-Schlagen durfte ich dann in geregelten Bahnen nachholen, als ich nach dem plötzlichen Verschwinden von Herrn X die Wohnung räumen musste. Ich brachte die komplette Einrichtung – abgesehen von dem Sofa für Tekim – und alle verbliebenen Gegenstände zum Sperrmüll, warf sie in die großen Container des Wertstoffhofes und ergötzte mich am Splittern und Krachen der Möbel unter der Eisenkugel des Baggers, der restlos alles zusammenstampfte.

Wir werden in den Gerichtssaal gerufen. Er misst knapp zwölf Quadratmeter und wirkt wie eine Einzelzelle im Knast. Der Richter hat sein haselnussbraunes Haar sorgfältig gescheitelt und erwartet uns mit ernstem Gesicht. Die Tische sind in U-Form angeordnet, wie früher bei der Gruppenarbeit im Gymnasium. Er sitzt an der Stirnseite. Mein Anwalt und ich sitzen rechts, die gegenüberliegende Seite ist leer. Da ist gar keiner, kein Anwalt, kein Gegner, nur die hellgraue Wand hinter dem hellgrauen Tisch und dazwischen nichts als Luft. Überflüssigerweise liest der Richter die Liste der Anwesenden vor. Nach einigen Formalitäten kommt die Frage, ob die Ehe zerrüttet sei oder ob ich nicht doch zurückkehren wolle. Mein Anwalt blickt mich streng an, damit ich nicht empört vom Stuhl springe. Also schlucke ich und schüttele nur vehement den Kopf. Nach nur fünf Minuten bin ich geschieden.

Ich blicke ratlos vom Anwalt zum Richter: „Wie, das soll es schon gewesen sein?"

„Sie sind jetzt geschieden", verkündet der Richter zum zweiten Mal als Reaktion auf meinen ungläubigen Blick.

„Haben Sie nicht so einen kleinen Hammer, mit dem Sie auf den Tisch hauen?", frage ich. „Ich habe das mal im Kino gesehen." Ich befürchte nämlich, dass das hammerlose Urteil nicht rechtskräftig ist.

„Nein, haben wir nicht", entgegnet der Richter mit ausgesuchter Höflichkeit. „Die Stadt muss sparen. Da sind solche Extras nicht drin." Ich betrachte kritisch seinen gutmütigen Gesichtsausdruck und folgere daraus, dass er das nicht ironisch meint.

„Können Sie mit der Hand auf den Tisch hauen, damit ich ein Gefühl für die Ernsthaftigkeit der Sache bekomme?"

Mein Anwalt wirft mir einen tadelnden Blick zu, den ich aber zum Äußersten entschlossen erwidere. Er spürt, dass ich mich nicht ohne Hammerschlag abspeisen lasse, und haut deswegen einfach selbst mit voller Wucht auf den Tisch. Der Richter zuckt zusammen und ich strahle. Ja, das hat gewirkt, jetzt fühle ich mich besser.

Aber ich will diesen bedeutsamen Ort noch nicht verlassen und frage den Richter: „Darf ich Sie noch um einen Gefallen bitten, wenn das schon mit dem Hammer nicht geklappt hat?"

Er nickt unsicher, ahnt meine Hartnäckigkeit. „Der heutige Tag ist ein Glückstag für mich. Darf ich Sie um ein gemeinsames Foto bitten?" Damit bringe ich ihn komplett aus dem Konzept. „So etwas bin ich noch nie gefragt worden", flüstert er fassungslos. Man sieht, wie sich hinter seiner Stirn die Gehirnzellen zusammenrotten, um im Schnelldurchlauf alle relevanten Paragrafen durchzugehen, ob das überhaupt erlaubt ist.

Mein Anwalt reagiert mit großer Geistesgegenwart, nutzt den kleinen Moment der Unsicherheit seitens des Richters, greift den bereits parat liegenden Fotoapparat, steht mit mir zusammen auf, geht auf den Richter zu und ehe der weiß, wie ihm geschieht, ist der Akt vollbracht und das Foto geknipst. Jetzt fühle ich mich frei.

Kevin

Kevin wohnt zwar in Neuss, aber so weit im Süden, dass man es fast schon zu Köln zählen könnte. Seine verkehrstechnisch günstige Wohnlage und der gute Eindruck, den er während unseres ersten Dates bei mir hinterlassen hat, machen aus ihm einen vielversprechenden Kandidaten für das 5L-Projekt. Heute werde ich ihn zum ersten Mal besuchen.

Er hat eine bescheidene, fast etwas schüchterne Art, und ich komme mir wie ein echter Vamp vor, als er mir die Türe öffnet und ich im vorne halb geknöpften Minikleid mit halterlosen Strümpfen und ohne Höschen vor ihm stehe. Zum Glück habe ich durch meine künstlerische Arbeit Erfahrung mit Bühnenauftritten, sodass ich alle merk- und denkwürdigen Situationen meines neuen Lebens souverän aus der Sicht der Regisseurin steuern kann. Er bittet mich in sein gestyltes

Wohnzimmer und ich setze mich auf die schwarze Ledercouch. Meine Nacktheit unterm Kleid schmiegt sich an die glatte Fläche und ich kann mich nicht wirklich auf unseren Small Talk konzentrieren. Er redet über allerlei technische Aspekte seines Berufes, über Kameras, Schnittprogramme, Vertonungen. Er ist Werbefilmer. Ein Selfmademann, fleißig und ehrgeizig. Er will Erfolg haben und arbeitet hart dafür. Ich bin weit davon entfernt, ihm zu folgen. Sehe nur seine Lippen, die sich öffnen und schließen in unergründlichem Takt, und überlege mir, wie sich diese Lippen auf meiner Haut anfühlen könnten. Oder besser noch auf und zwischen meiner Nacktheit, die inzwischen am Sofa klebt.

Irgendwann hört er auf zu reden und schon sind die Lippen genau da, wo ich sie haben wollte. Er entpuppt sich als wahrer Muschi-Anbeter. Er taucht ab und leckt mich mit unendlicher Hingabe. Zwischendurch taucht er verstrubbelt und nass über meinem Bauchnabel auf, strahlt übers ganze Gesicht und atmet ein gedehntes „Oh, ist das gut ..." aus, bevor er wieder aus meinem Blickfeld verschwindet.

Nach dieser grandiosen Einführung verlassen wir das Wohnzimmer und legen uns auf sein großes, bequemes Bett. So eine gelungene Fick-Performance habe ich schon lange nicht mehr erlebt. Vier Stunden hält der Junge durch. Rundherum zufrieden setze ich mich nachts um zwei Uhr ins Auto und fahre über die leere Autobahn zurück nach Köln.

Buddha und die temporäre Monogamie

Ich feiere meine Scheidung mit Buddha. Ich hatte ihm eine SMS geschrieben: „Würde gerne auf meine neu errungene Freiheit mit dir anstoßen, gerne bei dir zu Hause." Er antwortete: „Ich freue mich und erwarte dich um 20 Uhr."

Sonst hatten wir uns immer in Cafés und Restaurants verabredet und Buddha benahm sich vom ersten Tag an wie ein Bilderbuch-Gentleman. Genau so, wie ich mir Männer wünsche. Niemals würde er mir die Rechnung überlassen, und selbst wenn ich ihm mal ein Geschenk machen möchte, muss ich dafür all meine Kreativität einsetzen. Einmal zum Beispiel lud ich ihn als Gast in meine Zigarrenroll-Ecke im Büro ein und verwöhnte ihn mit Schokoladenpralinen und Zigarren. Wenn wir durch die Kölner Bars ziehen, erleben wir so manch lustige Überraschung. Neulich lächelte ihn eine Bedienung intensiver an, als die Höflichkeit es erfordert hätte. Wann immer sie an unserem Tisch vorbeilief, spürte ich ein Kribbeln in der Luft. Buddha lächelte nur still vor sich hin – wie gut doch der Name zu ihm passte – und die Kellnerin errötete jedes Mal bis unter die Haarwurzeln. Als wir das Lokal verließen, grinste er. „Wir kennen uns von einem Maskenball ..." Mehr verriet er nicht.

Buddhas Apartment erinnert mich an meine kleine Toskana. Er hat einen sympathischen Engel-Tick, auf einem seiner Regale stehen diverse Figuren, kleine, süße Püppchen mit Flügeln, eine Büste aus Belgien und überall flackern Kerzen, in Windlichtern, auf Kerzenhaltern, und tauchen den Raum in ein warmes, goldenes Licht. Im Hintergrund läuft entspannende Musik. Sein Reich ist eine Oase der Ruhe.

Eine Flasche Champagner steht bereit und wir setzen uns auf sein Sofa, das – wie er mir bei unseren früheren Treffen schon verraten hat – oft als Spielwiese für ihn und seine Loverinnen dient. Er lebt sein eigenes 5L-Projekt. Er versteht mich in jeder Hinsicht. Wir haben schon nächtelang geredet, die intimsten Gedanken geteilt und er hat mir immer geduldig zugehört und dann mit weisen Kommentaren viel Ruhe vermittelt. Auch deswegen nenne ich ihn heimlich „Buddha".

Heute jedoch sitzt ein Kloß in meinem Hals. Eigentlich müsste ich glücklich sein, weil ich endlich geschieden bin. Alles ist gut gelaufen, ich habe viel gelacht in der letzten Zeit. Und dennoch, seit ein paar Tagen sitzt mir die Existenzangst fest im Nacken. Mein Geschäft läuft nicht gut. Die allgemeine Krisenstimmung schlägt sich nieder und es rächt sich, dass ich seit Tag null nicht mehr richtig arbeiten konnte. Hinzu kommt der finanzielle Verlust, den ich durch die Trennung erlitten habe.

Buddha blickt mir plötzlich tief in die Augen, legt mir eine Hand auf den Solarplexus und sagt: „Ich soll dir ausrichten, dass du keine Angst haben brauchst. Du bist nicht allein." Ich weiß nicht, woher er diese Worte nimmt. Aber mir treibt es die Tränen in die Augen und dann heule ich all die Trauer aus mir heraus ... Buddha scheint einen Draht zu Lola zu haben. Meine liebe Freundin Lola, die auf irgendeiner Wolke sitzt und auf mich aufpasst. Er entscheidet, etwas zum Abendessen zu bestellen, statt ins Restaurant zu gehen. Und ich bin einverstanden. Bei meinem verheulten Anblick ist das sicher die bessere Alternative ...

Es ist unser neuntes oder zehntes Treffen und wir hatten immer noch keinen Sex. Unter meinem Jeans-Minirock trage ich elegante Dessous und ich habe meine Digitalkamera dabei, denn ich bin fest entschlossen, heute Abend neue Fotos für mein Online-Profil zu machen.

Ich finde, heute ist ein guter Tag, um aus Buddha einen richtigen, echten Lover mit allem Drum und Dran zu machen. Bisher ist uns meistens im letzten Moment etwas dazwischengekommen. Beim ersten Mal wollten wir gerade die frühen Morgenstunden bei ihm zu Hause beschließen, da bekam er einen Hilferuf einer Freundin: Ihr Vater war ins Krankenhaus eingeliefert worden. Den nächsten Versuch hatten wir einige Wochen später um halb sechs Uhr morgens gestartet, als er einen Anruf seiner Mutter erhielt. Diesmal war sein eigener Vater als Notfall in die Klinik gebracht worden.

Inzwischen haben wir schon Angst, uns sexuell zu berühren, es könnte ja wieder irgendeine Katastrophe passieren ... Nach unserem improvisierten Abendessen bittet mich Buddha feierlich auf sein großes Liebessofa. Ich überlege, was wir gleich alles anstellen werden. Die sexuelle Anspannung zwischen uns war vom ersten Tag an da, es knistert ohne Ende. Am liebsten kneife ich ihn in den Po, der ist nämlich richtig knackig und eine Sünde wert, am liebsten würde ich direkt über ihn herfallen. Meine Lust würdigt er mit einem verschmitzten Lachen. Doch jetzt wird er auf einmal ernst. „Annette, ich muss dir etwas Wichtiges sagen. Ich habe letztes Wochenende eine Frau wiedergetroffen, die mir sehr am Herzen liegt. Wir möchten es noch mal versuchen. Und ich möchte treu sein." Ich verliere Buddha an die temporäre Monogamie. Wie schade. Wir umarmen uns minutenlang. Er ist mir so wertvoll geworden, dass ich mich einfach über sein Dasein freue.

Der Hexensabbat

Britta ist am Telefon: „Mein Freund ist aufgebracht wegen deiner Einladung. ‚Was soll das sein, ein Scheidungsfest, da gehst du ja wohl nicht hin! Was gibt es denn da zu feiern?', meinte er ..." Aber Britta will unbedingt dabei sein, wenn ich offiziell mein Singledasein einläute. Ihr Freund ist bockig, weil sie sich seinem Willen widersetzt, und der Haussegen hängt schief. Eine Scheidung ist für ihn ein Grund für Trauer oder Scham, vermute ich. Aber auf keinen Fall Anlass für ein rauschendes Fest. Britta setzt sich durch und kommt.

Eine andere Freundin wird erfolgreicher vom Ehegatten gehindert. „Das lässt mein Mann niemals zu!", vertraut sie mir an.

„Lass mal, wir sehen uns bei einer anderen Gelegenheit." Sie kommt nicht.

Dafür reist meine Kindergartenfreundin Sybille aus 400 Kilometer Entfernung an, darüber freue ich mich riesig. Insgesamt sind es zwölf Frauen, nur ein einziger Mann ist zur Party zugelassen, der Gastgeber. Den kann ich ja nicht aus dem eigenen Haus komplimentieren. Was heißt da Haus, sein Heim gleicht eher einem Palast!

Als ich vor Wochen über meine Scheidung sinnierte, weihte ich Buddha in meine Überlegungen ein: „Ich will das ganz üppig feiern!"

Er grinste: „Na, dann bestellen wir das direkt beim Universum, wie hättest du's denn gerne?"
Welche Herausforderung! Weiß ich denn genau, was ich will? An Fantasie hat es mir noch nie gefehlt. Endlich darf ich sie da einsetzen, wo sie mir wirklich weiterhilft: bei mir selbst! Ich beschreibe Buddha eine Stadtvilla mit Säulen und Stuck, Kunstwerken und Antiquitäten, einem verwunschenen blühenden Garten und ergänze: „Kosten darf es natürlich nichts. Ein Gönner sollte das finanzieren, oder?"
Buddha nickt. „Natürlich, die Männerwelt muss deine Rückkehr ins Leben feiern, da wird sich nicht nur einer finden, sondern jede Menge, die ihr Portemonnaie öffnen."
Kurze Zeit nach diesem Gespräch lerne ich einen reichen Kunstsammler kennen. Sein Haus sieht genauso aus, wie ich es mir in meinem Wachtraum vorgestellt habe. Ich zeige keinerlei Hemmungen und schlage ihm vor, der Gastgeber meines Hexensabbats zu sein. Er sagt begeistert zu. Die Aussicht, zwölf wilde Weiber bei sich zu beherbergen, erscheint ihm verlockend. Er stellt die Getränke, wir bringen zwölf mit Liebe selbst gekochte Gerichte mit.
Ich bitte alle Freundinnen, auf kleine Zettel zu notieren, wovon sie sich heute für immer aus ihrem Leben verabschieden möchten. Die Zettelchen rollen wir zusammen und verbrennen sie in einer bronzenen Schale im Garten. Wir stoßen mit Champagner an. Viva! Dieser Champagner wird für lange, lange Zeit der letzte Alkohol bleiben, den ich trinke. Ich nehme den Neuanfang zum Anlass, von nun an komplett auf Alkohol zu verzichten. Ich brauche für meinen Weg einen freien Kopf. Glasklar möchte ich meine Gedanken und meine Gefühle wahrnehmen, in jedem einzelnen Augenblick. Nachdem das Papier zu einem grauen Aschehäufchen zusammengefallen ist, schreiben wir unsere Wünsche für die Zukunft auf. Alle Träume der Welt auf bunten Notizblättern. Die lassen wir an heliumgefüllten Ballons in den Himmel steigen, an dem gerade der Neumond als zarte Sichel aufgeht.

Der sexte Tag

Zeit für eine Zwischenbilanz. Noch dreht sich alles um meine Number One. Vom Lehrstück ist Tekim definitiv zum Gesellenstück avanciert. Ich messe meinen Erfolg an ihm. Es ist ein ungewollter, ungeplanter Wettkampf im Warten und Aushalten. Täglich liefert er neue Stolpersteine für meine durchgewirbelten Gefühle. Tekim ist Gradmesser und Motor für meine Sexabenteuer und Kompass im Dschungel meiner Selbstfindung. Ungewollt führt er mir Tag für Tag vor Augen, dass ich mein Glück selbst finden muss. Es gibt keinen Frosch, den ich durch meinen Kuss in einen Traumprinzen verwandeln kann. Und erst recht wird aus mir keine glückliche Frau, nur weil mich jemand küsst, ob Frosch oder Traumprinz.

Ich habe verstanden, das Glück liegt in mir, in meiner Hand. *Ich* entscheide jeden Tag darüber, ob es in meinem Leben Einzug halten darf oder nicht. Welcher Philosoph sagte diesen schlauen Satz: Das Glück sei kein Recht, sondern eine Pflicht? Ich stimme ihm zu, auch wenn mir das selbstverantwortete Glücklichsein so schwerfällt.

Mein Lover-Team hat sich in den letzten Monaten kaum geändert. Kevin hat vor lauter Arbeit keine Zeit für andere Amouren und ist mir daher – zumindest sexuell gesehen – unfreiwillig treu. Beim letzten Treffen erzählte er mir, dass er sich verliebt hat. Sie ist noch keine 30, hatte bereits ein Burn-out-Syndrom und ist nach einer Therapie schon wieder mittendrin im hektischen Alltag einer Werbeagentur. Die beiden arbeiten so viel, dass sie es nicht schaffen, sich zu treffen. Sieht die heutige Paarkultur so aus? Asexuelle Workaholics? Birkensohle ist mal wieder liiert, wenn auch nicht verliebt, und erst recht niemandem treu. Er geistert des Nachts durch das Internet und träumt von Dreiern, Vierern, Fünfern, ist aber zu geizig, eine Mitgliedschaft bei meiner Lieblingswebseite zu zahlen. Wenn wir uns treffen, haben wir soliden, handwerklich einwandfreien Sex, immer mit Orgasmusgarantie, aber wir sind inzwischen abgeklärt wie nach einer jahrzehntelangen Ehe. Kein Herzflattern, kein Lechzen, kein Bangen, ich habe noch nicht einmal mehr Verlangen nach ihm. Das kommt erst, wenn er mich berührt. Dann schaltet sich der Autopilot ein.

Buddha war zwischendrin temporär monogam. Inzwischen hat er eine feste Geliebte und pflegt weiter sein Faible für Sexpartys. Er will mich zu verschiedenen Veranstaltungen mitnehmen und ich bin schon ganz aufgeregt. Zwischen uns ist Sex kein Thema mehr, das haben wir gemeinsam beschlossen. Wir sind wunderbare Freunde. Er hält mich immer wieder fest, wenn ich gerade drohe, in ein tiefes Loch zu fallen, aber die kleineren Schlaglöcher meistere ich schon ganz gut alleine.

Mein amerikanischer Opernbeau ist weit, weit weg und ich weiß nicht, ob ich ihn mitzählen soll, aber ich tue es einfach und schwups schickt er mir per E-Mail einen Heiratsantrag: „Lass doch endlich dieses dumme 5L-Projekt. Werde meine Frau! Weißt du nicht, dass der liebe Gott mich geschaffen hat, um dich glücklich zu machen?" Na, dann ist ja alles klar!

Und Tekim ist da, mal mehr, mal weniger. Ich versuche mir klarzumachen, dass da nichts ist, nichts sein kann, nichts sein wird. Höchstens eine Amour fou, eine unmögliche Liebe, eine verrückte Episode. Ich muss loslassen, um ganz und gar frei zu sein. Die Gleichung lautet Eins gleich Null gleich Unendlich.

Der Intellektuelle

Christian ist auf Durchreise in Köln, es ist unser erstes Wiedersehen nach der nächtlichen Lesung in seinen heiligen Hallen. Er hat mich zum Abendessen eingeladen, um mit mir „in aller Ruhe" über die Verfilmung meines Manuskripts sprechen. Ich hatte gar nicht mehr damit gerechnet. Nach jenem Abend in Berlin war er plötzlich in der Versenkung verschwunden, antwortete nicht mal mehr auf meine E-Mails. War ich zu direkt gewesen? Hatte ich ihn verschreckt und überfordert? Gregor hatte diese Geschichte mal wieder als Gelegenheit genommen, um ihn damit aufzuziehen. Vermutlich verdanke ich es ihm, dass dieses Treffen überhaupt zustande kam.

„Was du da in deinem Skript beschreibst, ist ein ganz normales Singledasein", eröffnet Christian das Gespräch über mein Buch, zum Glück erst nach der Zabaione. Ich empfinde diesen Kommentar als respektlos. Habe ich umsonst meinen Hirnschmalz ausgewrungen? Meine wenigen noch funktionierenden Gehirnzellen mit dem einzigen Auftrag versehen, dieses die Welt verändernde Projekt auszutüfteln? Ich sehe eine neue sexuelle Revolution vor mir! Die Frauen werden ihre Männer nach meinem Beispiel verlassen und fortan frei und glücklich sein. Sie werden sich von den Männern nehmen, was sie brauchen, und ihnen auch so noch genug zurückgeben. Ich habe mit meinen Freundinnen sogar schon weitergedacht: Wenn es nach uns ginge, würde die klassische Familie abgeschafft! Stattdessen wird es WGs mit lauter netten Frauen geben, die sich gegenseitig helfen und die Kindererziehung gemeinsam übernehmen. Die Männer dürfen das Ganze finanzieren, ab und zu mal an gemeinsamen Unternehmungen teilhaben, und ansonsten sind sie in großen Schlafsälen untergebracht, in Etagenbetten, mehr brauchen sie nicht. Abends überlegen wir dann: Wer soll's denn heute sein? Auf wen haben wir gerade Lust? Nun, das Projekt steht erst in groben Zügen, wir arbeiten noch daran. Aber dieser

Kommentar, das sei ein ganz normales Singledasein, das geht wirklich zu weit.

Ich werfe ihm einen vernichtenden Blick zu. Er lächelt charmant. Bemerkt noch nicht mal meine rasende Wut! Typisch Mann! Großzügig winkt er den Kellner herbei und bestellt eine weitere Flasche Champagner. Für sich allein wohlgemerkt, denn mein Glas ist nur symbolisch gefüllt. Ich halte fest an meinem Vorsatz und bleibe nüchtern. Kein Tropfen Alkohol für mich. Einen Moment bin ich dennoch versucht, ihm gnädig zu sein. Denn auf einer Ebene entspricht er meinem neuen Wunschbild von Mann: Er ist großzügig und stilvoll. Ich verändere meine Blickintensität, füge ein Häppchen Wärme und eine Prise Erotik bei. Ich möchte den Abend genießen und mich nicht fetzen. „Sind wir uns wenigstens einig, dass diese Lügerei überflüssig und verletzend ist?", nehme ich den Faden wieder auf. „Warum sagt man seinem Partner nicht einfach die Wahrheit?"

Er streicht seine Serviette glatt und räuspert sich. Dann sieht er mich nachdenklich an. „Seit Jahrhunderten lügen Männer ihre Frauen an." Er spricht langsam und deutlich. „Ich hab mal eine Zeit lang in Paris gelebt." Er holt seinen mit goldenen Streifen verzierten Montblanc-Kugelschreiber aus der Jackentasche und malt einen Kreis auf die Serviette. „Das ist Paris, das Stadtzentrum."

Ich sehe in Gedanken die Champs-Élysées mit ihren teuren Boutiquen vor mir, den Arc de Triomphe bei Abenddämmerung, wenn die Scheinwerfer der noblen Limousinen aufleuchten und vorbeischlendernde Passanten in Designeranzügen streifen.

Christian malt die Ziffer 1 in den Kreis. „Hier bewegt sich der Pariser Ehegatte mit seiner Ehefrau. Er geht einkaufen, er führt sie in Restaurants aus, er trifft andere Pariser Ehemänner mit ihren Ehefrauen und freut sich des Lebens."

Ich blicke von der Zeichnung in sein Gesicht und zurück. Was will er mir damit sagen? Christian malt einen zweiten Kreis um den ersten und schreibt die Ziffer 2 hinein.

„Jeder Monsieur hat eine Geliebte. Das gehört zum guten Ton. Das war schon immer so, seit Jahrhunderten. Und das wird immer so sein. Mit dieser Geliebten bewegt er sich im Gürtel, der sich an das Zentrum anschließt. Hierhin geht der Pariser Geschäftsmann mit seiner Geliebten. Es gibt Bars, Restaurants, Shops. Keiner sagt etwas. Jeder weiß Bescheid." Christian nickt zufrieden.

„Außer seiner Frau?", frage ich vorsichtig nach. Christian guckt mich wieder über den Brillenrand an. Er verzichtet auf eine Antwort. Ich bemerke ein leichtes Hochziehen seiner linken Augenbraue. Er malt einen weiteren Kreis, einen Gürtel um das Zentrum. Die dritte Zone. „Hierher kommen die Ehemänner mit der Zweitgeliebten. Alle. Das weiß auch jeder. Niemals würde er die Ehefrau oder die Hauptgeliebte in dieses Gebiet bringen."

Christian schenkt mir ein triumphierendes Lächeln und malt nun um die drei Ringe ein paar einzelne Kreise. „Das sind die Vororte. Hierher kommt man mit den Geliebten außer der Reihe. Mit den kurzen Affären."

„Und das geht dann so weiter bis an die Côte d'Azur?", schleudere ich ihm entgegen. Er überhört meinen Kommentar geflissentlich.

„Die Lüge ist eine gute Erfindung, ein Kulturgut", sagt Christian, um seine Ausführungen zusammenzufassen. „Sie schützt die Menschen. Sie würden das nicht verkraften. Warum unnötiges Leid verursachen? Die Lüge ist eine wichtige Errungenschaft, sie ist zutiefst human, und in Zeiten der Emanzipation läuft es ja sogar bereits umgekehrt ..." Ich trinke mein Glas Wasser in einem Zug leer. Damit der Impuls, ihm genau dieses ins Gesicht zu schütten, nicht siegt.

Weiße Lügen

Unter drei Stunden Sex macht Kevin es nicht. Immer, wenn er kurz vor dem Orgasmus steht, bricht er ab. Ruft manchmal auch: „Ich will nicht! Ich will noch nicht kommen!" Danach verkündet er stolz: „Ich hab einfach an was ganz anderes gedacht! Dann kam ich wieder runter!"

„An was denn?", erkundige ich mich und muss an meine kleine „Schwester" Klara denken, deren liebstes Hobby es ist, Männern Löcher in den Bauch zu fragen. Sie fragt Dinge, die mir, bevor ich sie kennenlernte, nie im Leben eingefallen wären zu fragen: „Wie ist das, wenn du kommst, wo spürst du das?" Oder: „Was genau hat dir so gut gefallen, als ich deinen Schwanz geblasen habe?" Sie stellt ihre Fragen mit dem sachkundigen Interesse einer Ärztin, die aus der Schilderung einiger Symptome eine Diagnose stellen muss.

Sie erzählt – und teilweise kenne ich es aus unseren gemeinsamen Erfahrungen –, dass Männer gerne und detailliert auf diese konkreten Fragen antworten. Es gefällt vielen, wenn sie einer Frau etwas erklären dürfen. Klara lernt viel dadurch.

Kevin geht ebenfalls freudig auf mein Interesse ein. Er ist von sich selbst begeistert, weil er kraft seiner Gedanken den Orgasmus stundenlang hinauszögern kann. Damit ist er auch in meinen Augen etwas Besonderes, ein Liebhaber der Extraklasse. Er sollte mal anderen Männern Workshops in dieser Kunst geben.

„Ich denke an etwas Alltägliches. Eben dachte ich daran, wie ich gestern mein Auto gewaschen habe."

„Und wie fühlt es sich an, wenn du plötzlich so abschweifst?"

„Es ist, als würde ich volle Kanne einen Berg hochfahren und kurz vor dem Gipfel vom Gas gehen, dann lass ich das Auto langsam wieder ein Stückchen runterrollen und gebe erneut Gas."

Das Aufsparen seines Abspritzens dient natürlich auch meinem Lustgewinn. Kevin besteht darauf, dass ich mindestens drei oder vier Mal komme, er feuert mich richtig an. „Lass dich gehen!", ruft er mir zu wie ein Trainer. „Nimm dir, was du brauchst!" Da können sich manche andere Männer ein Scheibchen abschneiden. Beim Thema Monogamie gehen

unsere Meinungen allerdings in einem entscheidenden Punkt auseinander. Eines Tages sagt er unvermittelt: „Ich muss dir was gestehen. Ich bin eigentlich für die klassische Variante!"
„Und die wäre?"
„Zwei Frauen parallel und dazu weiße Lügen."
„Ach, so einer bist du also?"
„Wir Männer sind einfach nicht für die Monogamie gemacht. Das liegt in unseren Genen, das kommt noch aus der Steinzeit. Wir müssen unser Sperma möglichst weit streuen."
Diese These wird von Männern gerne vertreten. Allerdings ohne sie konsequent zu Ende zu denken. Denn wenn die Herren der Schöpfung in der Steinzeit ihr Sperma streuen mussten, hatten auch die Damen der Schöpfung ihre ureigensten steinzeitlichen Aufgaben. Die Wahrscheinlichkeit, dass ein Mann vom Mammutjagen nicht zurück in die Höhle kehrte, war damals verdammt hoch. Daher mussten die Weibchen mehrere Männchen bei der Stange halten, um für den Notfall immer genügend auf der Ersatzbank zu halten. Wer hätte sie und ihren Nachwuchs sonst mit leckeren Mammuthäppchen durchgefüttert?

Wer weiß, vielleicht wurde 5L von unseren Steinzeit-Urahninnen ins Leben gerufen und geriet dann in Vergessenheit, und jetzt ist es an der Zeit, es wieder auszugraben ...

Aber Kevin möchte nicht weiter über die Steinzeit diskutieren. Wir sind jetzt in seiner Höhle, die Beute liegt appetitlich vor ihm, da hat er erst mal genug zu tun.

Das Paradies ist weiblich

Post! Ein kleines Päckchen liegt in meinem Hauseingang. Ich habe schon fast vergessen, dass ich dieses Buch bestellt hatte: „Das Paradies ist weiblich" – eine Dokumentation über die Mosuo in China. Aufgeregt packe ich es aus. Und lege es erst wieder weg, als ich es zu Ende gelesen habe. Da lagen wir mit unserer Idee gar nicht so verkehrt: Mosuo-Frauen leben in Wohngemeinschaften und die Männer sind außerhalb in Schlafsälen untergebracht. So ähnlich hatte ich mir das mit meinen Freundinnen ausgemalt. Dabei war natürlich der Humor die Mutter des Gedanken. Aber hier lese ich es schwarz auf weiß: Es gibt ein über Jahrhunderte erprobtes Gesellschaftskonzept, das meinen verrückten Ideen sehr nahekommt. Bei den Mosuo leben die Frauen in großen Familienverbänden, denen jeweils eine Frau vorsteht. Das Konzept Vater gibt es nicht, da sie wegen der hohen Promiskuität meist unbekannt sind. Die Männer wohnen grundsätzlich bei ihren Müttern, da die Mosuo-Famlien matrilinear strukturiert sind. Nur nachts besuchen die Männer die Frauen in deren Häusern. Die Frauen entscheiden, wem sie die Türe öffnen. Verabredungen werden tagsüber getroffen. Wenn eine Frau einem Mann beim Händeschütteln dreimal die Hand drückt, weiß er, dass sie ihn in der Nacht empfangen möchte. Wenn er das auch möchte, drückt er dreimal zurück. Was für ein praktisches System, wie unkompliziert und direkt! Das sollten wir hier auch einführen. Nach Sonnenuntergang klopft der Mann dann an die Türe der Auserwählten und hängt seine Mütze an den eigens dafür angebrachten Haken. So weiß jeder andere Mann, der das Glück bei ihr versuchen will: „Heute geht's nicht." Eifersucht ist verpönt. Manche Frauen haben im Laufe der Zeit irgendwann mit allen Männern ihrer Altersgruppe Sex gehabt und sprechen dann auch gerne Empfehlungen an ihre Freundinnen aus. Hoppla! Ein Déjà-vu für mich, hatte ich nicht gerade ein ähnliches Szenario ausgedacht?

Aber die Mosuo kennen auch Liebe und Treue – solange die Liebe hält. Das Gute an diesem System: Liebe und Existenz oder auch Sex und Existenz sind komplett voneinander getrennt. Bei uns ist es doch so: Geht die Beziehung in die Brüche, ist alles im Eimer. Eine Welt bricht zusammen, für das Paar und für die gemeinsamen Kinder. Alles ist miteinander vermengt: Sex, Liebe, Geld, Sicherheit, Heim und Heimat. Bei den Mosuo fällt in so einem Fall einfach nur ein kleiner

Teil des täglichen Lebens weg: Der Lover kommt nicht mehr. Die Versorgung der Kinder, das eigene Wohlgefühl in der Familie, die eigene materielle Situation bleiben unberührt.

Violas Ich-will-keinen-Mann-Profil

„Ich hab mich bei allen Webseiten abgemeldet", erklärt Viola. „Hab keine Lust mehr." Sie, dieses Vorbild an Abenteuerlust und Unerschrockenheit will jetzt privatisieren? „Ich finde es langsam öde." Sie zündet sich eine Zigarette an.
„Was, du rauchst wieder?", frage ich entsetzt. Sie hatte doch vor einigen Monaten damit aufgehört!
„Nein, nur ab und zu." Sie bläst Rauchkringel in die Luft.
„Im Notfall kann ich die ganzen Typen sowieso mit einem Mausklick wieder aktivieren", ergänzt sie. „Eine SMS ‚Fick mich genügt. Das war doch auch deine Erkenntnis?" Ich nicke zustimmend.

„Na ja", schiebt sie nach, „ich hab noch ein Fake-Profil, aber nur, damit ich überhaupt online gehen kann, denn die Artikel und die Foren sind witzig. Da kann man immer was Neues lernen!" Ich bin erleichtert. Wenn Viola was Neues lernt, lerne ich es gleich mit.

„Was für ein Fake-Profil ist das?", erkundige ich mich.
„Eins, das abschreckt. Es soll ja keiner anbeißen. "
„Ach?"
„Größe 1,53 Meter, 72 Kilogramm, Haarfarbe: grau. Bei sexuellen Vorlieben habe ich nur zwei Sachen angekreuzt: NS und Fisting."

Zum Glück muss ich jetzt nicht mehr nachfragen, was NS ist. Früher hätte ich damit unsere politische Vergangenheit assoziiert. Jetzt sind mir die Assoziationen immer noch unangenehm, aber aus anderem Grund. NS bedeutet Natursekt, im Klartext: Pisse. Es gibt Menschen, denen es Spaß macht, sich als Teil ihres sexuellen Spiels gegenseitig anzupinkeln. Kommen wir zum zweiten Begriff: Fisting, das bedeutet „Ein-

führen der Faust in Anus oder Vagina". Wie das genau gehen soll, ergründete Viola daher auch mit dem ihr eigenen Wissensdurst. Sie befragte ihre Lover, einen nach dem anderen, bis sie auf einen Spezialisten traf. Der erklärte ihr, dass man die Hand erst im ausgestreckten Zustand vorsichtig einführt, um sie dann zur Faust zu ballen. Einmal mehr entzieht es sich meiner Vorstellungskraft, was den Reiz dabei ausmachen soll.
Ein paar Tage später gehen wir zusammen in die Sauna. „Stell dir vor, es hat trotzdem jemand geschrieben!", erzählt sie mir lachend. „Sehr sympathisch der Mann, er will mich unbedingt treffen, obwohl ich natürlich kein Foto online gestellt habe." Eine Woche später berichtet sie mir, dass der Verehrer ihr nun täglich schreibt. Er könne es kaum erwarten, sie zu treffen. Er sei verheiratet, mehr verrät er nicht von sich. Nach dem Date kommt Viola blass und erschöpft zu mir nach Hause. „Eine Stunde haben wir uns unterhalten! Besser gesagt, er hat einen Monolog geführt! Er hat mir sein Herz ausgeschüttet. Seine Frau hat multiple Sklerose im Endstadium." Diese geballte Wucht an seelischer Last hat Viola umgehauen. „Warum sucht der sich eine Gesprächspartnerin auf einer Sexseite?", stöhnt sie. Jetzt versteht sie auch, warum ihn ihr Profil in keiner Weise gestört hat. Er wollte sich einfach mal ausheulen – und dachte wohl, eine 1,53 Meter große und 72 Kilo schwere Frau wäre dankbar, dass sich überhaupt jemand für sie interessiert.

Dubai da capo

Nach einem sechsstündigen Flug auf engen Sitzen mit wenig Beinfreiheit kommen wir bei Sonnenaufgang in Dubai an. Klara und ich, die kleine und die große Blonde aus Deutschland. Nach unserem lustvollen Auftakt mit Birkensohle hat uns die Abenteuerlust gepackt und wir wollen gemeinsam die Welt erobern! Jede Menge spannende Spiele spielen – zum

Beispiel das Spiel „Schwestern". Das passt zu uns. Wir helfen uns gegenseitig und teilen unsere Einsamkeit ebenso wie die *Mehrsamkeit.*

Das Hotel ist luxuriös und da wir noch auf unser Zimmer warten müssen, fahren wir in den 40. Stock zum Pool und rekeln uns in der Morgensonne. Klara stupst mich aufgeregt an: „Guck mal, was für ein geiler Typ!" Ein junger arabischer Beau schwimmt im Schmetterlingsstil eine Bahn nach der anderen. Sein Körper ist athletisch, die Lippen sanft geschwungen, und als er kurz die Augen öffnet, zerschmelzen wir: Sie sind schwarz und tief wie ein See. Nur schaut er leider kein einziges Mal zu uns! Also gehen auch wir ins Wasser. Klara ist völlig aus dem Häuschen: „Den muss ich haben! Ich habe noch mit keinem einzigen Araber gevögelt. Ich muss wissen, wie das ist!" Sie ist genauso wissbegierig wie ich.

„Immer langsam", versuche ich sie zu beruhigen, „wir sind gerade vor zwei Stunden gelandet."

Aber sie quengelt: „Warum guckt der nicht? Ist der schwul?"

Ich vermute, dass er Ärger bekommen könnte, wenn er Touristinnen anbaggert. Da ist Feingefühl angesagt. Ich muss meiner kleinen Schwester noch einiges beibringen.

Wir wünschen uns, dass er mit seinem sportlichen Wahnsinn aufhört, er schwimmt schon eine Dreiviertelstunde. Unser Wunsch wird erhört und endlich entsteigt unser junger Held den Fluten und drapiert sich auf eine Sonnenliege auf der gegenüberliegenden Seite des Pools.

Klara zappelt auf ihrer Liege herum: „Meine Güte, ist der verklemmt!"

„Warte mal, lass mich nur machen", schalte ich mich ein. „Ich lege mich auf den Bauch, du cremst mich ein und fixierst ihn mit Blicken."

Bingo! Seine Aufmerksamkeit steigert sich sekündlich. Klara winkt einladend mit der Sonnencreme, da steht er auf und schlendert auf uns zu. Als echter Gentleman hilft er meiner kleinen Schwester. Wie schön, so verwöhnt zu werden. Gleich vier Hände gleiten über meinen Rücken, verweilen lange auf meinem Po, während sich die beiden unterhalten. Schon kommt Klara zur Sache: „Was machst du gleich? Hast du Lust, uns in einer halben Stunde auf dem Zimmer zu besuchen?" Ein überraschter Gesichtsausdruck und ein cooles „Klar, gerne" folgen. Aufgeregt rennen wir zur Rezeption, holen unsere Keycards, lassen das Gepäck hochbringen, leeren den Kofferinhalt auf den Boden. Was sollen wir anziehen? Sexy soll es sein, aber nicht zu sehr. Er soll sich schließlich nicht einbilden, wir hätten uns extra für ihn zurechtgemacht. Im Handumdrehen ist die Zeit um. Wir schmeißen uns aufs Bett und geben uns Mühe, ganz entspannt zu wirken.

Es klopft. „Komm doch rein", säuselt Klara und zieht ihn gleich darauf in Richtung Bett. „Setz dich." Der Junge hat's drauf, das Coolsein. Er verhält sich so souverän, als würde er tagein, tagaus nichts anderes tun, als Frauen im Doppelpack zu vernaschen. Klara kann nicht länger warten. Sie küsst ihn, zieht ihn aus und die beiden legen los. Er bezieht mich von Anfang an mit ein und leckt mich, während sie seinen Schwanz lutscht. Dann fingert er ihre Muschi und sie schreit begeistert: „Das ist ja der XY-Stil!"

Ich halte inne. „Der XY-Stil? Was ist denn das?"

„Das ist ein Video im Internet", schwärmt sie begeistert, „über einen Typ, der eine Fingertechnik entwickelt hat. Er ist so schnell und auf den Punkt, dass alle Frauen, die an seinem Experiment teilnehmen, sofort einen Orgasmus bekommen!"

Ahmad, so heißt unser arabischer Adonis, nickt. Er kennt den Film und hat ihn anscheinend im Detail studiert. Im Video legten sich reihenweise Frauen mit geöffneten Beinen vor diesen Profi und er fingerte eine nach der anderen in Rekordzeit ins Nirwana. Ahmads Fingertechnik bleibt aber weit hinter der Vorlage zurück. Nach einer Stunde hat keine von uns einen Orgasmus gehabt und er auch nicht. Es liegt wohl an der Reizüberflutung.

„Das reicht fürs Erste", flüstert Klara mir zu. „Lass uns ihm noch ein bisschen Birkensohl'sche Verwöhnkunst angedeihen, das hat der arme Kerl verdient, sonst ist er für den

Rest seines Lebens traumatisiert." Ich weiß, was sie damit meint, und nun streicheln wir ihn. Langsam legen wir unsere Hände auf Arme, Beine, Bauch und Innenschenkel und drücken immer wieder zärtlich zu. Ein Powermix aus Streicheln und Massage. Er schließt die Augen und lässt es sich gut gehen.
Ein paar Tage später kommt er noch mal vorbei. Diesmal mit Kamera. „Darf ich ein Foto von euch machen?", fragt er. Er hat seinen Kumpels von unserem Dreier vorgeschwärmt und sie haben kein einziges Wort geglaubt. In Dubai, wo Frauen so rar sind, dass die Männer sie schon nach dem ersten Rendezvous mit den teuersten Markentäschchen, Markenschuhen und Markensonnenbrillen überschütten, behauptet dieser Grünling, er habe zwei Blondinen auf einmal gehabt! Sie wollen Beweise. Wir erbarmen uns und genehmigen ihm nicht nur einen zweiten Besuch in unserem gastfreundlichen Bett, sondern auch eine Fotosession. Wir posieren lasziv, wohlbedacht darauf, dass nicht unsere Gesichter, sondern nur zwei hübsche Popos zu sehen sind, dazwischen sein verstrubbelter dunkler Lockenkopf.
Nach einer Woche Shopping, Popping und Wolkenkratzerhopping geht's zurück Richtung Heimat. Noch vom Airport aus schicke ich eine SMS an unseren Lover Birkensohle: „Lieber Jörg, wir landen am Samstag um 10:30 Uhr. Bitte hole uns ab. Ficken bitte am Sonntag, nacheinander!"
Er antwortet: „Nö."
Meine kleine Schwester zieht die Stirn in Falten: „Was ist denn mit dem los? Na, wenn der sich so anstellt, hat er uns zum letzten Mal gesehen." Konsequent, die Kleine. Kaum hat sie die Worte ausgesprochen, trudelt eine neue SMS ein.
„Abholen? Gerne! Ficken? Sehr gerne! Hintereinander? Okay! Dann geht beide(s) aber nur bei dir, und zwar Samstag- oder Sonntagnacht, weil meine Söhne bei mir sind. Ansonsten ficke ich wie besprochen Klara gleich nach Ankunft bei mir (gerne auch bei dir) und dich verwöhne ich Sonntag oder Montagnacht."

Oh Gott. Das klingt kompliziert. Darauf haben wir nach dieser relaxten Dubai-Woche keine Lust. Trotzdem soll er uns abholen. Alles Weitere werden wir sehen.

Birkensohle strahlt, als er uns braun gebrannt am Flughafen in Empfang nimmt. In Köln angekommen, schleppt er die schweren Koffer in meine kleine Toskana und lässt sich außer Puste in den Sessel sinken. „Ich geh ins Internetcafé, poppt ihr beiden mal eine Runde, ich hab jetzt keine Lust", zwitschert Klara. Und weg ist sie. Das lasse ich mir nicht zweimal sagen, außer unserem kecken, aber dennoch überforderten kleinen Araber hatte ich in Dubai keine bemerkenswerten Erlebnisse und mein Hormonspiegel schreit nach Regulierung.

Nach gelungener Sex-Runde knutsche ich Birkensohles weichen Kussmund und verschwinde hinterm Duschvorhang, der an einer Plastikpaketschnur direkt neben der Küchenspüle aufgehängt ist. Manche Leute haben Wohnküchen, ich habe eben eine Duschküche.

Klara kommt aus dem Internetcafé zurück und schmiegt sich auf Jörgs Schoß. „Ich gehe mal kurz ins Büro und sehe nach dem Rechten", verabschiede ich mich nun für ein Stündchen. „Viel Spaß euch beiden!"

Als ich zurückkomme, ist alles blitzeblank aufgeräumt, Birkensohle hat Sushi beim Japaner geholt, Klara hat den Tisch gedeckt und Kerzen angezündet und wir essen gemeinsam zu Abend. Ach, wie schön ist das Leben, wenn man teilen kann!

Das Schwert

Sonja und ich haben beschlossen, unserer Vergangenheit mit festem Blick entgegenzutreten. Die Reise in die Türkei hatten wir schon lange geplant. In diesem kleinen türkischen Urlaubsort an der ägäischen Küste, wo wir beide unser Herz vor so langer Zeit verloren haben, wollen wir unseren vergangenen Lebenstraum von der lebenslangen Liebe und der Ehe endgültig begraben. Die Trümmer müssen dringend eingesammelt werden, um endgültig neu durchzustarten. Seit unseren jeweiligen Trennungen war die Hafenstadt tabu, keine konnte sich vorstellen, je wieder dorthin zurückzukehren. Aber jetzt reicht es. Kein Mann darf uns auf Dauer diesen traumhaften Ort vergällen, und so sind wir entschlossen, ihn endlich zurückzuerobern.

Die Rückkehr fühlt sich leicht an. Gleich am ersten Tag besuchen wir das Haus, in dem Sonja drei Jahre lang gelebt hat. Die Gardinen hat sie damals selbst gehäkelt, eine große Bougainvillea gepflanzt, die Mauer aus Naturstein geweißt und ein kleines Mosaik in den Boden vor die Haustüre eingelassen. Jetzt wächst Unkraut aus den Mauerritzen, den lilafarbenen Blütenstrauch hat ein neidischer Nachbar abgesägt, während Sonja mit ihrem Mann einmal in Deutschland war. Die Fensterläden sind verschlossen und Sonja weint sich an meiner Schulter aus. Es sind versöhnliche Tränen; als sie versiegen, bekommen wir einen Lachanfall und verabschieden uns von dem, was nicht sein sollte. Loslassen ist eine großartige Kunst.

Auf dem Rückweg zum Hotel entdecke ich ein Schild „Tai-Chi-Schule" und mein Herz macht einen kleinen Sprung. Vor ein paar Monaten habe ich mit dieser sanften asiatischen Kunst begonnen und das Schild bringt mich auf die Idee, auch hier ein paar Stunden zu nehmen. Abends besuchen wir eine Open-Air-Disco und tanzen ausgelassen zu türkischer Popmusik. Unangenehm sind nur die Typen, die beim Flirten die ersten drei Schritte überspringen und direkt am Ende beginnen: Von allen Seiten werden wir angetatscht. Entsprechend schnell verlassen wir die Tanzfläche wieder und gehen früh schlafen.

Am nächsten Morgens weckt mich eine SMS von Tekim. Er schreibt, dass er mich vermisst. Er schickt mir den Namen und die Zugangsdaten einer Webseite, über die ich im Internet den Empfang seines Hotels per Überwachungskamera sehen kann. Eine zweite SMS purzelt in mein Postfach: „Du sollst mir immer nah sein. Egal, wo du in der Weltgeschichte rumreist, du kannst mich jederzeit sehen." Ich bin gerührt und speichere den Link unter Favoriten. Allerdings würde ich wohl nie auf die Idee kommen, da reinzugucken.

Gleich nach dem Frühstück mache ich mich auf den Weg zur Tai-Chi-Schule. Der Meister persönlich empfängt mich, er heißt Ali und hat lange Zeit in Deutschland gelebt. Er begrüßt mich herzlich, fast als habe er mich erwartet, und führt mich durch die Übungsräume. Im oberen Studio fällt mein Blick auf einen Korb mit japanischen Kendo-Schwertern. Eine Erinnerung wird in mir wach. Vor vielen Jahren hatte ich diese Schwerter in einem Management-Coaching kennengelernt. Damals führten wir paarweise eine Schwertübung damit aus. Wir stellten uns gegenüber unseres Übungspartners auf, gingen jeweils einen Schritt aufeinander zu und sollten den anderen dann mit dem Schwert von „unserem" Platz verdrängen. Die zweite Übung bestand darin, die Schwerter gegeneinanderzuschlagen. Beides überforderte mich komplett. Ich war nicht fähig, meinen Raum zu verteidigen oder mit dieser Holzwaffe eine Grenze zu ziehen. Ich fühlte mich gelähmt und brach in Tränen aus. Jahrelang blieb mir dieses Erlebnis im Gedächtnis und ab und zu sehnte ich mich danach, einen Schwertkurs zu besuchen, um diese mir unerklärliche Hemmschwelle zu durchbrechen.

Nun zeige ich sprachlos auf die Kendo-Schwerter.

„Was ist los?", fragt Ali.

„Das will ich machen!", fordere ich. Ali schüttelt den Kopf. Die Kendo-Schwerter kommen erst nach dem Tai-Chi-Grundkurs zum Einsatz. Ich höre ihm gar nicht zu.

„Ich will mit dem Schwert arbeiten!", wiederhole ich. Magisch werde ich von dem Korb angezogen und schon habe ich ein schwarzes Schwert in den Händen und taste über die stumpfe Klinge. „Bitte zeig mir, wie das geht", flehe ich ihn an und der Meister versteht, er nickt unmerklich. „Okay. Wir fangen sofort damit an."

Er zeigt mir den Grundschritt. Ich stehe breitbeinig, federnd. Das Schwert quer vor meiner Brust greife ich mit

beiden Händen, entspannt und doch jederzeit bereit zum Angriff. Ausfallschritt nach vorne, Waffe nach hinten, ausholen und schneidend durch die Luft: der Schlag! Diese Übung wiederhole ich wieder und wieder und wieder. Er zeigt mir noch etwas anderes. Ein Griff mit der Hand zur Schulter des Gegners, dabei den Arm ausstrecken, einen bösen Blick machen und mit lauter Stimme rufen: „Stopp!"
Der Meister ist zufrieden. „Mit so viel Elan hat das noch kein Anfänger ausgeführt", sagt er anerkennend und ein wenig verwundert.
Sonja wartet in einem Teegarten um die Ecke des Studios auf mich. Als ich dort eintreffe, erzähle ich ihr ohne Punkt und Komma von meinen neuen Kenntnissen und führe sie an Ort und Stelle vor.
„ZZZZZZZisch", ich vollführe eine Schlagbewegung, „dann ZZZZasch ..."
Einige Männer auf der Straße bleiben stehen und schauen überrascht zu uns herüber. Einer kommt auf uns zu und sagt: „Du bist wohl eine sehr gefährliche Frau." – „Ja, das stimmt!", erwidere ich lachend, und Sonja und ich gehen beschwingt zum Strand.

Drei Tage später gehen wir noch mal in die Disco unter freiem Himmel. Wir haben riesige Lust zu tanzen, unsere neue Freiheit zu spüren. Die Musik reißt mit, wir sind gut gelaunt und tanzen uns die Seele aus dem Leib. Plötzlich spüre ich Hände auf meinem Hintern. Instinktiv drehe ich mich blitzschnell um, strecke meine Hand aus, werfe einen bitterbösen Blick und sage laut und deutlich „Stopp!". Dem Typen fällt die Kinnlade runter und er weicht einen Schritt zurück. Da spüre ich hinter mir schon wieder unerwünschte Nähe. Drehung auf dem Absatz, federnd leicht, böser Blick. „Hayır", sage ich auf Türkisch, das heißt „Nein", und innerhalb eines Wimpernschlags ist ein Raum mit zwei Metern Durchmesser rund um mich frei. Sonja strahlt und sagt: „Wow! Wie hast du denn das hingekriegt? Meine Güte, du hättest den Aus-

druck von Verachtung in deinem Gesicht sehen sollen, als du die Jungs gestoppt hast!"
Ich kann es kaum glauben. Das habe ich geschafft? In meinem früheren Leben wäre ich unauffällig Stück für Stück von der Tanzfläche weggetänzelt und hätte mir dabei noch eingeredet, ich hätte keine Lust mehr zum Tanzen. Und auch vor ein paar Tagen war ich nicht in der Lage gewesen, mich zu wehren. Jetzt habe ich mich der unangenehmen Situation gestellt. Ich habe meine Grenzen gesetzt. Endlich! Für mich ist es, als sei ein Wunder geschehen.
Ich verlasse die Türkei mit dem Gefühl, eine wichtige Lektion gelernt zu haben. Jetzt bin ich gewappnet.

Das Burgfest

Am Nachmittag vor dem großen Event weiß ich nicht, was ich anziehen soll. „Frivole Kleidung" steht auf der Einladung, Lack oder Leder, Dessous oder Kostümierungen passend zum Thema Burg. Ich stehe vor meinem Kleiderschrank – die Kleiderstange ist einen Meter lang, daneben vier Regalböden. Er passt proportional zu meinem 18-Quadratmeter-Apartment. Nach dem vollführten Vernichtungsschlag gegen meine Garderobe habe ich zwar eine ganze Reihe neuer Klamotten, aber „burgfähige" Outfits gehören nicht zu meinem Repertoire.

Ich bitte Buddha um Hilfe. Er ist bestens für alle Eventualitäten ausgestattet. In seinem Kleiderschrank schlummert eine geheimnisvolle Kiste, deren Inhalt – Korsagen, Miniröcke, Stringtangas und High Heels – er seinen Spielkameradinnen gerne zur Verfügung stellt. Er verspricht, mir eine schwarzrote Korsage und einen ledernen Minirock mitzubringen. Ich bin erleichtert. High Heels habe ich genug. Seit ich getrennt bin, kaufe ich hochhackige Schuhe in großem Stil, und wenn ich mal in eine größere Wohnung ziehen sollte, dann nur, um Platz zu bekommen für meinen unaufhörlich wachsenden Schuhschrank.

Viola sagte neulich: „Ich bin so froh, dass auch du endlich dem Schuhwahn anheimgefallen bist! Das gehört zu einer echten Frau einfach dazu!" Sie erinnert sich an eine Szene zu Beginn meiner Ehe. „Du warst so stolz, dass ihr beide in Düsseldorf Schuhe kaufen wolltet. Ich freute mich für dich: Endlich mal shoppen mit deinem Schatz, das war selten genug. Wie groß war meine Überraschung, als du dann die Schuhkartons aufgemacht und mir deine Trophäe – ein Paar schwere Bergstiefel – präsentiert hast." Komisch, daran erinnere ich mich gar nicht. Da hat mein Langzeitgedächtnis gründliche Tilgungsarbeit geleistet.

Meine Gedanken kehren zurück zum heutigen Abend. Mein Blick fällt plötzlich auf eine unschuldige weiße Plastiktüte in einer Schrankecke. Man sieht ihr nicht an, dass sie jahrelang in der schwarzen Kommode meines ehelichen Schlafzimmers lag. Wie durch ein Wunder hat sie meinen Kleidervernichtungsschlag unversehrt überstanden. Die weiße Plastiktüte zwinkert mir zu.

Vor über 15 Jahren hatte ich sie zum letzten Mal in der Hand und seither habe ich nie mehr hineingeschaut. Ich erinnere mich: Mein Hochzeitsfest auf einer kleinen, unbewohnten Insel im ägäischen Meer. Wir feierten in einer Hotelruine ohne fließendes Wasser und ohne Strom. Die Gäste kamen in Booten, ein riesiges Feuer brannte in der Mitte des ehemaligen Ballsaals, von dessen Wänden nur noch Mauerreste übrig waren. Meine Theaterfreundin Lola hatte Kürbisköpfe ausgehöhlt und auch sonst für eine abenteuerliche Dekoration gesorgt. Drei Roma spielten wilde orientalische Musik, bis sie unter dem Einfluss von zu viel Anisschnaps vom Stuhl fielen.

Noch in jener Nacht hatte ich das von Hand geklöppelte Hochzeitskleid aus weißem Garn in diese Tüte zum Schlafen gelegt. Meine türkische Schwiegermutter hatte es in wochenlanger Arbeit liebevoll selbst gemacht. Da das Röckchen nur knapp meine Oberschenkel bedeckte und das Kleid komplett durchsichtig war, mussten wir im letzten Moment noch ein Unterkleid besorgen.

Nun schlummerte dieses heiße Teil seinen Dornröschenschlaf, um mir just heute in die Hände zu fallen. Das kann kein Zufall sein, denke ich und hole die orientalische Handarbeit aus ihrer Verpackung, um sie anzuprobieren. Natürlich ohne Unterkleid, nur mit weißem Spitzenhöschen und weißem BH darunter.
Unglaublich: Das Teil sitzt perfekt und sieht hervorragend aus! Flugs ziehe ich noch einen langen gepunkteten Hippie-Rock drüber und drapiere einen weißen Schal über mein Dekolleté, damit man meine nackten Brüste unter dem durchsichtigen Stoff nicht sehen kann. Buddha holt mich ab und ist entzückt. Er lobt die Künste meiner Ex-Schwiegermutter und ist sicher, dass man mir heute Abend die gebührende Beachtung schenken wird.

Die Auffahrt zum Schloss wird von einer endlos langen Reihe von Fackeln beleuchtet. Große Limousinen fahren vor, Silhouetten schöner Menschen zeichnen sich im flackernden Lichtschein ab. Die Kennzeichen kommen aus ganz Nordrhein-Westfalen, heute ist ein großer Tag, denn das Burgfest findet nur einmal im Jahr statt. Buddha hat mich in seinem Cabrio mitgenommen.
Der Abend beginnt mit einem Auffahrunfall. Als wir in die Schlossauffahrt einbiegen wollen, werden wir von einer barschen Frau an der Eingangskontrolle abgewiesen. Wir müssen warten, bis unsere Zugangsberechtigung geklärt ist, und sollen dazu das Auto zurücksetzen, um den Weg für die anderen Besucher frei zu machen. Hinter uns wartet allerdings schon ein anderer Wagen und mit einem lauten „Rums!" fahren wir gegen dessen Stoßstange. Ein großer junger Mann mit seitlich geschnürter schwarzer Lederhose steigt aus, eine dunkelhaarige Schönheit mit hochgeschnürten Brüsten und knappem Minirock öffnet die Beifahrertür. Die profane Diskussion über Haftung und Versicherungen verleitet mich zum Gedankenspiel, wie es wäre, direkt hier, an der Einfahrt, mit einem Vierer zu starten?

Endlich werden wir eingelassen. Überall lodert offenes Feuer. Schon von Weitem wird Buddha mit großem Hallo begrüßt. Seit zwei Jahren ist er Mitglied bei meinem Lieblings-Onlineportal. Man teilt ein gemeinsames Hobby, so wie andere Communitys auch. Hier hat man eben das gemeinsame Hobby Sex, in allen Varianten. Es gibt Foren für Sado-maso, für MMF (zwei Männer, eine Frau), für FFM (zwei Frauen, ein Mann), für Gruppensex, für Rubensdamen, für Sandwich, für Rollenspiele und für besondere Veranstaltungen. Das Burgfest ist die frivole Jahresveranstaltung der Community, das „Annual Meeting". Als Erstes werden wir Richtung Umkleide und Garderobe geschickt. Ich habe schon im Auto den Schlabberrock abgestreift und den Schal in Buddhas Sporttasche gepackt. Viele der Gäste tragen so gewagte Outfits, so wenig an ihrem Körper, dass ihre Teilnahme am öffentlichen Straßenverkehr sicherlich mit hohen Bußgeldern geahndet würde.

Eine Blondine, die aussieht, als sei sie gerade vom Playboy-Cover gesprungen, beschäftigt sich damit, den hauchdünnen String zwischen ihren straffen und ausladenden Pobacken zu platzieren. Sie streift ihn immer wieder genüsslich hin und her, als gäbe es tatsächlich eine noch bessere Position für das Bändchen. Herausfordernd wirft sie die Lippen auf, streckt die beeindruckenden Silikonbrüste vor und ist sichtlich erregt durch die allgemeine Aufmerksamkeit, die ihr hier im Eingangsbereich zuteilwird. Ihr Partner, ein älterer Herr mit langen Haaren, gezwirbeltem Schnurrbart und coolem Blick, betrachtet sie zufrieden und führt sie am Arm Richtung Schloss. Ihr polanges blondes Lockenhaar ist von einem braunen Schlapphut bedeckt, die perfekt geformten Füße stecken in aufregenden High Heels. Sie schwebt über das Kopfsteinpflaster.

„Also, die würde ich nicht ficken wollen", sagt Buddha. „Die sagt wahrscheinlich mittendrin: ‚Liebling, nicht so doll, sonst verrutschen mir die Wimpern', oder sie zieht den Lidstrich noch mal nach, bevor es zum Endspurt geht."

In der Burgscheune tobt der Bär, hier wummert die Elektromusik und die Gäste tanzen sich warm. Die Männer tragen kurze Lederhöschen und Stiefel, dazu Fliege oder Krawatte auf nackter Haut. Mich macht das nicht an, sondern amüsiert mich eher. Die Frauen finde ich erotischer mit ihren kurzen Röckchen, die eher die Funktion eines Schmuckgürtels erfüllen. Hier und da sieht man Korsagen. Besonders beeindruckt mich eine opulente junge Frau, die ihre geschätzten zwei Meter Brustumfang so eng eingeschnürt und bis unters Kinn hochgezogen hat, dass man darauf locker ein Tablett mit einer Flasche Champagner und sechs Gläsern abstellen könnte. Schade, Fotografieren ist hier verboten. Gerne hätte ich ein Bild von ihr gemacht und meinem Freund Gregor mitgebracht. Er liebt Frauen mit Mut zur üppigen Weiblichkeit. Das mag ich an ihm: Er schert sich nicht um Konventionen und seine originellen Ansichten sind oft für Überraschungen gut. Zu meinen fortwährenden Erotikabenteuern meinte er neulich: „Du wärst eine gute Puffmutter. Für ein neues Prostitutionskonzept: LustKunst oder so ..."

Die meisten tragen Netzhemden und Netzstrümpfe, Netzkleider oder Netzröcke, die mich immer an Fische im Netz erinnern. So viel nackte Haut überfordert mich. Als ich mehrere Gestalten in historischen Burgkostümen entdecke, bin ich richtig erleichtert. Zugeknöpft bis oben: Rüschenhemden, Stiefel mit Gamaschen, Bundhosen, ausladende Federhüte, ein angenehmes Pendant zu der Reizüberflutung des nackten Fleisches.

Ich bitte Buddha um eine kleine Führung. Wir schreiten ins Hauptschloss, die Freitreppe ist rechts und links gerahmt von skurrilen Gestalten. Eine junge Frau mit bloßem Oberkörper trägt ein Plastikröckchen, auf ihren weiß geschminkten Brüsten prangen kreuzweise geklebte schwarze Tape-Streifen, eine Pagenkopf-Perücke umrahmt ihr Gesicht, um die Augen hat sie mit schwarzem Kajal dicke Linien gezogen. Paare kommen uns mit leicht entrücktem Blick entgegen und mustern uns von oben bis unten. Was in ihren Köpfen wohl vor sich geht? Im Inneren der Burg sind einige Räume mit Vorhängen zugehängt, das sind die Eingangskontrollen für die Liebeslogen. Hier sorgen ein paar resolute Türdamen dafür, dass man keine Getränke mit hineinnimmt (Verletzungsgefahr!) und nicht zu viele Leute gleichzeitig in einem Raum vögeln. Buddha erklärt mir, dass sie ständig Handtücher und Laken austauschen und mit Schutzhandschuhen bekleidet die gebrauchten Gummis wegräumen. Ich würde gerne mal spicken, traue mich aber nicht. Buddha beruhigt mich: „Man kann auch rein, ohne was zu machen. Reingehen, gucken, rausgehen. Oder: Reingehen, ein bisschen bleiben, gucken, rausgehen. Oder: Reingehen, ein bisschen mitmachen, rausgehen. Wie du willst."

Ich möchte lieber die Besichtigung fortführen. Im zweiten Tanzsaal zappeln die Leute zu Popmusik aus den Achtzigern. In einer Ecke führt ein schmaler Gang zu einem Erker. Dort gucken einige Partygänger gebannt auf den Boden. Ich ziehe Buddha hinter mir her, bin neugierig geworden. Der Boden ist aus Glas und gibt den Blick frei auf die im Burgkeller befindliche Lovelounge. Drei Meter unter uns kniet eine junge Frau mit kurzem Schottenröckchen über einer anderen Dame, die sich auf dem Rücken rekelt und wohlig ihre Beine spreizt. Die junge Frau im Schottenrock küsst sie, während ein gut gebauter Typ ihre Muschi leckt. Mit Schwung beugt sie sich weiter nach vorne und „schwupp" wippt das Röckchen hoch und gibt den Blick frei auf ihren geilen Arsch. Ein Schuss Erregung bemächtigt sich meiner. Buddha zieht mich weiter, er will tanzen, der Abend ist noch lang.

Wir gehen zurück zur Scheune, Treffpunkt der Gruppe „Sexy NRW", eine Gruppe des Portals, bei der Buddha als Moderator aktiv ist. Nette Zeitgenossen, lustig und verspielt. Einer von den Jungs trägt einen schwarzen Umhang, dicke Ketten um den Körper und Handschellen am Gürtel. Mit den Ösen an seinen Ketten fängt er Mädels ein, die ein Hundehalsband tragen. Ich treffe drei alte Bekannte wieder, die ich von der „Party Pikant" kenne, und fühle mich schon richtig integriert. Mit den dreien hatte ich vor Kurzem meine erste Orgie. Es sind die Raubkatze und zwei ihrer schönen Spielgefährten. Ich bin stolz, meine persönliche sexuelle Revolution schreitet mit Riesenschritten voran!

Solo, mono oder poly?

Ich habe auf der Webseite, die meine neue erotische Heimat ist, einen interessanten Artikel entdeckt: Er handelt von der neuen Bewegung der Polyamoris. Das sind Menschen, die unter der Vorgabe, niemanden zu betrügen, parallel mehrere Liebesbeziehungen leben. Alles ist erlaubt, aber alle sind ehrlich zueinander.

Sie lieben, was das Zeug hält und was ihr Herz und ihr Body hergeben. Sie nennen sich kurz „Polys" und die anderen, die Normalos, heißen „Monos". Es gibt sogar Diskussionsforen, auf denen sich Polys mit Monos austauschen. Wer weder mit dem einen noch mit dem anderen Konzept klarkommt, der lebt solo.

Ich überlege mir, unter welche Kategorie die Menschen fallen, die ich auf meiner nächsten Party treffen werde. Sie findet schon morgen statt und außer mir werden dort lauter Paare sein, die sich nicht auf einen Partner beschränken, sondern auch andere Paare in ihre Liebesbeziehungen mit einbinden. Allerdings immer im Duo. Ich mache mir eifrig Notizen, um für alle Eventualitäten gut vorbereitet zu sein.

Das Surfen im Internet lässt mich überraschend auf der Webseite landen, auf der man sich die Bilder von Tekims Überwachungskamera ansehen kann. Seit meiner Reise nach Bodrum schlummern die Zugangsdaten in meinem Computer. Tekim wollte, dass ich den Zugang nutze. Entgegen meines Vorsatzes, dies nicht zu tun, fasse ich mir jetzt ein Herz und logge mich ein. Es funktioniert tatsächlich! Ich sehe Tekim, wie er hinter seinem Empfangstresen steht. Er hat keine Ahnung, dass ich ihm gerade dabei zusehe, wie er seine Postkarten sortiert. Ich fühle mich wie eine Spionin und schalte die Webseite nach wenigen Sekunden wieder aus.

Wer ein Stück vom Kuchen will ...

Udo ist Fotograf und hat in den letzten Wochen ein paar Fotos von meinen kubanischen Zigarrenrollerinnen und mir geschossen. Er ist ein eher stiller Zeitgenosse und ein echter Gentleman der alten Schule. Er hält uns die Türe auf, hilft uns in den Mantel, bringt uns Blumen vorbei. Seit er in unser Leben trat, rätseln wir, in wen von uns er möglicherweise verliebt ist. Dass er verliebt ist, daran zweifeln wir nicht. Nach meiner Türkei-Reise lud er mich zum Kaffeetrinken ein. Ich erzählte ihm von meinem Schwerterlebnis. Er lächelte wissend und sagte: „Mit Kendo-Schwertern kenne ich mich aus."

Langsam frage ich mich, ob Udo Gedanken lesen kann. Er taucht immer genau im richtigen Moment auf. Wenn es mir so richtig dreckig geht, steht er schon mal gerne mit einem Strauß Blumen in meinem Laden. Aber was will er heute mit diesen zwei großen bunt verpackten Geschenken? Eines ist flach und rund und das andere lang und schmal. Ich habe doch noch nicht Geburtstag ...

„Na, pack schon aus", ermuntert er mich, als ich so unschlüssig und ungläubig vor ihm stehe. Ich wickele vorsichtig das runde flache Paket aus. Der leckere Duft von gebrannten Mandeln kommt mir entgegen. Eine Mandeltorte! Wie kommt er denn auf die Idee? Das schmale lange Paket entpuppt sich als Kendo-Schwert. Ein echtes japanisches Kendo-Schwert – ich kann es nicht fassen! Er grinst und reicht mir einen Umschlag mit einer Grußkarte. Darauf steht in geschwungener Schrift: „Wer ein Stück vom Kuchen will, muss zum Schwert greifen!"

Die sieben Plagen

Das ist eine Tekim-Woche. Tekim beim Einschlafen. Täglich: seine Hand auf meinem Bauch, meine Hand auf seiner Brust, meine Nase in seiner Achselhöhle. Sanft krault er mir den Kopf. Wir schlafen gemeinsam ein, wachen gemeinsam auf. Wir frühstücken auf meiner Dornröschen-Terrasse, die in dieser Jahreszeit von üppigen roten Rosen überwuchert ist. Die Vögel zwitschern, Gregors weißer Kater streift träge durch das kniehohe grüne Gras. Hummeln summen in den Blüten.

Als das Wochenende naht, werde ich unruhig. Ich befürchte, wieder in die gleiche magnetische Nähe zu rutschen wie im letzten Sommer, gekrönt von seiner Entscheidung, eine neue, weitere Frau in sein Leben zu lassen. Tekim versucht mehrmals, mich zu erreichen. Ich gehe nicht dran. Diesmal will ich aufpassen wie ein Luchs. Eine gewisse Distanz muss bleiben. Er soll andere Frauen haben und ich andere Männer. Dann gibt es keinen Betrug mehr, weil es Teil unserer Verabredung ist. Was hatten wir vereinbart? Sex und Freundschaft, und jede Menge Freiheit. Jeder darf machen, was er will, nur wissen will ich nichts davon. So intensiv, wie ich immer noch für ihn empfinde, würde mir dieses Wissen nur wehtun.

Es ist auch besser, wenn er nichts von meinen Amouren mitbekommt. Ich lüge nicht, ich verschweige. Auf seine zahlreichen Fragen sage ich: „Das ist geheim!" Oder: „Das darfst du mich nicht fragen."

„Erzähl doch", drängelt er dann. „Das macht mich total geil ..." Er will mich aus der Reserve locken, aber ich falle nicht darauf rein. Dabei liebe ich ihn so sehr! Mein Herz geht auf, wenn ich ihn sehe. Ich könnte ihn aufessen. Ich möchte an seinen Ohrläppchen knabbern, mit meiner Zungenspitze jeden Millimeter seines Nackens entdecken, seine Lenden einatmen, um dann bei seinem schönen Schwanz zu landen und ihn mit Hingabe zu lutschen, als wäre er das zarteste Lokum des Orients. Meine Liebe hat auch noch andere Farben. Ich freue mich, wenn es ihm gut geht, ich leide, wenn er leidet. Ich genieße seine Anwesenheit. Ich möchte mit ihm teilen. Das nennt man doch Liebe, oder?

Als Gregor mich erst gestern fragte, wie sich meine Lovestory mit Tekim gerade darstelle, quittierte er die neuesten Entwicklungen mit Sorgenfalten auf der Stirn. „Wo soll das nur wieder hinführen ...? Du läufst schon wieder in die gleiche Falle, wie bei deinen vorherigen Männern. Du wirst alles für ihn tun, ihr heiratet womöglich und irgendwann lässt er dich dann wegen einer Jüngeren sitzen."

Ich bin empört: „Du hast mir gar nicht richtig zugehört! Ich lebe mein Projekt! Ich experimentiere, ich beobachte! Ich schärfe meine Wahrnehmungskraft an ihm. Ich studiere meine Reaktionen, ich übe neue Verhaltensweisen ein!"

Aber Gregor schüttelt immer noch nachdenklich den Kopf und will das Gespräch nicht weiterführen.

Heute Nachmittag überrascht mich Tekim im Büro. „Lass uns heute Abend ins Kino gehen", schlägt er mir vor. Wir beide im Kino! Ich kann es mir gar nicht vorstellen. Wir waren einmal zusammen in einem Restaurant, einmal in einer Bar, aber sonst waren wir nie gemeinsam unter Menschen. Und dabei kennen wir uns schon seit einem Jahr!

Ich, die Managerin, die auf der ganzen Welt zu Hause ist, immer auf Achse, auf Events in Monte Carlo und Abu Dhabi zu Gast, empfinde es als Abenteuer, mit Tekim in meinem Stadtviertel ins Kino zu gehen. Inzwischen ist es halb acht und ich schreibe: „Wann kommst du?" Er antwortet: „Es tut mir leid, ich muss heute Abend arbeiten. Meine Mitarbeiterin ist krank." Also nutze ich den Abend, um ein bisschen im Forum zu surfen. Zuerst schaue ich aber noch kurz in Tekims Hotel, via Überwachungskamera. Seit kurzer Zeit mache ich das regelmäßig. Es genügt mir zu wissen, ob er dort ist oder nicht. Das beruhigt mich. Ich fühle mich begleitet, weniger einsam, wenn ich ihn wie ein kleines Männchen, einem Comic entsprungen, auf dem kleinen Bildschirm meines Laptops oder meines Handys sehe. Nachts ist das ein großer Trost.

Ich überlege mal wieder, was Liebe eigentlich ist. Füreinander da sein? Vertrauen? Sich begehren? Sich besitzen wollen? Jede freie Minute miteinander verbringen, ist es das? Immer aneinander denken? Die vielen Möglichkeiten verwirren mich. Ich notiere mir die Frage für später und denke an Viola, die neulich sagte: „Wahre Liebe ist vergleichbar mit der Liebe, die man zu den eigenen Kindern hat. Du bist glücklich, dass sie da sind. Freust dich an ihrem Wachstum, an ihrer Entwicklung und weißt dabei, dass ihr Weg von dir fortführt. Du liebst sie und lässt sie gleichzeitig los." Viola ist mir auch hier ein paar Schritte voraus. Fast kommt sie mir vor wie eine Heilige. Ich bin von solch tiefen Erkenntnissen noch weit entfernt.

In der Liveübertragung sehe ich, dass seine Mitarbeiterin, die angeblich krank ist, gerade die kleine Rezeption betritt. Wie ein Blitz durchfährt mich der Gedanke, dass etwas nicht stimmt. Eigentlich müsste es mir egal sein. Schließlich können wir tun und lassen, was wir wollen. Ich schalte den Laptop wieder aus und trete kurz nach acht auf die Straße, um etwas frische Luft zu schnappen. Direkt vor der Türe seines Hotels treffe ich Tekim. Er steigt auf seinen Roller. Ich bin mir sicher, dass er mich wegen einer anderen Verabredung sitzen gelassen hat.

Liebevoll fragt er: „Na, wohin gehst du?"
Mit gereiztem Unterton antworte ich: „Spazieren."
„Alleine?"
„Weiß noch nicht. Tschüss."
Widersprüchliche Gedanken schwirren mir durch den Kopf. Wir sind frei, also existiert kein Betrug. So einfach ist das, oder? Ich habe die Welt neu erfunden, für mich. Warum habe ich dann diese heftigen Emotionen? Auf dem Rückweg nach Hause analysiere ich die Situation und komme zum Schluss: Seine Mitarbeiterin ist sicherlich noch mal zurückgekommen, weil er irgendetwas erledigen musste, und das war zufällig um die Zeit, als wir eigentlich ins Kino gehen wollten. Wie übertrieben von mir, direkt eine andere Frau zu wittern. Hoffentlich hat er nichts von meiner seltsamen Anwandlung gemerkt. Schnell schreibe ich ihm eine SMS: „Schatz, ich war eben komisch zu dir, stimmt's? Bitte entschuldige. Ich glaube, ich war ein bisschen enttäuscht. Ich gehe jetzt eine Runde joggen. Ich küsse dich."
Er antwortet sofort: „Nein, du warst nicht komisch."
Ich atme auf. Zum Glück hat er nichts gemerkt. Oder wollte er nichts merken?
„Dann bin ich ja froh! Ich vermisse dich!"
„Ist schon gut."
Ich laufe los. Höre auf meinem iPod die Lounge-Musik von Café del Mar und drehe meine Runden. Hinterm Kirchturm sehe ich ein strahlendes Licht. Der Mond geht auf, dunkelgelb, riesengroß. Ich lasse ihn nicht aus den Augen. Wünsche mir, dass unsere Beziehung immer weitergeht, ein Leben lang. Egal, was sonst passiert. Egal, welche Beziehungen jeder von uns eingeht. Eine irreale Insel der Liebe. Eine Insel, von deren Existenz nur wir wissen.
Nach dem Joggen dusche ich, esse zu Abend und surfe im Internet. Schon wieder tippen meine Finger die Kameraadresse ein. Tekim sitzt hinter der Empfangstheke. Seine Mitarbeiterin ist verschwunden. Er hatte also wirklich kein anderes Date! Plötzlich läuft eine zweite Person ins Bild. Eine junge

grazile Blondine mit beeindruckender Oberweite, ich erkenne sie wieder. Sie war schon vor einer Woche in seinem Hotel, ich hatte sie durchs Fenster gesehen und ihm eine SMS geschickt: „Hübschen Besuch hast du." Ich betrachte die Szene und versuche mich an einer Interpretation. Ist sie eine neue Mitarbeiterin, die er gerade einarbeitet? Sie steht vor dem Bildschirm hinter dem Empfangstresen, Tekim sitzt zwei Meter von ihr entfernt und schaut ihr zu. Ich spüre, dass sich mir gleich andere Bilder zeigen werden. Mein Herzschlag beschleunigt sich, als sie auf ihn zukommt. Er greift ihre Hand, zieht sie mit einem Ruck an sich. Sie schmiegt sich an ihn, küsst ihn in den Nacken. Er küsst sie auf den Mund. Dann sortieren sie gemeinsam Unterlagen ein. Sie bedient einen Hotelgast. Das Bild ist unscharf. Er müsste mal die Linse der Kamera reinigen. In der Mitte des Bildes sind zwei graue Flecken. Die junge Frau hat lange Haare, die sie zu einem Pferdeschwanz gebunden hat. Ich schätze sie auf Mitte 20. Mich durchfährt ein bitteres Gefühl der Kränkung. Welche Chance habe ich gegen ihre Jugend? Ich bin wesentlich älter. Meine Uhr tickt unaufhaltsam, wie nun mal die Uhren aller Menschen unaufhaltsam ticken. Ich muss froh sein, dass ich diese Liebesgeschichte mit einem zehn Jahre jüngeren Mann überhaupt leben darf. Meine Gedanken werden immer negativer. Ich zerfleische mich selbst und bemerke einmal mehr, dass ich an meinem Selbstwertgefühl arbeiten muss.

Just in dieser Sekunde bekomme ich eine SMS von Sonja: „Was machst du gerade?"

„Ich schaue dabei zu, wie mein Süßer eine andere küsst."

„Wie bitte ...? Ruf mich sofort an!"

Ich haspele die Geschichte atemlos ins Handy, während ich gebannt auf den Bildschirm starre. Sie geht vor ihm in die Hocke und ich weiß, was jetzt kommt. Allerdings verdeckt er mit seinem Rücken das restliche Bild. Mein Puls jagt in die Höhe. Ich bin erregt und eifersüchtig zugleich, möchte schreien: „Der gehört mir!", und denke gleichzeitig: So sind die Spielregeln, was willst du eigentlich? Ich weiß doch, dass er andere Frauen hat, ich habe ja auch andere Männer! Das haben wir so ausgemacht. Aber der Unterschied, so etwas nur theoretisch zu wissen oder es live und in Echtzeit zu sehen, ist gewaltig!

Sonja fragt: „Wie fühlst du dich?"

Ich bin von dem Bild so gefangen, dass mir nichts einfällt. Ich höre mich argumentieren: „Ist doch in Ordnung, das ist so vereinbart. Er sagte, ich soll die Kamera einschalten, wann immer ich ihn sehen will."

Hat er damit gerechnet, dass ich ihn manchmal heimlich beobachte? Macht ihn das sogar scharf? Warum hat er mir die Adresse gegeben? Und warum tue ich das hier überhaupt, jetzt mal Hand aufs Herz!

Ist es ein Geschenk des Himmels, dass ich aus allen Perspektiven checken kann, ob das „Projekt" stimmig ist? Oder ist es eine brutale Strafe?

Erregung packt mich. Ich kenne die Situation. Ja, sein Schwanz macht sie geil und mich auch. Auch sie findet den Mann meiner schlaflosen Nächte attraktiv. Ist sie ihm verfallen? Ich bin zugleich fasziniert und abgestoßen. Sie kniet nicht lange vor ihm. Pah, diese jungen Mädels haben einfach keinen Mumm! Sie steht auf und fängt an, ihn zu necken. Schüttelt dann lange und ausgiebig den Kopf. Was die beiden wohl reden? Schade, dass das Mikrofon nicht funktioniert.

Ist es richtig, was ich hier gerade tue? Oder missbrauche ich sein Vertrauen? Versündigt er sich gerade an unserer Freundschaft? An unserer Liebe? Ach nein, das sind ja alles olle Kamellen, spießig und veraltet. Ich lebe mein 5L-Projekt, das ist frisch, modern und spritzig. Ich schalte meinen Computer aus, weil ich keine Lust habe, mich noch länger zu quälen, lege mich ins Bett und versuche zu schlafen. Das fällt schwer. Ich vermisse ihn, fühle mich verletzt und verraten, auch wenn ich das nicht so empfinden möchte. Die Wahrheit tut weh. Das ist der Preis der Freiheit. Wie viel Wahrheit kann ich ertragen? Jetzt hatte ich mich gerade mit den weißen Lügen arrangiert und nun das? Das Universum zwingt mich zu hundertprozentiger Wahrheit. Nach wenigen Stunden Schlaf wache ich auf. Ich taste im Dunkeln nach meinem Vibrator, diese Investition hat sich gelohnt, ich danke Sonja in Gedanken für diesen hilfreichen Tipp. Der Glücksspender brummt und ich lasse mich von einigen ausgewählten Szenen inspirieren, die ich in den letzten Monaten erlebt habe. Entspannt schlafe ich schließlich ein.

Männer sind da, um mich glücklich zu machen

Am nächsten Morgen erwache ich voller Tatendrang. Ich will alle Skrupel über Bord werfen. Ich finde, Männer sollten ab sofort nur noch dazu da sein, mich rundum glücklich zu machen und bestenfalls auch noch großzügig zu beschenken. Ich greife tief in die Schatztruhe meiner Fantasie und male mir aus, den nächsten 5L-Kandidaten zu meinem Sklaven zu machen. Nur: Wie soll das gehen? Keine Ahnung. Mit Sadomaso habe ich nichts am Hut. Auch habe ich keine Ahnung, wie man Männer um den kleinen Finger wickelt. Wie machen das diese Frauen nur, die die Männer erst sexuell hörig machen und sich dann von ihnen aushalten lassen? Ich habe keine Ahnung, also werde ich dem Kandidaten einfach sagen: Wenn du mich als Partnerin haben willst, vergiss es. Aber als Spielkameradin stehe ich zur Verfügung. Und die Spielregeln, die bestimme ich!

Am späten Vormittag begegne ich Tekim auf der Straße. „Kann ich bei dir einen Kaffee trinken?", fragt er. Ich bitte ihn herein. Ich betrachte ihn wie einen Außerirdischen, der auf meinem Sofa Platz genommen hat. Das ist der Mann, der mir als kleine Bildschirmfigur so viel Schmerz und Lust bereitet hat. Ich lecke mit der Zungenspitze leicht über sein Schlüsselbein. Er seufzt: „Wie sehr liebst du mich?"

Ich umarme ihn fest und er interpretiert: „Sehr!"

Ich spiele den Ball zurück: „Und liebst du mich?"

„Das weißt du doch." Er hat dabei die Augen geschlossen

und ich erinnere mich, wie er damals, beim ersten Betrug, auch die Augen geschlossen hielt.

„Bitte sieh mich an, wenn du das sagst", fordere ich ihn auf. Er öffnet die Augen langsam und lasziv. Ich möchte reinfallen in diese Augen, aber nicht reinfallen auf irgendeine Lüge. Er klagt: „Ich habe Kopfweh."

Auch das erinnert mich an jenen Tag. Ich sehe ihn unverwandt an: „Was willst du mir sagen mit diesem Blick?", fragt er. Seine Intuition ist gut, aber ich verrate nichts. Ich schließe seinen Mund mit meinen Lippen.

„Mein Kopfweh ist weg", murmelt er wohlig. Hält mich dabei in seinen Armen, es fühlt sich liebevoll an. Ich bin glücklich – für diesen kurzen Augenblick.

Bea wird weise

Nach längerer Zeit habe ich mal wieder Besuch von meiner neuen Freundin Bea. Seit wir gemeinsam auf der „Party Pikant" waren, ist sie mit Buddha liiert. Ob mich das Schicksal deswegen davon abgehalten hat, mit ihm Sex zu haben? Ich freue mich riesig über ihre Verbindung. Sie blühen und strahlen und das färbt auf mich ab. Buddha lebt immer noch seine eigene Version des 5L-Projektes und Bea weiß und akzeptiert das. Im Moment scheint es gut zu funktionieren. Bea dagegen hat sich von ihren anderen Lovern erst mal verabschiedet, Buddha reicht ihr voll und ganz.

Schnell kommt das Gespräch auf Tekim. Sie hat die Kamerageschichte am Rande mitbekommen und will nun Details hören. Dann ist sie eine Weile ganz still. Sie guckt mich mit ihren honigbraunen Augen an und sagt leise: „Hast du schon mal darüber nachgedacht, diese Beziehung zu beenden?"

Ich bin perplex. Was für eine Frage. Beenden? Niemals. Ein Leben ohne ihn? Wie sollte das aussehen? Ich schüttele den Kopf. „Ich bin doch sowieso allein, ob mit oder ohne Mann an meiner Seite", sage ich.

„Wieso denkst du das?", fragt sie zurück.
„Die Grundkondition des Menschen ist die Einsamkeit, das habe ich inzwischen verstanden."
Bea streichelt liebevoll meine Wange.
„Nein, Annette, das stimmt nicht. Die Grundkondition des Menschen ist die Verbundenheit. Seit ein paar Monaten weiß ich das. Ich bin ganz tief in meinen eigenen Schmerz eingetaucht. Als würde man eine Zwiebel schälen, es kommt immer wieder eine neue Schicht. Bis es nicht mehr weitergeht, so als würde man auf dem Grund des Meeres ankommen. Dann gibt es nur noch einen Weg: zurück nach oben. Und da habe ich erkannt, dass ich verbunden bin. Mit allem. Mit jedem einzelnen Menschen auf der Welt, mit der Natur, mit den Sternen. Das zu spüren, war fast eine religiöse Erfahrung."

„Ich hätte Angst davor, noch tiefer in meinen Schmerz einzutauchen, schon jetzt halte ich ihn manchmal kaum aus. Nein, das reicht mir, mehr Schmerz ertrage ich nicht. Auch dann nicht, wenn da irgendwo der Meeresgrund auf mich wartet."

Buddha hat sie angesteckt, denke ich. Aber ich selbst bin noch weit davon entfernt, zu solchen Erkenntnissen zu finden.

Atem

Es geht langsam aufwärts. Ich besuche immer noch einmal in der Woche meinen Psychologen. Diese professionelle Begleitung meines Selbstversuches ist sinnvoll. Es beruhigt zu wissen, dass jemand dafür bezahlt wird, mir geduldig sein Ohr zu leihen. Er gibt mir immer wertvolle Tipps. Besonders Herrn Thiemes „Grauvariationen" möchte ich nicht mehr missen. Wieder und wieder wies er mich darauf hin, dass das Leben nicht nur schwarz und weiß ist, sondern aus Grautönen besteht. Diese enthalten feine Schattierungen, winzige Abstufungen und Nuancen, die das Herz erfreuen und trösten, wenn man bereit ist, sie zu sehen. Auf diese Sichtweise wäre ich von alleine nie gekommen. Auch das „langsame Treppensteigen, Schritt für Schritt" ist eine echte Entdeckung für mich. Man müsse nicht immer springen, möglicherweise über große und gefährliche Distanzen, meint er. Man könne auch gefahrlos und in kleinen Abschnitten Höhenunterschiede überwinden. Sein drittes Lieblingsbild „Das Leben ist keine Oper" hallt oft in mir nach, aber ich habe es nicht ganz verstanden. Irgendwie habe ich den vagen Verdacht, dass *mein* Leben doch etwas von einer Oper hat ...

Seit einigen Monaten spüre ich, dass mein Körper teilhaben will an den Veränderungsprozessen, die in mir vor sich gehen. Das Reden reicht als Ventil nicht mehr aus. Etwas will mit Macht aus mir herausbrechen. Die Atemnot, die ich seit Tag null spüre, ist immer noch da. Mal mehr, mal weniger. Beim Sprechen schnappe ich oft nach Luft wie ein Fisch auf dem Trockenen. Meine Freundinnen haben mich schon darauf angesprochen: „Annette, bist du kurzatmig?" Ich bitte meinen Psychologen um Unterstützung. Gerade habe ich eine Verlängerung der Therapie bewilligt bekommen. „Kann ich mit den verbleibenden Stunden auch etwas anderes machen?", erkundige ich mich, „vielleicht Tanztherapie oder Atemtherapie?" Er verspricht mir, sich zu informieren. Auch ich recherchiere im Internet, frage Freunde und Bekannte, und plötzlich fällt mir ein Faltblatt in die Hände, dessen Titel mich anspricht: „Stimm-Werkstatt" steht da. Das könnte passen. Eine Werkstatt ist ein Ort der Reparatur. Ein wenig nervös rufe ich an. Wie soll ich mein Anliegen erklären?

Eine tiefe, angenehme Stimme meldet sich. Anno Lauten. Ich entschuldige mich wortreich für mein merkwürdiges Ansinnen und erkläre ihm meine Situation. „Ich habe seit zwei Jahren eine schwere Depression und das Gefühl, nicht mehr genug Luft zu bekommen. Eigentlich weiß ich nicht, was ich genau brauche." Er hört sich alles an und sagt: „Ich kann sehr wohl was anfangen mit dem, was Sie schildern. Kommen Sie einfach mal vorbei."

Die heißeste Nacht

Ich bin mit Tekim verabredet. Seit gestern warte ich auf seinen Anruf, um die genaue Uhrzeit auszumachen. Aber nichts, kein Anruf, keine SMS. Die Überwachungskamera-Geschichte steckt mir in den Knochen. Ich schwanke zwischen Neugier und Selbstmitleid. Meine Antennen sind in sensibler Bereitschaft.

Bereits um neun Uhr morgens gucke ich aus der sicheren Entfernung meines Büros in seine Rezeption, per Onlinekamera, versteht sich. Seine Mitarbeiterin ist da, Tekim nicht. Ich rede mir ein, dass ich die Wahrscheinlichkeit ausrechnen will, ob er mich am Abend besuchen kommt. Ist doch eine gute Rechtfertigung für meine Onlineüberwachung. Oder ist es Eifersucht? Ist die Blondine jetzt an- und ich bin abgesagt? Mein Herz sticht böse.

Ich gehe zu meinem Therapeuten. Darf ich ihn in all meine Gedanken einweihen? Wenn ich ihm verrate, dass mich ab jetzt alle Männer beschenken und verwöhnen sollen, denkt er vielleicht, ich habe mich für einen Berufswechsel in die Horizontale entschieden. Dabei weiß ich: Prostitution ist nicht mein Ding. Nicht aus moralischen Gründen, ich habe großen Respekt vor dieser Profession. Aber eines ist mir glasklar: Niemand darf etwas von mir verlangen.

Ich möchte geben, weil ich geben will. Fordern, weil ich fordern will. Ich möchte beschenkt werden, weil ich es verdiene. Ich bin ein Geschenk für jeden Mann. Das wusste ich in meinem alten Leben leider nicht. Da waren die Rollen scheinbar vertauscht. Ich bringe Farbe in das Leben „meiner" Männer. Herzklopfen, Zärtlichkeit und Sex!

„Wertschätzung", dieses Wort flitzt durch meinen Kopf. Ich fühle mich weder von Tekim wirklich wertgeschätzt noch von Birkensohle oder Kevin. Nur Buddha gibt mir, was meine Seele so dringend braucht: Respekt, Achtung, Aufmerksamkeit „Du bist ein ganz besonderer Mensch", sagt er. „Du bist nicht allein", sagt er auch oft. Und Buddha verhält sich ent-

sprechend. Neben ihm bin ich eine Prinzessin, eine Amazone, eine echte Kumpeline.
Tekim hat auch schon betont, dass ich wertvoll für ihn bin. „Ein Sechser im Lotto? Nein, du bist wie sieben Richtige!" Das war sein Spruch. Aber sein Verhalten passt nicht zu seinen Worten. Wenn ich so wertvoll bin, wie kann er dann so mit mir umgehen? Wichtiger noch: Warum erlaube ich ihm das? Ich muss lernen, den wertschätzenden Umgang mit mir einzufordern und anzunehmen. Von ihm und von anderen Menschen – nur ich kann entscheiden, welcher Umgang mit mir angemessen ist. Dazu muss ich mich erst mal selbst wertschätzen. Wenn ich es nicht tue, wer soll es sonst tun? Das ist eine wichtige Erkenntnis!

Der Tag vergeht schleichend. Wie ein Junkie hänge ich vor dem Bildschirm. Die Überwachungskamera seines Hotels hat mich süchtig gemacht. Das Gefühl, endlich mittels dieses Geräts die Wirklichkeit eins zu eins überprüfen zu können, zieht mich immer wieder in seinen Bann. Ich tappe nicht länger im Dunkeln, bin jetzt im Besitz der magischen Glaskugel der Märchenhexe. All meine Fragen werden wie durch Zauberhand beantwortet. Ich merke erst gar nicht, wie ich mich selbst unter Druck setze. Um halb vier halte ich es nicht mehr aus und gehe eine Runde joggen. Sport hilft immer. Die Sonne strahlt.

Nach dem heilsamen Sauerstoffschock entferne ich die Muschihärchen mit Wachs. Eine schmerzhafte Methode mit zufriedenstellendem Ergebnis. Meine Vagina wird dadurch zart und extrem empfänglich für Berührung. Ich finde, sie darf von meinen Lovern wie eine Göttin angebetet werden, sie hat es verdient. Eine neue Erkenntnis. Nie zuvor hätte ich gewagt, sie als verehrungswürdig anzusehen. Weder meine Muschi noch mich als Person. Achtung: Eins hat wohl mit dem anderen zu tun!
Wir werden mit einem gewissen „Pfui-Gefühl" für unsere Geschlechtsorgane erzogen. Ich hingegen habe in den letzten

Monaten auch das gelernt: meiner Muschi zu huldigen. Wenn ich mal keine Lust auf einen echten Mann in meinem Bett habe, vereinbare ich ein Sexdate mit mir selbst. Ich verwöhne mich mit Vibrator, Fingern, Federn, seidigen Tüchern oder was mir sonst noch so einfällt.

Ich bin geduscht, eingecremt, geschminkt und ziehe mich gerade sexy an, als das Telefon klingelt. Tekim. „Entschuldige, dass ich dich gestern nicht angerufen habe, mein Akku war leer und ich hatte das Ladegerät vergessen."

„Kann ich dich heute Nacht um zwei Uhr besuchen?", fragt er.

Nachts ist mir nicht recht. Er hat mich schon ein paar Mal versetzt. Trotzdem stimme ich zu und sage: „Komm aber bitte pünktlich!"

Er verspricht es. „Um zwei bin ich da."

Ich zähle die Stunden und klinke mich – wider besseres Wissen – um neun Uhr abends schon wieder in seine Überwachungskamera ein. Ich bin zur Big Sister mutiert. Meine Intuition hatte recht. Da steht sie wieder – die Blondine. Sie knutschen. Können die Hände nicht voneinander lassen, wirken total verliebt.

Aber es kommt noch viel schlimmer. Sie drückt ihm einen Pickel an der Wange aus. Ich fasse es nicht, das verletzt mich mehr, als wenn sie ihm einen bläst. Ich starre auf den Bildschirm.

Was tue ich da? Ich schreibe meiner Freundin Sonja: „Die gleiche Situation wie vor ein paar Tagen, diesmal popelt sie ihm grad an einem Pickel rum." Sonja antwortet sekundenschnell: „Was willst du eigentlich?"

Waren das nicht Lolas Worte? Es war ihre Lieblingsfrage: „Was willst du?" Lola spricht zu mir, aus dem Himmel, von irgendeiner Wolke aus, auf der sie jetzt sitzt. Die Gretchenfrage. Die Frage, die ich mir ein Leben lang neben meinen Männern *nicht* gestellt habe. Ich fragte immer nur: „Was will er?" Ich denke nach.

Ich muss zu mir finden. Zu meiner inneren Kraft, die da im Verborgenen schlummert – vergessen über all die Jahre. Plötzlich ist dieser Satz da. Er war mir zugeflogen, eines Tages, in der Karibik. Kurz nach Lolas Tod. Und danach wieder in Vergessenheit geraten.
Was will ich? Ich will Tekim. Ich will diese heiße Liebesaffäre weiterleben. Er soll mich respektieren, Termine mit mir einhalten, mich nicht warten lassen. Dabei liegt es ja an mir, ich kann es erlauben oder nicht. Warum war mir diese Freiheit nicht früher bewusst? Ich will ihn, selbst wenn er andere Frauen hat. Denn auch ich will andere Partner, auch wenn es erst mal schmerzt. Man kann nicht alles haben: die Geborgenheit einer festen Beziehung und gleichzeitig die Freiheit des 5L-Projektes, die Ungebundenheit, eine Art der freien Liebe. Ich möchte, dass wir das Positive unserer Liebschaft wie einen Schatz hüten. Ich möchte lernen, virtuos auf der Tastatur dieses Liebesexperimentes zu spielen und die Musik irgendwann nur noch zu genießen.

Sonja ruft an. „Wie hältst du das aus? Warum quälst du dich? Ich könnte das niemals!"

Ich teile ihr meine Erkenntnisse mit und verteidige ihn: „Er tut nichts, was außerhalb unserer Vereinbarung liegt. Das Schlimme ist nur, dass ich es jetzt mit eigenen Augen sehe ..."

Um Mitternacht verlässt die Blondine beschwingten Schrittes das Hotel und steigt in ihr Auto. Ich ziehe einen Jeans-Minirock an, Overknee-Stiefel aus schwarzem Wildleder, ein durchsichtiges Top und tanze wie Rumpelstilzchen durch meine kleine Toskana. Widersprüchliche Gefühle streiten in mir. Endlich klingelt es an meiner Haustüre, einmal, zweimal.

Ich spüre eine Art Triumph. Er kommt zu mir! Er scheint sich ebenfalls in einer emotionalen Ausnahmesituation zu befinden, wenngleich ich nicht weiß, warum. Ich habe mir gar nicht überlegt, wie ich reagieren werde, wenn er tatsächlich kommt. „Wow, du siehst sexy aus! Was hast du vor?"

„Ich dachte, ich gehe jetzt tanzen, falls du nicht kommst", sage ich mit gespielter Gelassenheit.

„Was, so wolltest du tanzen gehen?"
Ich packe ihn am Bund seiner Jeans und ziehe ihn mit einem Ruck zu mir. Durch den rauen Stoff spüre ich die Hitze seines Körpers. Er zieht meine Hand weg, führt sie blitzschnell auf meinen Rücken, macht mich wehrlos. Ich spüre das Kratzen seines unrasierten Gesichtes knapp überm Schlüsselbein. Mit einem Bein schiebt er meine Schenkel auseinander. Dann drückt er mich gegen die Arbeitsplatte meiner Einbauküche. Ich verliere einen kurzen Moment das Gleichgewicht, weil die Absätze meiner Stiefel so hoch sind, dass ich den Boden gerade noch mit den Zehenspitzen berühre. Er hält mich fest. Ich beiße in seine muskulösen Oberarme, ziehe mich auf die Arbeitsplatte, er schiebt meinen Minirock mit einer Hand hoch. Mit der anderen öffnet er seine Gürtelschnalle. Das Verhältnis von Fliesenboden zu Küchenmöbel ergibt eine vorteilhafte direkte Zielgerade zwischen seinem aufgerichteten Penis und meiner nach unten strebenden Muschi. Von der Schwerkraft nach unten gezogen und seiner Muskelkraft nach oben gedrückt vollführe ich einen intensiven Ritt. Ich nenne das Katastrophensex. Wenn Beziehungen vom Untergang bedroht sind, wird der Sex teuflisch gut. In einer kurzen Verschnaufpause flüstere ich: „Nie mehr will ich einen einzelnen Mann! Mein 5L-Projekt ist gut durchdacht und funktioniert perfekt. Mach dich bitte nie mehr darüber lustig!"
Er hat auch einen Wunsch: „Lass dich nie mit einem Mann aus dem Viertel ein, weißt du, wie weh das tut? Bitte nimm jemanden, der wenigstens aus …", er ringt nach Worten, um mir ein Viertel zu nennen, das seiner Meinung nach weit weg genug ist, „… aus Nippes kommt", ergänzt er seinen Satz. Nippes liegt zehn Autominuten entfernt. In diesem Moment bin ich – mal wieder – bereit, ihm alles zu verzeihen.
Der Katastrophensex reißt uns mit wie ein wilder Fluss. Vom unteren Rücken her kriecht das Gefühl eines heißen Lavastroms die Wirbelsäule hoch, erreicht meinen Hals, passiert die kleine Kuhle, über der der erste Schädelknochen zu spüren ist, und ich weiß, wenn er diesen Punkt überschrei-

tet, gibt es einen Knall. Ich befürchte, dass mein Kopf gleich explodiert. Dann muss ich laut schreien. Ich bin froh, dass mein Nachbar nicht da ist. Normalerweise ist es Tekim, der während des Liebesaktes die wichtigsten Dinge von sich gibt, und jetzt höre ich meine eigene Stimme: „Lass das mit uns beiden immer weitergehen! Versprich mir das. Das darf nie aufhören!" Er beruhigt mich: „Hab keine Angst, ich verlasse dich nicht."
Wir schwören uns ewige Untreue und ewigen Sex. Egal, wer sonst noch in unseren Leben auftaucht. Das hat was von einem Eheversprechen, nur umgekehrt. Ob wir es einhalten werden?

Streicheleinheiten

Gregor lädt mich zum Essen beim Italiener ein. Er findet die Geschichte mit der Überwachungskamera filmreif und meint, ich hätte mir ein leckeres Abendessen redlich verdient. Er lobt mich, dass ich meine selbst auferlegten Regeln einhalte und meine Eifersucht überwunden habe. „Sprich noch mal mit Christian", ermahnt er mich. „Das ist wirklich ein perfekter Filmstoff für ihn." Ich bin froh, dass Gregor heute einmal nichts an meinem Projekt auszusetzen hat. Seine Streicheleinheiten kann ich gerade gut gebrauchen.
Plötzlich klingelt sein Handy. Ein unvorhergesehener Termin, er muss schnell weg. Ich bleibe noch ein bisschen und lasse mir von Alfredo meine tägliche Ration Komplimente verabreichen, nach denen ich längst süchtig bin. Selbstvertrauen aufzubauen fällt leichter, wenn man dabei Unterstützung hat. Und die – so weiß ich jetzt – muss man nehmen, wo sie sich bietet. Wie aus dem Nichts taucht plötzlich Bastian auf. Ich habe ihn ewig nicht mehr gesehen. Das letzte Mal winkte er mir von der anderen Straßenseite aus zu. Er kommt vom Bahnhof, hat eine lange Zugfahrt hinter sich. Als Unternehmensberater ist er ständig auf Achse und nur selten in

Köln. Er hatte eine anstrengende Woche und ist erschöpft. Er kann nicht wissen, dass er seit Projektstart auf meiner geheimen Kandidatenliste steht, das trifft sich doch ganz hervorragend! Diesmal lasse ich den Fisch nicht von der Angel und sage: „Setz dich doch zu mir ..."
Ich will jetzt endlich wissen, was der Grund dafür war, dass er damals meine Türklingel so traktierte. Seine Blackout-Story kenne ich ja schon, die kann er sich sparen. Während ich frage, lege ich meine Hände auf seine und spüre, wie er schlagartig verkrampft. Er stottert etwas von „Spaß machen ...", da stoppe ich seinen unstrukturierten Redefluss: „Wolltest du etwa mit mir ficken?" Super, denke ich dann, genau die richtige Methode, um dieses verschreckte Reh für immer und ewig in den tiefsten, dunkelsten Wald zu locken.

Er gerät ins Trudeln, nein, dazu müsse er schon verliebt sein. Ist das jetzt eine faule Ausrede? Oder gibt es solche Männer tatsächlich? Das wäre ja ein seltenes Fundstück. Ich sage noch alle möglichen anderen Dinge, an die ich mich am nächsten Tag nicht mehr erinnere. Er verabschiedet sich hastig und wirkt erleichtert, dass er aus der Situation noch mal heil herausgekommen ist. Ich bleibe und lasse mich weiter von Alfredo trösten.

Das tragisch-komische Erlebnis wühlt alle möglichen Wunden in mir auf und ich breche meinen Dauerheulrekord mit zwei Stunden zehn Minuten. Wie immer versucht Alfredo, mich zu trösten. Mitten in diesem Drama schicke ich ein umgedrehtes Smiley an Birkensohle.

Um drei Uhr nachts gehe ich ins Büro und rufe meinen geliebten Opernsänger Winston in Nordamerika an. In solchen Fällen ist es gut, wenn man seine fünf Lover auf verschiedene Zeitzonen verteilt hat. Ich halte dieses verdammte Verlassenheitsgefühl nicht mehr aus. Ich setze mich hinter meinem Schreibtisch auf den Boden und klammere mich an den Telefonhörer. Winston sagt: „Warte einen Moment!" Mit Gitarre kommt er zum Telefon zurück. Er singt Liebeslieder durch eine endlos lange quer über den Atlantik gespannte Telefon-

leitung. Ich zerschmelze und rutsche noch ein Stück tiefer auf den Fußboden. Am liebsten würde ich mich an dem Kabel rüberhangeln, all die 8000 Kilometer lang, bis ich ihm in seinem Wohnzimmer auf den Schoß falle. Aber wahrscheinlich ist da gar kein Kabel, das gab's mal früher, heute geht das über Satelliten, die taugen nicht für solche Aktionen. Er lacht über alles, was ich sage, auch als ich ihn anflehe, auf der Stelle zu mir zu kommen.
„Ich bin 8000 Kilometer von dir entfernt!"
„Ist doch egal. Komm einfach."
Wir sprechen zwei Stunden. Seine wohlklingende Bariton-Stimme schmeichelt meinem Flatterherzen. Ich liege jetzt hinterm Bürostuhl und lache mich tot über seine Witze. Wie schön, ihn zu haben!

Am nächsten Tag bekomme ich endlich eine SMS von Birkensohle: „Bin angeschlagen." Was auch immer das heißen mag. Noch am selben Nachmittag treffe ich Buddha. Nach kurzer Berichterstattung über die aktuelle Lage an der Hauptlover-Front warnt er mich freundlich, aber bestimmt: „Tekim hat zu viel Raum in deinem Leben eingenommen, alles dreht sich nur um ihn, alle deine Gedanken. Öffne dich! Mach deine Augen auf und guck über den Tellerrand. Weißt du überhaupt, welch unglaublich schöne Überraschungen auf dich warten?" Er gibt mir einen Rat: „Betrachte das als Medizin."
Ich nicke stumm. Ich bin bereit, jede Medizin zu schlucken, wenn nur endlich der Schmerz aufhört.
„Du sagst dreimal täglich: ‚Alles, was ich brauche, um glücklich zu werden, kommt zu mir.'"
Er besteht darauf, dass ich diesen Satz ausspreche, immer und immer wieder, so lange, bis er überzeugend klingt. *Alles, was ich brauche, um glücklich zu sein, kommt zu mir.* Dieser Satz rettet meinen Tag.

Kumpel

Tekim besucht mich überraschend im Büro. Mit traurigen schwarzen Augen schaut er mich an und lacht plötzlich los. Sein Lachen klingt ein wenig wirr. „Ich habe etwas Wichtiges entdeckt", sagt er, „ich darf in Beziehungen keine Gefühle haben, das tut mir nicht gut."
„Ach?", frage ich nach.
„Ja", betont er mit ernster Miene, „ich hab mir einen Schutzschild zugelegt." Er macht eine kreisende Bewegung um seinen durchtrainierten Oberkörper. „Einen Panzer, der mich vor Gefühlen schützt."
„Ach!", wiederhole ich. „Da sind wir ja schon zwei. Zwei mit Schutzpanzer und ohne Gefühle!"
Er schaut mir tief in die Augen. Wie kann man jemanden lieben und gleichzeitig jede Sekunde auf ihn verzichten? Ich fühle mich wie jemand, der süchtig ist nach Schokolade und ständig die Schokolade vor Augen hat, die er nicht essen darf.
„Darum sind wir eben Kumpel", ergänze ich. „Alles ganz locker!"
Tekim nickt, umarmt mich, küsst mich. Ich reiße sein Hemd auf. Er meine Bluse. Wir verschlingen die verbotene Schokolade und die Schutzpanzer fallen rappelnd auf den Boden. Was ist es, was mich immer wieder schwach werden lässt? Wenn ich das wüsste, wenn das alle Frauen und Männer wüssten. Dann gäbe es wahrscheinlich keine Liebesgedichte und keine Liebesgesänge mehr, keine einsamen Dichter, keine Popstars, keine erfolgreichen Filme ... keine Opern.

Ein kleines Ungeheuer

An Schlaf ist nicht zu denken. Wie ein kleines Ungeheuer liegt mein Handy auf dem Nachttisch und ist stumm. Endlich schlafe ich ein. Und wache eine Stunde später erschrocken wieder auf. Hat es geklingelt? Ich hab es auf „Besprechung" gestellt, damit ich keinen Herzinfarkt bekomme vom schrillen Klingeln. Jetzt bimmelt es sanft, aber hörbar. Aber es war kein Klingeln, eher wohl ein Echo aus meinem Traum. Ich finde keinen Schlaf mehr und wälze mich unruhig hin und her. Tekim ruft meist gegen zwei oder drei Uhr nachts an, um spontan vorbeizukommen. Irgendwann meldet sich mein Verstand und schimpft böse: „Was tust du dir da an?" Mein Lieblingslover – oder Mister Universum, wie Buddha ihn seit Kurzem nennt – kann schließlich auch tagsüber ankündigen, ob er nachts kommen will. Also stelle ich das Handy vom Modus „Besprechung" auf „lautlos". Ich starte in die nächste Runde. Das Einschlafen klappt prima und ich schlafe drei bis vier Stunden durch. Als ich aufwache, gucke ich auf mein Handy, sehe auf einen Blick, was Sache ist, und schlafe weiter.

Dumm ist nur, dass ich immer öfter aufwache, um nachzugucken, was ich verpasst habe. Mein Schlafrhythmus gerät aus den Fugen. Mein Psychologe, dem ich von dem Dilemma erzähle, schlägt die Hände überm Kopf zusammen: „Das geht nicht! Stellen Sie das Handy aus!"

In der nächsten Nacht liegt das Handy wie ein toter Fisch auf meinem Nachttisch. Ich habe es mundtot gemacht, es darf nichts mehr sagen. Trotzdem wache ich wieder nach wenigen Stunden auf. Der tote Fisch glotzt mich aus seinem dicken, fetten, toten Auge an und höhnt: „Du weißt überhaupt nicht, was passiert ist, während du geschlafen hast! Vielleicht hast du seinen Anruf verpasst." Am liebsten würde ich das verdammte Ding gegen die Wand werfen. Tue ich aber nicht, schalte es stattdessen mitten in der Nacht wieder ein, bestimmt dreimal pro Nacht. Das Mini-Monster hält mich in seinen Krallen gefangen. Mein Verstand droht, einen längeren Pauschalurlaub auf der Milchstraße zu buchen. Ich flehe ihn an, zu bleiben. Er macht mir eine Auflage: Das Handy wird ab sofort weggeschlossen! Im Nebenhaus, direkt neben meiner Wohnung habe ich seit Kurzem einen Lagerraum. Also raus aus meinem Haus, rein ins Nebenhaus, rein in den Lagerraum. Ich brauche vier Schlüssel für diese Aktion. Endlich bin ich sicher vor dem Ungeheuer. Die nächste Nacht ist gerettet. Nach dem Zähneputzen gehe ich hinüber, schließe mein Handy ein und gehe guten Gewissens schlafen. Ich falle direkt in süße Träume. Drei Stunden später sitze ich senkrecht im Bett. Wo ist mein Handy? Ich springe auf, ziehe etwas über, schnappe mir die vier Schlüssel, renne die Treppe hinunter, schließe die Haustüre des Nachbarhauses und die Tür des Lagerraums auf und schalte das Handy an. Ich kapiere endlich, dass es sinnlos ist. Ich kann mich nicht selbst betrügen. Ich kann die Ruhe nur in mir selber finden.

Sonntagsfrühstück

Sonntägliche Totenstille durchzieht mein Viertel. Diese Sonntage sind scheußlich. Ich bin alleine aufgewacht. Mein Kühlschrank ist bis auf eine verschrumpelte Gurke und eine verschimmelte Packung Frischkäse leer. Ich versuche, meine Freundinnen zu erreichen: Wer hat Lust, mit mir frühstücken zu gehen? Ich erreiche keine. Ein Kloß bildet sich in meinem Hals, der Einsamkeitskloß. Ich schreibe noch ein paar SMS. Keine Reaktion. Gerade will ich wieder ins Bett schlüpfen und mich unter der riesigen Doppelbettdecke vergraben, da ertönt ein rettendes „Pling". Jemand hat meinen Hilferuf erhört. Es ist Buddha: „Spring in ein Taxi und komm her!", fordert er mich auf.

Auf dem Weg zu ihm über die regennassen Straßen blubbern die Tränen hoch. Ich will nicht heulen. Aber sie bahnen sich hartnäckig ihren Weg, sooft ich sie auch runterschlucke. Als er mir die Wohnungstüre öffnet, falle ich ihm um den Hals. In seinem Engelhimmelsstudio brennen Kerzen, es duftet nach Räucherstäbchen, sanfte Harfenklänge ertönen. Er hat Frühstück für mich gemacht: frisches Rührei, knusprige Brötchen, perfekt aufgeschäumte Latte macchiato, gekochter Schinken und Marmelade. Ich kann es nicht glauben. Ich drücke ihn so fest, dass ich Angst habe, ihm die Rippen zu brechen. Dieser Mann hat einen siebten Sinn für die Herzensnöte seiner Freundinnen und weiß genau, was zu tun ist, um traurige Seelen sicher wieder auf den Weg der Zuversicht zu bringen.

Nach dem Frühstück lädt er mich auf sein berühmtes Lottersofa ein. Aber wir lottern natürlich nicht. Eine flauschige Plüschdecke wartet da, er legt eine DVD ein und wir gucken den romantischen Spielfilm „Chocolat", während er mich in den Armen hält und unermüdlich streichelt. Das ist eine Rettung vom Feinsten. Liebe heißt eben nicht nur, Menschen loszulassen, wenn sie gehen wollen. Liebe bedeutet auch, den anderen festzuhalten, bevor er fällt.

In Annos Stimm-Werkstatt

Anno gibt mir eine Probestunde in seiner Stimm-Werkstatt. Sie liegt im Industriegebiet von Rodenkirchen und er empfängt mich herzlich in seinem sonnendurchfluteten Seminarraum mit Parkettboden, großem Spiegel und Wandklavier. Ich soll mich in Sichtrichtung zum Klavier stellen, er schlägt ein paar Akkorde an und lässt mich blubbernde Geräusche von mir geben. Er nickt zufrieden. Das Blubbern mache ich gut. Die nächste Übung heißt „Zischen". Er gibt mir den Deckel eines Stabilostiftes, der als kleines Ventil fungiert. Nun atme ich gleichmäßig und kräftig durch dieses Ventil aus, immer weiter und weiter, bis das allerletzte Quäntchen Luft aus meinen Lungen rausgepustet ist.

Dann soll ich die Bauchmuskeln entspannen. Nicht einatmen, der Atem strömt von ganz alleine ein, ohne jede Kraftanstrengung. Wir wiederholen das ein paarmal und ich bin überrascht. Ich muss gar nicht atmen? Ich muss gar nichts machen, um Luft zu bekommen? Das Atmen geht von ganz alleine! Was für eine Entdeckung: Ich könnte tanzen vor lauter Leichtigkeit.

Reise nach Anatolien

Ich werde erst an diese Reise glauben, wenn wir gemeinsam ins Flugzeug steigen. Tekim hat mich eingeladen, in sein Dorf zu kommen, mitten ins tiefste Anatolien.

Der Tag der Abreise ist der reinste Horror. Die Nacht davor will er bei mir schlafen, kündigt sich für zwei Uhr nachts an. Er müsse noch Bürokram erledigen – sagt er. Es wird zwei, halb drei, ich schlafe ein. Dann wache ich schlagartig wieder auf, mein Puls schießt hoch, das Herz rast. Ich weiß, er ist wieder bei einer anderen, das spüre ich. Dafür brauche ich keine Kamera mehr. Ich hab gelernt, durch die Wände zu gucken. Und was dann noch fehlt, sehe ich in meinen Träumen. Ich könnte inzwischen mein Geld als Wahrsagerin auf dem Jahrmarkt verdienen, so hoch ist meine Trefferquote.

Ich schalte mein Telefon aus und versuche zu schlafen. Aber es hat keinen Sinn. Ich fühle mich wie gerädert. Um drei Uhr klingelt es. Er steht strahlend vor mir, bemerkt meinen zerzausten Seelenzustand und schubst mich zärtlich Richtung Bett. Er umarmt mich, spürt mein rasendes Herz, flüstert: „Nimm dir doch die Dinge nicht so zu Herzen." In seinen Armen schlafe ich ein.

Für den nächsten Morgen habe ich den Wecker für sieben Uhr gestellt, er muss noch zum Einwohnermeldeamt, seinen neuen Pass abholen. Mir schießen böse Gedanken durch den Kopf: Er hat bestimmt nur bei mir übernachtet, damit ich ihn morgens wecke. Nimmt mich als Garantieschein fürs pünktliche Aufstehen und als Fahrerin, weil er seinen Führerschein abgeben musste. Das schmeckt fad nach Benutztwerden, das kenne ich aus meinem alten Leben.

Um sieben Uhr sitze ich hellwach zwischen meinen Kissen, er schläft tief und fest. Da schießt mir die Idee durch den Kopf, die Anrufliste in seinem Handy zu checken. So etwas habe ich noch nie getan. Ich konnte Frauen nie verstehen, die sich auf so ein Niveau herablassen. Aber es hilft nichts, es zieht mich magisch zu seiner Jacke, ich nehme das Handy heraus und mit zitternden Händen gebe ich die PIN ein, die er mir anvertraut hat. Ich sehe, dass er gestern Abend mehrfach von einer gewissen Ina angerufen wurde. Von ihr hat er mir sogar schon erzählt. Er ist ja recht offen, manchmal. Vor lauter Aufregung drücke ich auf eine falsche Taste und das verdammte Ding beginnt, die Nummer von Ina zu wählen. Ich habe ein furchtbar schlechtes Gewissen und Angst, dass meine Missetat entdeckt wird. Wild drücke ich auf irgendwelche Knöpfe und kann den Anruf gerade noch stoppen, aber dank der modernen Technologie kann Ina jetzt natürlich sehen, dass Tekim versucht hat, sie anzurufen, morgens um sieben.

Eine Stunde später sitzen wir im Auto und fahren zum Passamt. Ich rekapituliere und denke: Du hast einen Wissensvorsprung, lass ihn nur machen, beobachte ihn. Ich mache gute Miene zum bösen Spiel. Die Passformalitäten dauern länger als gedacht und da ich auch noch einen Termin habe, nehme ich seinen Wagen. Nun lockt die gleiche Versuchung wie heute Morgen: Er hat sein Handy im Auto liegen gelassen. Ich habe Zeit und könnte das Ganze noch mal in Ruhe checken, ohne Stress. Vielleicht liefert mir das neue wertvolle Erkenntnisse für meine Entscheidung, ob ich mit in die Türkei fahre oder nicht. Schließlich habe ich das Ticket noch nicht gebucht.

Ich fahre in ein Café und nehme sein Handy mit. Es fühlt sich an wie eine kleine Bombe. Ich habe keine Ahnung, wie man das Ding richtig bedient, und will nicht noch mal einen so blöden Fehler machen wie am Morgen.

Ich muss seine SMS lesen. Meine schlimmste Angst ist es festzustellen, dass er etwas mit der Kleinen hatte, die er mir als Mitarbeiterin für mein Zigarrencafé vorgeschlagen hat. Ich bin zwar offen, ehrlich, polygam, aber ich lege großen Wert auf Stil und habe vor allem meinen ganz eigenen Ehrenkodex, den ich auch von meinen Lovern eingehalten sehen möchte. Daher würde ich das trotz aller Vereinbarungen als schlimmen Verrat empfinden. Ich fasse mir ein Herz und frage den Kellner, gebe mir Mühe, ganz entspannt zu wirken.

„Kennst du dich mit diesen Handys aus?", fragte ich
Ich bin sicher, man kann mir auf dem Gesicht ablesen, dass ich gerade was ganz Schlimmes tue.

„Ja klar, ich hab selbst so eins, das beste Handy der Welt!"
„Bitte zeig mir doch, wie man die SMS abruft."
„Hast du das Handy neu?", fragt er
„Ja", lüge ich, „ich hab es geschenkt bekommen ..."
Meine Güte, mir dreht es fast den Magen um. Muss ich jetzt noch das Lügen lernen?
Etwas, was ich bisher *definitiv* nicht konnte!
Sind Lügen vielleicht doch notwendig, um die Liebe zu testen? Um herauszufinden, wie ein Mensch ist? Um nicht noch mal übers Ohr gehauen zu werden? Oder einfach nur, um das 5L-Projekt erfolgreich zu absolvieren? Aber jetzt muss ich erst mal lügen. Das „Warum" dahinter kann ich später abchecken.

Der Kellner jedenfalls freut sich, dass er einer hilflosen Frau etwas beibringen kann, und erklärt mir lang und breit die Funktionen des Handys. Was mich wirklich interessiert, sind die SMS. Siehe da: eine SMS von Ina, bereits gestern Mittag geschickt, in der sie ihm die Adresse ihrer Wohnung mitteilt. Für mich ist jetzt klar, warum er gestern so spät kam. Vereinbarung hin oder her, es tut verdammt weh. Bei meinen anderen Lovern ist mir das schnurzpiepegal. Aber bei ihm ist es anders.

Ich verlasse das Café und fahre in mein Büro. Es ist inzwischen Mittag und ich weiß immer noch nicht, ob ich in acht Stunden zusammen mit Tekim in den Flieger steigen soll. Ich rufe Buddha an und bitte ihn um Rat.

„Jetzt hör mir mal gut zu", sagt er ernst. „Selbst wenn ihm jetzt gerade irgendeine Tussi in seiner Bude einen bläst, ist das völlig egal. Es spielt keine Rolle. Was du mit ihm teilst, ist etwas Besonderes und Einzigartiges. Mach dir keine Gedanken und fahr mit ihm weg. Genießt es einfach, mal zusammen zu sein."

Eine Stunde später kommt Tekim und wir machen uns auf den Weg zum Flughafen.

Eine Woche im Paradies

Das Dorf, in dem Tekims Familie wohnt, liegt mitten in Anatolien. Die Häuser sind aus Naturstein gebaut und einfach ausgestattet. Es gibt eine Feuerstelle, eine Waschecke mit Wascheimer, einen Stall für Ziegen und Schafe und einen Gemeinschaftsraum, in dem man sitzt, Tee trinkt und nachts die Schlafmatten ausrollt. Ich kenne das, ich bereise die Türkei schon lange und fühle mich hier zu Hause. Die Häuser von Tekims Eltern, Onkeln und Tanten sind moderner ausgestattet. Sie haben in Almanya fleißig gearbeitet und ihr Geld in der Türkei investiert. Fließendes Wasser, Zentralheizung und moderne Couchgarnituren gehören zur Grundausstattung. Tekims Eltern genießen hier ihren wohlverdienten Ruhestand. Ich werde herzlich aufgenommen, keiner fragt, wer ich bin oder welche Rolle ich in Tekims Leben spiele. Ich bin da, also gehöre ich dazu. Alle Turbulenzen der vergangenen Monate sind vergessen, als habe man bei uns beiden einen Schalter umgelegt. Wir stehen morgens früh auf, Tekim schultert ein Gewehr, ein altertümliches Modell aus dem Ersten Weltkrieg, das von seinem Vater wie ein Schatz gehütet und oft stundenlang geölt und poliert wird, und dann marschieren wir mit Rucksäcken voller Proviant in die Berge. Stundenlang wandern wir durch die karge Landschaft, lassen den Blick schweifen über die Endlosigkeit der sich am Horizont verlierenden Hügelketten in allen Schattierungen von Braun und Grau.

Tekim zeigt mir, wie man schießt. Nie zuvor hatte ich eine Waffe in der Hand. Nach über zehn Versuchen gelingt es mir sogar, eine alte verbeulte Plastikflasche zu treffen. Eine Nacht verbringen wir mit Traktor und Anhänger auf dem Berg. Wir schlafen unterm funkelnden Sternenhimmel. Weit und breit gibt es keine Stadt, kein Licht stört die Sicht auf die glitzernden Himmelskörper. Es ist Mitte August, Meteoritenregen. Wir zählen in zwei Stunden über 20 Sternschnuppen. Wir sprechen kaum. Wir lauschen dem Wind, den nächtlichen Eulenrufen. Ansonsten herrscht Stille. Tiefe Stille.

Auf der Überholspur

Der Urlaub in Anatolien ist leider nur eine kurze Verschnaufpause. Danach geht alles weiter wie zuvor. Die emotionale und sexuelle Unruhe von Tekim steckt mich an. Ich frage mich, was er eigentlich sucht.

Mein Blutdruck ist hoch wie nie. Der obere Wert bewegt sich um die 160, der untere um die 100. Zahlen, einfach nur Zahlen. Aber mein Kopf droht zu platzen. Alle Erfolgserlebnisse der letzten Wochen und Monate scheinen vergessen, mein Herz pumpt, was das Zeug hält, und die Spannung in meinem Inneren steigt täglich. Ich bedanke mich bei meinem Blutdruckmessgerät, das mich mit seinen zwei schnöden Zahlen immer wieder auf den Boden der Tatsachen zurückbringt und mich klar und deutlich daran erinnert, dass ich so nicht weitermachen kann.

Das ist besser als jeder Rat meiner Freundinnen, die zu mir sagen: „Schalt mal einen Gang zurück." Oder der von Tekim, der mir neulich ein zweiwöchiges Sexverbot auferlegen wollte, weil er glaubt, dass meine Verwirrung mit den vielen erotischen Erlebnissen zusammenhängt. Dabei geht es gar nicht um Sex, sondern um die damit verbundenen Emotionen.

Eigentlich wundern mich die aktuellen Blutdruckwerte nicht. Wie eine Rakete bin ich durch die bunte Welt der Erotik gereist. Ein heftiger Gefühlsreigen prasselte immer wieder auf mich ein. Die Sexpartys, mit allem, was dazugehört, – das ist nicht gut für meinen Blutdruck, aber hoffentlich positiv für meinen Selbstversuch. Schließlich muss ich endlich zu irgendeinem Ergebnis kommen! Ich will eine Antwort auf meine Frage: Wie sieht die ideale Beziehung zwischen Mann

und Frau aus? Und vor allem: Wie kann ich das Glück in der Liebe finden? In welcher Zahlenkonstellation? Eins zu fünf? Oder eins zu drei? Oder eins zu eins? Oder vielleicht ganz ohne Lover? Statt der gewünschten Klarheit blicke ich immer weniger durch. Und leide unter unerfüllter Liebe. Mir dämmert, dass ich die Liebe nicht im Außen finden werde.
Ich habe Buddhas Regeln befolgt und mir genau vorgestellt, was ich mir ersehne. Das Universum gibt mir alles, was ich mir wünsche. Und dennoch muss ich irgendetwas falsch gemacht haben. Dabei habe ich meinen Wunsch detailliert visualisiert: Fünf Lover parallel, alle lieben und verwöhnen mich und ich bin rundum glücklich. Doch was dann passiert ist, habe ich mir nicht ausgemalt: Meine Lover sind allesamt zu Meistern des 5L mutiert.
Tekim kommt und geht, wann er will. Er dominiert auf eigene Weise, fragte mich sogar in einem Anflug von Eifersucht, was denn das für eine merkwürdige Beziehung zu Buddha sei. Selbst Birkensohle poppt munter durch die Gegend und leidet kein bisschen. Er strahlt wie ein Kind, wenn er mir von seinen neuesten Abenteuern erzählt. Und Buddha ist sowieso ein Meister, in jeder Hinsicht. Er hat so viele Frauen, dass ich schon lange den Überblick über seine Liebschaften verloren habe, aber er scheint sie alle glücklich zu machen. Selbst mich macht er glücklich, und das sogar ohne Sex! Wenn er mit mir zusammen ist, dann spüre ich ihn voll und ganz. Dann ist er 100 Prozent bei mir. Das ist ein wunderschönes Gefühl. Aber mein 5L-Projekt hakt dennoch an allen Ecken und Enden und ich weiß nicht, wieso.

Während ich im Wartezimmer meines Arztes sitze und ängstlich darauf warte, dass er mir eine Nadel gegen Rückenschmerzen in einen hochsensiblen Akupunkturpunkt jagt, habe ich eine Vision: Ich sehe mich selbst, wie ich Tekims Rat folge und mir eine zweiwöchige Sexsperre auferlegen. Ich werde mir eine eigene Kur basteln, mir Ruhe und Meditation gönnen. Keine Männer, höchstens Gespräche mit Buddha. Ich werde Sport treiben, früh schlafen gehen und Freundinnen treffen. Und mit meinen Freundinnen werde ich nicht über Männer sprechen. Am besten, wir schweigen gemeinsam.

Straßenköter und die Pubertät im Schnelldurchlauf

Das mit der selbst verschriebenen Kur scheitert schon am ersten Tag. Statt eine heilsame Kur zu absolvieren, hole ich im Schnelldurchlauf meine Pubertät nach. Als ich abends in einem nahe gelegenen Park jogge, sehe ich Tekim mit einer schwarzgelockten Kroatin, die in einem Kiosk in unserer Nachbarschaft arbeitet. Sie vergnügen sich in der Nähe des Sportplatzes und ich erwische sie sozusagen in flagranti. Er hat sie über seine Schultern geworfen, sie zappelt und kichert im Dunkel der kleinen Waldgruppe. Alles durfte er tun, nur um eines hatte ich ihn gebeten: Er sollte unser Viertel verschonen. Das hatten wir uns gegenseitig versprochen. Und ich konnte damit auch sehr gut leben, die Welt ist schließlich groß genug! Aber wie bei einem räudigen Straßenköter ist nichts vor ihm sicher.

Ich bin so wütend, dass ich ausraste. Ich gehe auf ihn los, reiße fest an seinen Haaren. Und erschrecke plötzlich vor mir selbst. Was tue ich mir da eigentlich an? Ich weiß nicht, ob ich lachen, weinen oder mir selbst ein paar schallende Ohrfeigen geben soll. Na, dann geb ich sie doch lieber ihm. Bei dieser Fragestellung bin ich schließlich seine Schülerin. Er hat mir das beigebracht, in geduldiger Kleinarbeit. Schließlich hat er mir immer wieder gesagt: „Lass dir nichts gefallen! Verteidige dich, sag, wenn dir was nicht gefällt." Nun, so hat er es wahrscheinlich nicht gemeint. Ich lasse trotzdem all meine Würde fahren und prügele mich wie ein Straßenkind. Tekim steht nur wortlos da, lässt es über sich ergehen. Er versteht gar nichts mehr. Seine Selbstverteidigungsreflexe hat er zum Glück auf Schlafmodus gestellt.

Als ich atemlos zu Hause ankomme, telefoniere ich mit Buddha. Es ist ein sehr ernstes Gespräch und eine Stunde später schreibe ich ihm:
„My sweet Buddha,
du hast vorhin sehr besorgt geklungen. Tekim rief mich eben an und war böse. Ich hätte ihn heftig attackiert. In meinem Blick sei Hass gewesen. Als wolle ich ihn umbringen. ‚Halt deine Gefühle im Schach!', sagte er, und dass ich mich auf mich und mein Leben konzentrieren solle und nicht auf ihn (deine Rede ...).
Buddha, ich bin ganz durcheinander. Also, ich klebe mir jetzt einen Zettel an den Spiegel: ‚100 Prozent Annette' und ‚Ruhe, Ruhe, Ruhe' oder so. Du musst mir beibringen zu meditieren und mich schimpfen, wenn ich Quatsch mache. Was hältst du von dem ganzen Schlachtgetümmel?
Annette"
Ich schaffe es, ein paar Stunden zu schlafen, und sehe beim Aufwachen, dass Buddha mir geantwortet hat:
„Meine liebe Annette,
manchmal ist es ein Zeichen der Freundschaft und Liebe, dass man bestimmt auf etwas hinweist. Deine Aktion hat dir gezeigt, wo du stehst oder was dir noch fehlt. Tekim darf nicht das Gefühl haben, dass du immer verfügbar bist, und du darfst ihm dieses Gefühl nicht geben. Zeige ihm, wie wertvoll du bist, indem du deine Achtung bewahrst. ‚100 Prozent Annette' ist sehr gut. Ich verstehe aber auch, wenn Tekim sagt, dass er keinen weiteren Druck gebrauchen kann und tun möchte, was er will. Diese Form von Freiheit kenne ich und habe damit auch schon einige Menschen verletzt. Die Wahrheit ist, dass es verletzend ist, wenn jemand auf Kosten anderer tut, was er will. Davor muss man sich manchmal schützen. Konzentriere dich auf die Möglichkeiten deines Lebens. Denn wenn man zu sehr an gewissen Dingen festhält, kann man die Geschenke des Lebens nicht empfangen. Was uns beide betrifft, kannst du ihm sagen, dass wir so eine besondere Beziehung haben, weil sich unsere Seelen begegnet sind.

Und Freundschaft oft etwas Höheres ist als Sex. Er sollte wissen, dass er dich verlieren wird, wenn er dich auch weiterhin nicht achtet. Eigentlich mag ich ihn, weil er ein gutes und offenes Herz hat – er sollte nur öfter darauf hören.

Ich wünsche dir einen wundervollen Tag und die Energie, die dir hilft zu erfahren, wer du bist, und die Fähigkeit gibt, bei dir zu sein. Drücke dich mal! Kiss."

Countdown

Eine Erinnerung blitzt auf. Ich bin drei Jahre alt und wohne mit meiner Familie in einem alten Haus mit knarrenden Dielen und Fensterläden, die klappern, wenn nachts der Wind weht. Ich will nicht ins Bett gehen. Es ist dunkel, meine Schwester schläft schon. Ich quengele und weine und halte mich am Tisch fest, als meine Mutter versucht, mich ins Kinderzimmer zu bringen. Als ihr der Geduldsfaden reißt, sagt sie: „Dann bleib meinetwegen wach. Die ganze Nacht."

Sie löscht alle Lichter, lässt nur die kleine Tischlampe an. Es wird ganz still im Haus. Ich höre die Blätter der großen Kastanie im Hof rauschen. Ab und zu streifen die Kegel eines Autoscheinwerfers die Ecke des Wohnzimmers, sie huschen durch den Raum wie ein Geist. Die Zeit zieht sich zäh. Ich breche in Tränen aus. Rufe nach ihr. „Was ist denn los?", fragt sie. „Bitte, bitte, bitte ...", bettle ich weinend. „Was ist denn, mein Kind?", fragt sie wieder und streichelt zart meinen Kopf. Ich bringe es nicht über die Lippen. Schlucke. Sie streichelt mich weiter und sagt dann: „Möchtest du schlafen gehen?" Ich zieh die Nase hoch und nicke stumm.

Vier Monate sind es bis zum Ablauf meiner selbst auferlegten Projekt-Frist. In vier Monaten kann ich die Beziehungssperre aufheben und das 5L-Projekt beenden, falls ich das möchte. Heute denke ich: Bitte, bitte, bitte ... Ich bringe es nicht über die Lippen, wage es nicht zu denken. Und doch schießt die Frage aus dem Bauch: Wann darf ich dieses Scheißprojekt beenden? Wann darf ich mich irgendwo zu Hause fühlen? Gibt es nicht doch den *einen* Mann, der mich beschützt und glücklich macht, dem *ich* genüge, der nicht noch tausend andere Frauen braucht? Will ich diese ganzen Kerle? Oder will ich einfach meine Ruhe? Mein Leben spüren, meine Seele behutsam in den Händen bergen und dafür sorgen, dass sie genug Wärme und Licht bekommt? Sollte ich die Beziehung zu Tekim beenden? Ist es richtig, mir täglich eine neue Ration Schmerz zu holen? Mir zerschneidet es das Herz, wenn ich daran denke, Schluss zu machen. Solche Tage des Zweifelns hatte ich noch nie.

Den ganzen Tag laufe ich durch mein Stadtviertel. Würde mich jemand fragen, was ich tue, ich könnte ihm nicht antworten. Meine Schritte haben kein Ziel. Es ist Sonntag, die Straßen sind leer, die Sonne strahlt.

Ich warte immer auf irgendetwas, jeden Moment meines Lebens. Ich warte auf eine SMS von Tekim. Ich warte darauf, dass er einen kleinen Blick freigibt auf seine Seele. Ich warte darauf, dass er mir ein Häppchen zuwirft, wie einem Straßenköter ein Häppchen ins hungrige Maul. Ein Straßenköter ist auch er, dieser rumstreunende, rumfickende Straßenköter, den ich ins Herz geschlossen hab. Weil ich spüre, dass wir uns irgendwie ähnlich sind. Zwei ausgesetzte, struppige Hundeviecher. So ist das mit der Liebe. Oder mit dem, was wir für Liebe halten.

Ich gehe nach Hause, setze mich an meinen Schreibtisch, zerreiße ein Stück Papier in Schnipsel und drehe kleine Kügelchen daraus, die ich über die Tischplatte schnipse. Aus meiner Traurigkeit formt sich ein Satz: „Ich kann nicht mehr." Ich murmele den Satz leise in mich hinein, kritzle ihn auf einen Notizblock. *Ich kann nicht mehr.* Und es fühlt sich so zutreffend an. Es ist die Wahrheit dieses Moments. *Ich kann nicht mehr.* Tränen steigen in mir hoch. Ich greife nach meinem Handy und tippe: „Ich kann nicht mehr, Tekim, mir tut die Seele weh." Ich schicke die SMS ab und schalte das Telefon aus.

Ich spüre eine bleierne Müdigkeit, lege mich einen Moment auf mein Sofa und falle auf der Stelle in einen tiefen Schlaf, traumlos und dunkel. Zwei Stunden später wache ich wieder auf. Ich habe ein deutliches Gefühl in mir: Ich habe gerade Schluss gemacht. Nur habe ich es noch nicht ausgesprochen. Später sehe ich, dass er mir zwei SMS geschickt hat: „Annette, mach dich frei", schreibt er in der ersten. „Mein Schatz, was machst du gerade?", in der zweiten. Wollte er mich besuchen? Macht er sich Sorgen um mich? – Das ist mir jetzt egal. Ich schalte das Handy wieder aus. Ich will nichts mehr hören, nichts mehr lesen. Als habe er geahnt, dass ich ein wenig Aufmunterung brauche, schneit Gregor herein und fragt, ob ich Lust habe, mit ein paar Freunden abendessen zu gehen. Wir gehen in ein uriges italienisches Restaurant und lachen viel. Ich merke gar nichts von meinem Leid. Ich fühle mich beschwingt und befreit.

Nachts träume ich intensiv. Meine Träume knirschen wie Schuhe auf frischem Schnee. Zermalmen Erinnerungen, Gefühle. Am nächsten Morgen mache ich reinen Tisch. Ich schreibe Tekim eine E-Mail: „Es ist zu Ende."

Er antwortet mir eine halbe Stunde später:
„Hallo Annette,
ich hoffe, dass du die richtige Entscheidung getroffen hast. Es wäre für dich und für mich die richtige Entscheidung. Ich bin immer für dich da und werde dich nicht vergessen. Ich möchte in Kontakt bleiben. Ich weiß, dass ich nicht alles so gemacht habe, wie wir es abgemacht hatten. Das tut mir sehr leid. Ich bin nur ein paar Häuserblocks von dir weg, lass uns bitte sehr gute Freunde bleiben. Ich küsse dich."

Der nächste Tag beschert mir ein relativ unbekanntes Gefühl. Keine Euphorie, keine Verzweiflung. Sondern ein bisschen unaufgeregtes, fast etwas langweiliges Dasein. Keine seelischen Schmerzen. Nur das Wissen, dass da mal welche waren und dass es diese als solche gibt. Vermutlich meinte das Herr Thieme mit seinen so oft empfohlenen Grauschattierungen.

Ich beginne endlich meine selbst verschriebene Kur, bestehend aus Tai-Chi-Übungen, Lesen, Spazierengehen, genieße die Rekonvaleszenz. Die blauen Blüten auf meiner Terrasse machen mich glücklich, auch die Rosen blühen üppig. Der Garten ist märchenhaft. Mein Paradies. Hier bin ich zu Hause. Ich bin dankbar. Das Leben ist schön.

Das achte Gebot

Dann holt mich der Liebeskummer doch noch ein. Mit voller Wucht. In solchen Momenten bin ich froh, dass es 5L gibt. In ihnen kommt das Projekt richtig zum Tragen. Buddha, den ich trotz unserer platonischen Beziehung zu meinen wichtigsten Lovern zähle, steht mir zur Seite. Er besucht mich und spricht mir zu wie einem kranken Kind: „Es ist gut, dass du diesen Schritt getan hast. Du warst nicht mehr bei dir." In schillernden Farben malt er die aufregenden Dinge aus, die wir in der nächsten Zeit gemeinsam unternehmen könnten. Er ist der geborene Sunnyboy und erwartet jeden Tag mit der freudigen Erregung eines Kindes an Weihnachten vor der Bescherung. Bei der Aufzählung seiner aktuellen Flammen komme ich schon lange nicht mehr mit. Er lebt viel mehr als das 5L-Projekt, er lebt 5L plus! Meiner Meinung nach hat er es darin zur Meisterschaft gebracht.

Die Krux ist, dass nicht nur Buddha, sondern alle „meine" Männer mich zu überflügeln drohen. Ist das 5L-Projekt eher etwas für Kerle? Wir Frauen müssen wahrscheinlich noch sehr viel üben. Im Moment kann mich keine Orgie, keine Sexfete, nicht mal eine ganz gewöhnliche Party reizen. „Ich will keinen Sex mehr", sage ich im Brustton der Überzeugung und Buddha tätschelt mir den Arm.

„Ja, ja", murmelt er und tätschelt weiter. „Ich weiß."

„Sex interessiert mich nicht die Bohne!", versuche ich es mit mehr Nachdruck, damit er mich ernst nimmt. „Dieses alberne Rumgeficke ist doch bescheuert!"

Ich spüre, wie meine Lebensgeister zurückkehren. „Wer braucht das schon?"

„Das ist eine berechtigte Frage", sagt Buddha und streichelt mir langsam und liebevoll den Rücken.

„Ich will weder Sex noch irgendwelche Lover", fahre ich fort.

Buddha nickt: „Nun, das eine ohne das andere ist ja auch ein bisschen schwer zu bewerkstelligen."

„Ich denke, ich werde das 5L-Projekt beenden."

Buddha nickt immer noch: „Du musst nicht alles heute entscheiden. Lass die Dinge auf dich zukommen."

Er hat ja so recht. Ich werde jetzt erst mal in mich hineinfühlen, wie es so ist ohne …

Ohne was eigentlich? Ohne mein Gesellenstück. Das ist abgeschlossen. Vielleicht ist jetzt die Zeit fürs Meisterstück gekommen? Wir verabschieden uns und ich gehe eine Runde im Park spazieren. Die riesigen Bäume mit ihren ausladenden Kronen wirken wie weise Götter, die auf mich herabblicken und sanft lächelnd flüstern: „Im Vergleich zum Universum bist du eine winzig kleine Ameise, also, was soll's?"

Ich schwanke zwischen Resignation und Gleichmut. Und entscheide mich für Gleichmut. Ich schreibe eine SMS an Birkensohle: „Habe gerade mit Tekim Schluss gemacht. Du hattest recht, ich hab das Spiel nicht mehr selbst gespielt."

Genau das hatte er vor ein paar Tagen zu mir gesagt, als ich ihn nach meiner nächtlichen „Ich verhaue Tekim auf dem Parkplatz"-Aktion verzweifelt um Rat fragte. „Du hast ein Spiel erfunden und Regeln aufgestellt, aber es ist nicht mehr in deiner Hand. Du bist zur Spielfigur geworden", mahnte er.

Ich denke nach. Ich habe den Männern meines 5L-Projektes alle Freiheiten eingeräumt und das ist gut so. Aber ich habe auch dem Mann, den ich liebe, alle Freiheiten eingeräumt.

Ob das auch eine gute Idee war? Er durfte so viele Frauen haben, wie er wollte. Die einzige Einschränkung lautete: Tu es nicht vor meinen Augen, nicht in meinem Viertel. Verleiten uns Spielregeln dazu, sie zu überschreiten? Ist es gefährlich, solche Spiele zu spielen? Ist es überhaupt ein Spiel?

Eigentlich war 5L nie ein Spiel, sondern mein Rettungsboot. Das 5L-Rettungsboot sollte mich nach dem Schiffbruch meiner Ehe vor dem Ertrinken retten. Nun ist aus 5L etwas anderes geworden. Ich habe mich verliebt. Ich sollte mein Regelwerk ergänzen: Verlieben ist absolut und unbedingt und ganz streng verboten!

Aber dafür ist es vielleicht schon zu spät. Ich habe den dunklen Verdacht, dass ich meinen Selbstversuch um ein paar Jahre verlängern muss, wenn ich Antworten auf meine Fragen bekommen möchte. Ich fühle mich, als sei ich nie weiter weg gewesen von der Lösung der Rätsel um die Beziehung zwischen Mann und Frau. Kann eine Frau fünf Beziehungen oder überhaupt mehrere Beziehungen gleichzeitig führen? Ist Verlieben erlaubt oder verboten, wenn es mehrere Männer gibt? Kann man sich das Verlieben überhaupt verbieten? Kann man Gefühle mit dem Verstand steuern? Immer mehr Fragen tauchen auf.

Da antwortet Birkensohle auf meine SMS: „Das tut mir leid. Möchtest du auf andere Gedanken kommen? Hätte nach wie vor Lust, dich mit einem anderen Paar zu treffen – am liebsten heute, ganz spontan. Was denkst du?" Ich bin sprachlos. Auf so eine Idee kann nur ein Mann kommen! In meiner Situation einen Vierer zum Trost? Das kann ich mir nun wirklich nicht vorstellen. Ich antworte: „Willst du *dir* oder *mir* etwas Gutes tun? Wenn du mir etwas Gutes tun willst, dann lass uns uns heute Abend treffen, reden, kuscheln und vielleicht, aber nur vielleicht ein klitzekleines bisschen Sex haben."

Zum Glück versteht er mich und lädt mich zu sich nach Hause ein, füttert mich mit Oliven und Schafskäse, legt Jazz auf, zündet Kerzen an, streichelt meinen Kopf, spielt mit meinen Haaren und kuschelt mich sexlos in den Schlaf.

Und jetzt?

Ich spüre Frieden. Die Straßen meines Stadtviertels fühlen sich anders an. Der Asphalt brennt nicht mehr unter meinen Füßen, meine Blicke werden nicht mehr von unsichtbaren Magneten auf einen Fokus ausgerichtet, meine Schritte nicht mehr gelenkt. Nichts behindert mehr, nichts treibt mich in eine bestimmte Richtung. Tief in mir spüre ich Trauer. Sie ist angenehm und einfach nur traurig. Kein stechender Schmerz, kein tiefes Loch wie in den Monaten davor. Der Mann, den ich so heftig begehrt habe, gehört nicht mehr zu meinem Leben. Ich spüre die Liebe zu ihm, aber sie ist nun unabhängig von unserem Zusammensein. Die Liebe ist wie ein Schatz in mir, eine wertvolle Erinnerung. Er ist noch da, direkt in meiner Nachbarschaft, aber die Verbindung ist unterbrochen. Es ist nicht mehr wichtig, was er tut. Endlich bin nur noch *ich* wichtig!

Wie jeden Morgen messe ich meinen Blutdruck und stutze. Ist das Gerät kaputt? Ich traue meinen Augen nicht: Die Werte sind seit Sonntag um 20 Punkte gesunken und oszillieren um den Normalwert. Ich messe drei Mal. Jedes Mal erhalte ich dasselbe Ergebnis. Nachmittags gehe ich zum Arzt. „Ich mache mir Sorgen um meinen Blutdruck", gestehe ich ihm.

„Ja, ja, wir müssen jetzt wohl doch zu Betablockern greifen", meint er, „das habe ich ja bereits letzte Woche gesagt. Dein Blutdruck ist auf Dauer viel zu hoch."

„Nein, nein", protestiere ich, „seit zwei Tagen ist er extrem gesunken, ich bin etwas verwirrt."

„Ist denn irgendetwas passiert?", will er wissen.

„Na ja, ich habe etwas in meinem Leben verändert", erkläre ich, „ich habe eine Beziehung beendet."

„Dafür klingst du aber recht fröhlich", meint er.

Ich stutze. Ja, das stimmt. Ich bin erleichtert. Auch wenn ich Tekim noch genauso liebe wie zuvor. Aber ich kann ihn nun aus der Ferne lieben. Und das ist definitiv gesünder für mich. Ich erkenne: Wahre Liebe verzichtet.

Relaunch

Ich nehme den Faden wieder auf und mache weiter. Heute habe ich mal wieder ein Date mit einem Unbekannten aus dem Internet. Ich fühle mich professionell und ein bisschen abgebrüht. Wir treffen uns in meinem Stammcafé für Internet-Dates. Es liegt nur zehn Minuten mit dem Rad von mir zu Hause entfernt, befindet sich aber in einem anderen Stadtviertel, und das ist nach Kölner Maßstäben „im Ausland". Er wartet schon und lächelt verschmitzt, als ich das Lokal betrete. In seinen fröhlichen grünen Augen versteckt sich ein Tick Traurigkeit. Er trägt teure Sportklamotten, die die Blicke der Betrachterin *nicht* von seinem perfekt trainierten Body abzulenken vermögen. Thomas arbeitet als Personal Trainer für reiche Unternehmer, die keine Zeit für den Besuch eines normalen Fitnessstudios haben. Zusätzlich hat er eine Ausbildung zum Coach absolviert, um seine Kunden optimal beraten zu können.

Ich habe mir vorgenommen, nichts von mir preiszugeben. Ich bin die Nacktkatze, die Fremde aus dem Internet. Bei zwei Gläsern frisch gepresstem O-Saft stellt er mir präzise Fragen, er ist ein Könner auf diesem Gebiet. Eine kleine Unachtsamkeit, und schon habe ich mein Stadtviertel verraten. Seine Fragen kommen aus unerwarteter Richtung.

„Du hast also schon mal an die Bühne gedacht?", wirft er in den Raum.

Ich erzähle ihm von meiner Tätigkeit als Künstleragentin. Aber das hat eigentlich nichts mit der Bühne als solcher zu tun. Ich erzähle ihm von einem Traum, den ich vor ein paar Tagen hatte. Er war so intensiv, dass er morgens noch wie ein gemaltes Bild auf meiner Bettdecke lag. Ich stand in einem riesigen Theater auf der Bühne. Der Zuschauerraum war leer. Ich war ganz alleine. Und plötzlich gingen die Scheinwerfer an ...

Längst schon hat mich Thomas, der Coach, dazu gebracht zu reden. Er hat die richtigen Fäden gezogen und es sprudelt nur so aus mir heraus, alle Geheimnisse sind verraten, das gesamte 5L-Projekt liegt ausgebreitet vor ihm. Er lächelt schelmisch und sein Blick ist noch um eine Nuance trauriger geworden.

Er lädt mich zu Miesmuscheln in Weißweinsoße in eine kölsche Kneipe ein und möchte alles über mein Projekt wissen. Mir wird das zu viel, ich beginne, seinen Fragen auszuweichen. Soll ich ihm etwa alle Ex-Lover und aktuellen Lover aufzählen? Bei einem normalen Date würde man ja auch nicht alle verflossenen Liebhaber auf den Tisch legen. Aber Männer möchten nun mal wissen, woran sie sind. An welcher Stelle sie stehen, an erster, zweiter oder dritter oder ob sie zur Warteliste gehören.

„Wie ist denn der aktuelle Stand?", bohrt er weiter. „Wie viele hast du momentan?"

Fest entschlossen, ihm *nicht* zu antworten, zähle ich dennoch innerlich nach. Herzschmerzverursacher Tekim ist aus dem Rennen. Orgasmusgarant Birkensohle sehe ich nur noch selten. Kevin ist Workaholic und kaum zu greifen. Buddha ist ein L und doch kein Lover. Die anderen zählen nicht. Das waren ja keine ernst zu nehmenden Ls, sondern schnell verglühende Strohfeuer. Also eigentlich ist da nur noch gähnende Leere. Nichts und niemand. Doch, da ist noch jemand. Der wichtigste Mensch meines Lebens: *ich!*

Thomas fragt weiter. Ich zucke lustlos mit den Schultern, will mir keine Blöße geben. Er guckt nachdenklich, so als mache er sich ernsthafte Gedanken, wie er mir aus meinem Dilemma helfen könnte. Schließlich ist er als Coach auf das Lösen von Problemen spezialisiert. Dann schnippt er mit den Fingern. Ich schrecke zusammen. „Ich hab's! Du startest einen Relaunch. Alles wird auf null runtergefahren. Und du fängst noch mal von vorne an!"

Er klingt richtig erleichtert. Euphorie steigt in mir auf. Was für eine Chance! Mit all den Erfahrungswerten aus fast zwei Jahren noch mal neu anfangen! Das ist eine richtig gute Idee und ich beschließe, mein Projekt um ein Jahr zu verlängern.

Blubbern, Zischen, Summen, Schnaufen

Heute ist meine vierte Stunde bei Anno. Ich habe inzwischen noch mehr gelernt. Zum Blubbern und Zischen übe ich jetzt auch Summen und Schnaufen. Anfangs wollte ich vor Peinlichkeit im Boden zu versinken, aber Anno lässt gar nicht zu, dass solche Gefühle aufkommen. Er sitzt hinterm Klavier, rollt mit den Augen und streckt seine Zunge raus, um mir die richtige Technik zu erklären, und ich werde nicht rot, sondern lache. Mitten im Geblubbere hält er inne. Was ist los? Er schaut ganz ernst. „Annette, was machen wir denn jetzt mit dir?", fragt er in besorgtem Ton. Er guckt mich unverwandt an.

„Was ist denn los?", frage ich ängstlich. „Ist es etwas Schlimmes?"

Anno scheint mit seinen Gedanken weit weg zu sein.

„Sag schon!", dränge ich ihn. Mir wird ganz mulmig.

„Du hast Talent!", sagt er völlig überraschend.

Ich verstehe nicht recht. Talent? Was für ein Talent? Ein Talent zum Blubbern und Zischen? Anno ist immer noch ernst. „Du musst singen", sagt er.

Ich soll Talent haben zum Singen? Ich habe noch nie in meinem Leben gesungen. Habe mich immer geschämt, wenn es ums Singen ging, und mich erfolgreich davor gedrückt. Anno bemerkt meine Irritation. Wenn ich ganz ehrlich bin, halte ich ihn in diesem Moment für verrückt. Aber das ist ja nicht weiter schlimm, dann bin ich wenigstens nicht die Einzige.

„Na ja, Anno", komme ich ihm entgegen, „wenn es gesund ist, dann singe ich halt. Ob ich nun blubbere oder singe, Hauptsache, alles wird gut."

Reise nach Istanbul

Ich sitze im Salon des Istanbuler Grand Hotel London, einem prunkvollen Hotel aus dem Jahre 1862, das ganz im Stil des

Orientexpress eingerichtet ist und den Charme längst vergangener Zeiten versprüht. Hier steigen viele Künstler ab, zum Beispiel der türkische Filmregisseur Fatih Akin, aber auch Ernest Hemingway soll hier schon logiert haben. So wähne ich mich in bester Gesellschaft bei meinem Vorhaben, mich von alten Polstermöbeln, vergilbten Schnörkeltapeten und opulenten Kronleuchtern inspirieren zu lassen und meine ganz persönliche Geschichte aufzuschreiben.

Der Kofferboy, der mich gestern Abend in Empfang nahm und mich auf mein Zimmer brachte, ein nicht mehr ganz junger Mann mit buschigen Augenbrauen und wissendem Blick, erkundigte sich: „Na, im Urlaub hier?"

„Nein, ich bin zum Arbeiten hierhergekommen, zum Schreiben."

„Dafür ist unser Hotel der richtige Ort", sagte er. „Hier gibt es Ilham!" Das ist der türkische Ausdruck für Inspiration.

Als Erstes rufe ich meine Freundin Rüya an. Es überrascht sie, dass ich in Istanbul bin, eigentlich habe ich hier ja privat nichts mehr „verloren". Aber ich habe beschlossen, Istanbul für mich zurückzuerobern. Niemand darf mir diese Stadt nehmen, die mich so fasziniert. Rüya ist eine junge, intelligente Frau, die sich gerade für ein Stipendium im Ausland bewirbt, um dort ihre Doktorarbeit zu schreiben. Wir werden regelmäßig für Schwestern gehalten, auch sie hat Naturlocken, ist so groß wie ich und gilt unter ihren Freunden als selbstbewusste Powerfrau, beruflich auf jeden Fall.

Rüya und ich treffen uns vor dem Galatasaray-Lyzeum in der Istiklal Caddesi, mitten in der Fußgängerzone von Beyoğlu, einem Stadtviertel mit vielen Clubs, Cafés und Restaurants. Wir gehen in ein Café, in dem sich die Istanbuler Kulturszene zu treffen pflegt.

„Warum bist du hier?", erkundigt sie sich.

„Ich habe angefangen, ein Buch zu schreiben."

Ihr bewundernder Blick verrät, dass sie vermutlich an eine wissenschaftliche Abhandlung denkt.

„Worüber schreibst du?"
„Über Sex."
Sie schaut mich fragend an und ich erkläre ihr mein 5L-Projekt.
„Es passieren so unglaubliche Dinge, es tun sich da neue Welten für mich auf."
Sie staunt: „Dafür kommst du nach Istanbul?"
Ich muss selbst kurz nachdenken. Diese Reise nach Istanbul kam einfach so über mich, wie die meisten Dinge in meinem Leben, wenn der richtige Moment da ist. Ich spüre, dass ich hier, in der Höhle des Löwen, am Ort eines großen geplatzten Lebenstraumes den Geheimnissen meiner Metamorphose besser auf die Spur komme. Ich fühle mich wie eine Detektivin, die einen verzwickten Kriminalfall lösen muss. Ich muss den Mörder finden! Und als wäre ich Mata Hari, werde ich jeden Zentimeter meines Körpers zur Lösung dieses Rätsels einsetzen.

Eine leichte Melancholie in Rüyas Blick verrät mir, dass sie etwas auf dem Herzen hat. Ich muss nicht lange raten, längst habe ich einen siebten Sinn dafür entwickelt: Es geht um ihre Ehe. Sie und ihr Mann sehen sich kaum noch. Rüya arbeitet von morgens früh bis abends spät. Auch er arbeitet viel, vor allem nachts. Er ist Autor und schreibt dann seine Kurzgeschichten. Durch ihre unterschiedlichen Arbeitszeiten gibt es fast keine gemeinsamen Zeitfenster für ihre Beziehung. Ich vermute, im Bett ist die Leidenschaft bei den beiden verschwunden. Beide sind das Thema leid geworden und inzwischen haben sie sich damit abgefunden. Nach vier Jahren Ehe ist „der Ofen aus". Sie hofft auf ein Auslandsstipendium für ihre Doktorarbeit. Sie möchte ihn lieber aus der Ferne vermissen.

Ich könnte bei so viel Resignation mit der Faust auf den Tisch hauen! Ich erkenne mich selbst wieder, ein Spiegelbild von mir zu Ehezeiten. Alte Gefühle steigen in mir hoch. Die Wut kommt so stark an die Oberfläche, dass sie nun unter einer dünnen Gesteinsschicht brodelt, die immer dünner wird und jederzeit durch andere Menschen, die nur ansatzweise in ähnliche Verhaltensmuster tappen, zum Explodieren gebracht werden kann.

Rüya hat in ihrer Beziehung die Zügel in der Hand, scheint mir. Sie erlaubt ihrem Mann all seine Kaprizen. Er ist öfter mal auftragslos, immer nur bereit, in seinem Lieblingsjob, als Kurzgeschichtenschreiber, zu arbeiten. Er kann sich das erlauben, schließlich sorgt sie dafür, dass immer genug Geld für Miete und die alltäglichen Kosten da ist. Ich habe den Eindruck, dass sie längst die Mutterrolle übernommen hat, dass Rüya ihre Zeit und ihr Talent für diesen Mann verschwendet. Für die Illusion, ein Herdfeuer zu Hause zu haben und ein Stück Geborgenheit.

„Ist er dir treu?"

Spontan sagt sie: „Ja! Wenn nicht, würde ich das merken …" Plötzlich wird sie nachdenklich: „Wieso bin ich mir da eigentlich so sicher …?"

„Und du, bist du treu?", frage ich.

Sie antwortet mit demselben Satz, wie fast alle Frauen, denen ich diese Frage stelle: „Ja, natürlich, wenn ich mit einem Mann zusammen bin, kann ich gar keinen anderen haben."

Welch Irrtum! „Doch! Wir können das! Probier es mal aus." Und plötzlich rutscht mir im Plural raus: „Dass wir nur mit Männern Sex haben können, die wir auch lieben oder in die wir verliebt sind, stimmt gar nicht!" Ich habe das Gefühl, das Thema geht mich nicht nur alleine an. Nicht nur Rüya und meine anderen Freundinnen, sondern alle Frauen. Ich rede mich in Fahrt: „Ihr würdet euch wundern, wie gut das geht. Wir haben ein Leben, ein einziges, dafür sind wir ganz alleine verantwortlich. Wenn *wir* uns nicht um uns kümmern, wer bitte soll es dann tun?"

Ich rate Rüya, sich um sich selbst zu kümmern: „Wenn du glücklich bist und in dir ruhst, kannst du auch anderen etwas geben, nur dann." Aber erwarte nichts zurück, füge ich in Gedanken hinzu. Nicht im Traum hatte ich einen solchen Gesprächsverlauf erwartet.

Mein Geburtstagsgeschenk

Meinen Geburtstag feiere ich mit sieben Frauen in einem Livemusik-Club. Einziger Alibi-Mann ist Buddha. Einmal mehr bewährt er sich als Meister seines Fachs. Buddha haucht jeder von uns eine Extraportion Selbstbewusstsein ein. Das allerletzte bisschen, das dann noch fehlt, flüstern wir uns gegenseitig verschwörerisch zu. Wir schweben, tanzen und sind happy. Es ist Samstagabend, der Laden brummt. Weit nach Mitternacht fällt mein Blick auf einen Typen an der Theke, der mich unverwandt anblickt. Ich schaue weg. Er passt genau in mein Beuteschema. Ich schaue wieder hin. Alarmglocken schrillen. Vergiss es, Annette, ermahne ich mich. Halblange schwarze Haare, männlich-markantes Gesicht, eigentlich ein paar Zentimeter zu klein für meinen Geschmack. Ein Bilderbuch-Macho. Nein danke, nichts für mich. Er sieht aus, wie ich mir einen Zuhälter vorstelle. Ganz bestimmt *ist* er ein Zuhälter.

Ich wende mich der Liveband zu. Der Sänger hat eine samtige Bassstimme. Ich ziehe am Strohhalm meines alkoholfreien Cocktails. Der Mann an der Theke scheint Südländer zu sein. Aus welchem Land wohl? Ich tippe auf Afghanistan oder Indien. Ich gehe zurück an unseren Tisch und flüstere Viola zu: „Guck mal!" Sie antwortet: „Ja, den hab ich schon bemerkt, Buddha übrigens auch. Wir haben ihn gesehen und gesagt: ‚Oh, der ist was für Annette.'"

Ich schäme mich ein wenig. Sonja zwinkert mir zu und meine Schulfreundin Britta legt ihre Stirn in Falten. Viola und Bea zerren mich auf die Tanzfläche und schon zappeln wir zu dritt vor der Bühne herum. Das Zappeln wird langsam sanfter und weicht erotischen Bewegungen. Wir turteln miteinander, ein beliebtes Spiel zwischen uns. Das macht die Typen ziemlich an. Von allen Seiten lüsterne Blicke. Auch von meinem Kandidaten an der Theke. Irgendwann landen wir, von anderen Tänzern geschubst, in seiner Nähe. Er spricht mich an: „Na, bist du öfter hier?" Ich erzähle ihm, dass ich

Geburtstag feiere, und er bestellt zu meiner Pein ein „Happy Birthday" bei der Band.

Er heißt Tonio und kommt aus Andalusien. Na, da lag ich ja ganz falsch. Es ist spät. Die ersten Freundinnen brechen auf, da bittet Tonio um meine Handynummer, die ich ihm gerne gebe. Britta drängelt sich plötzlich zwischen uns und keift: „Was willst du eigentlich von ihr?" Ich gucke peinlich berührt zur Decke, aber Britta hat sich schon in Fahrt geredet: „Du willst doch eh nur das Eine!", wirft sie ihm an den Kopf.

„Ja? Was denn?", erkundigt er sich geduldig.

„Du willst sie für eine Nacht!", triumphiert sie.

„Für eine Nacht?", fragt er höflich zurück.

„Na ja, maximal für zwei Nächte", faucht sie.

Ganz schön beängstigend, dass sich meine Freundin für mich so ins Zeug wirft – und das völlig ungefragt. Wir beschließen, es für heute gut sein zu lassen, und rauschen gemeinsam in Richtung Ausgang.

Beas Rückkehr auf den Pfad der Tugend

„Hast du dich etwa in Buddha verliebt?", frage ich Bea. Ich möchte verstehen, warum sie so plötzlich Schluss gemacht hat. Wir haben uns allesamt über meine Lieblingsseite im Internet kennengelernt, da müssten wir doch eigentlich ganz locker sein in diesen Fragen?

Sie denkt einen Moment nach: „Nein, aber ich hatte Angst, mich zu verlieben."

„Ja, wie war es denn, wenn du mit ihm zusammen warst?", frage ich sie.

„Ich fühlte mich wie die Königin von Saba", antwortet sie wie aus der Pistole geschossen.

„Und sexuell?"

„Der Sex war der geilste, den ich je hatte", gesteht sie.

„Und sonst?"

„Buddha ist ein Gentleman. Er hat mich in Gourmetrestaurants ausgeführt, ging mit mir Klamotten kaufen, wir konnten über den Sinn des Lebens, über Philosophie, über Sex sprechen, er hat mir beim Renovieren geholfen. Er war mit meinen Kindern Fußball spielen, hat sie beim Kauf von elektronischen Geräten beraten und sich ihre Schulprobleme angehört. Selbst mit meinem Vater hat er sich super verstanden."

„Und wo ist das Problem?", will ich wissen

„Die ganzen anderen Frauen."

„Aber das wusstest du doch von Anfang an. Er lebt seine eigene Form des 5L-Projekts, so wie ich, so wie wir!"

„Ja, das weiß ich und zum Glück hast du mir das auch immer wieder klar gesagt, er übrigens auch, von Anfang an, sonst hätte ich sicherlich einiges falsch verstanden."

„Du willst jetzt also auf all das verzichten: den Sex, die Gespräche, die gemeinsamen Abenteuer …?", frage ich vorsichtig nach. „Ist das nicht eine Sünde?"

Bea nickt. Sie sieht mich an, als wäre sie in Gedanken weit weg gewesen: „Du hast recht, ich bin fast schon überzeugt." Ihre anfängliche Blässe weicht einer lebendigen Gesichtsfarbe und ein zartes Lächeln zaubert sich auf ihr Gesicht.

„Weißt du, ich bin überrascht, dass es mir überhaupt nichts ausmacht, dass du mit ihm zusammen bist!", sage ich. „Wir sind zwar ein platonisches Gespann, aber trotz allem ist er ein wichtiger Teil meines 5L-Projektes. Aber ich freue mich einfach, wenn ihr zusammen seid, und ich finde, sein Herz ist groß genug für alle Frauen."

Ich stutze. Dass diese Worte aus meinem Mund kommen! Aber es stimmt. Buddha ist schließlich offen zu seinen Partnerinnen und wenn er mit einer Frau zusammen ist, dann wirklich voll und ganz. Irgendwie schafft er es, sie alle glücklich zu machen. Ich argumentiere weiter: „Du brauchst doch selbst ganz viel Zeit für deine Kinder, für dich selbst und für die anderen Männer, weil du ja auch weiterhin nach Mr Right suchst. Was macht es da für einen Unterschied, was er an den Abenden macht, an denen du ihn nicht sehen kannst? Ob er nun alleine zu Hause sitzt und durch das TV-Programm zappt oder ob er mit anderen Frauen unterwegs ist, was tut das zur Sache?"

Ich stelle mir gerade vor, diese Litanei im Zusammenhang mit Tekim an mich selbst zu richten. Würde ich mir dann glauben? Bea hat keine weiteren Fragen. „Danke, du hast mir sehr geholfen. Ich werde ihn sofort anrufen."

Bea schenkt mir einen Lover

„Ich muss mich bei dir revanchieren", ruft mir Bea schon von der Haustüre aus zu und rennt die Treppe hoch. „Dein Tipp bezüglich Buddha war perfekt. Wir sind wieder zusammen und genießen einfach den Moment. Und heute habe ich im Gegenzug ein Geschenk für dich! Ich hab im Internet einen attraktiven jungen Handlungsreisenden aus Italien kennengelernt. Ein Gentleman wie aus dem Bilderbuch: großzügig, charmant, gebildet, chic. Er kennt dich aus meinen Erzählungen und ich hab ihm auch Bilder von dir gezeigt. Er würde dich gerne heute Abend zum Essen einladen."

Es geht einfach nichts über wahre Frauenfreundschaften!

Auf den ersten Blick ist klar, dass Giovanni hält, was Bea versprochen hat. Er übertrifft sogar meine Erwartungen. Er ist fast zwei Meter groß, hat schwarzes Haar und ist ein interessanter Gesprächspartner. Er trägt Designermode, seine feinen Hände mit den langgliedrigen Fingern sind gepflegt und ausdrucksstark. Da er viel reist, möchte er im Moment keine feste Bindung, sondern hat sich ein „Netzwerk" an Geliebten aufgebaut, die die Reiseroute seiner Handelstour säumen – wie der wilde Enzian den Pfad durch die Berge. Wir starten also einen Versuch, einen Testlauf sozusagen. Der Sex mit ihm ist gediegen, nicht zu wild, um nicht zu sagen nicht besonders leidenschaftlich, aber als 5L-Kandidat für mein neues Team ist er perfekt. Mal ist er da, mal ist er weg – unverbindlich hat seinen Reiz – also: welcome, benvenuto!

Der Neue

Der Einzige, der meinen Puls gerade so richtig anheizt, ist Tonio. Ich habe das unbestimmte Gefühl: da schlummert Dynamit. Gregor und Birkensohle würden jetzt sicherlich spotten: „Dynamit? Immer diese Plattitüden und Übertreibungen!" Mein Therapeut würde betroffen gucken und den Kopf schütteln. Sie haben alle recht, aber das ändert nichts an meinen Gefühlen. Seit meiner Geburtstagsparty versuche ich, sie zu ignorieren. Klappt aber nicht.

Gregor wurde neulich richtig ungehalten, als ich ihm von Tonio erzählte: „Du kannst einem wirklich auf den Keks gehen mit deiner stereotypen nymphomanischen Leier."

Gregor ist mein bester Freund. Deshalb lasse ich mir von ihm einiges sagen. Allerdings wurmt mich der Ausdruck „nymphomanisch". Gregor wählt seine Worte immer mit Bedacht. Also mache ich mich schlau. Im Internet finde ich folgende Definition: „Nymphomanie gleich Sexsucht".

Ich empfinde mich nicht als sexsüchtig. Ich würde mich eher als Sexliebhaberin bezeichnen. Ich genieße es, gepflegt zu speisen, gediegen zu rauchen und genussvoll zu vögeln. Weiter steht da, dass nymphomane Frauen ständig nach sexueller Befriedigung verlangen würden, sie diese aber nur selten erreichten. Auch das trifft nicht zu. Die Frequenz meiner Orgasmen ist erfreulich hoch. Im Fachjargon nennt man das „multiple Orgasmusfähigkeit". Manche Liebhaber bringen mich zwar weder mehrfach noch einfach zum Höhepunkt, aber für solche Notfälle habe ich meine Vibrator-Orgasmusgarantie. Selbst ist die Frau. Orgasmusfördernd wirkt sich auch ein ständig wachsendes Repertoire an Fantasiefilmchen aus, archiviert in den weiten Windungen meines Hirns, auf das ich jederzeit kostenfrei zugreifen kann, um mich in Stimmung zu bringen. Und alle Szenen basieren auf wahren Begebenheiten.

Interessant finde ich die nächsten Sätze, über die ich bei meiner Internetrecherche auf verschiedenen Seiten stolpere:

Frauen, die einfach nur besonders aktiv die Initiative bei der Partnersuche ergreifen und Wert auf vielfältige sexuelle Erfahrung legen, dabei aber zum Orgasmus kommen und somit sexuell befriedigt werden, würden zwar häufig als Nymphomaninnen oder sogar Schlampen bezeichnet, seien jedoch ganz sicher nicht sexbesessen, sondern medizinisch gesehen völlig gesund. Männliche Frauenhelden hingegen kämen der Erfahrung nach gar nicht erst in den Verdacht, sexsüchtig zu sein, sondern würden von ihren Kumpels unter Schulterklopfen akzeptiert oder sogar bewundert. Wenn Gregor – wie viele andere Männer übrigens auch – aus diesem Gedankenzusammenhang heraus das Wort „nymphomanisch" gebraucht, sollte er noch mal in sich gehen und darüber nachdenken, ob er seiner Freundin Annette die angebrachte Toleranz entgegenbringt. Ist nicht vielmehr die Monogamie-Legende schuld an solchen Vorurteilen?

Am Montag bekomme ich eine SMS von Tonio. Er lädt mich für den kommenden Samstag zum Essen ein. Ich bekomme einen Schreck und zwei Stunden lang traue ich mich nicht, ihm zu antworten. Dass mich Tonio am Montag einlädt, um am Samstag mit mir essen zu gehen, finde ich bemerkenswert. In der heutigen SMS-Single-Generation sind die zeitlichen Vorläufe normalerweise sehr kurz. Wir sind ständig in Bereitschaft, wie ein Fernseher, der auf Stand-by geschaltet ist. Wer erfolgreich Dating betreiben will, sollte immer mehrere Lover auf Abruf haben. Wenn einer nicht kann, nimmt man einfach den nächsten.

Nach zwei Stunden habe ich den Schreck überwunden und sage zu. Von nun an schreibt er mir täglich, wie sehr er sich auf Samstag freut. Das ist Balsam für meine Seele. Nach drei Tagen ruft er an. Im Hintergrund hört man es hämmern und klopfen. „Wo bist du gerade?"
„Bei der Arbeit."
„Was machst du?"
„Ich arbeite als Vorarbeiter auf einer Baustelle."

Ich halte einen Moment inne. Er ist kein Zuhälter? Sein Äußeres, die halblangen gegelten Haare, all das hatte ich klischeehaft falsch interpretiert.

„Ich arbeite hier seit 32 Jahren für meine Firma, war lange im Betriebsrat, aber das mache ich nicht mehr, zu viele Probleme wegen Schwarz- und Kurzarbeit."

Ich schlucke. Wie konnte ich nur so bösartige Gedanken haben? (Oder ist er vielleicht Zuhälter in seiner Freizeit?)

Er will wissen, ob er mich am Samstag mit dem Auto abholen soll. Meine Adresse und meinen Namen möchte ich nicht verraten, daher sage ich Nein. Lasse mich dann aber auf einen Treffpunkt ganz in der Nähe ein.

Ich nutze die ungewöhnlich lange Zeit vor unserer Verabredung, um ausgiebig darüber nachzudenken, wie ich ihm das 5L-Projekt beibringe. Soll ich mit der Tür ins Haus fallen, wie ich es mit den anderen Kandidaten gemacht habe? Oder ist es Zeit für einen Strategiewechsel? Soll ich den Relaunch meines Projektes nutzen, um etwas Neues auszuprobieren? Ich hole Rat bei möglichst vielen Freunden ein.

Buddha meint: „Erzähl doch, dass du in einer festen Beziehung bist und nicht möchtest, dass jemand was mitbekommt. Das erklärt deine Heimlichtuerei und bewahrt dich vor weiteren Erklärungen." Das Problem daran ist, dass das meinem Anspruch an Wahrheit und Wahrhaftigkeit widerspricht.

Udo, der gerade mal wieder mit einem Blumenstrauß ins Büro geschneit kommt, empfiehlt mir allerdings auch, es mit der Wahrheit nicht so genau zu nehmen: „Mache es einfach wie wir Männer. Wir würden lügen. Probier das doch mal aus! Lügen ist viel humaner." Ihm tut mein neuer Kandidat wahrscheinlich leid. Das mit der Lügerei ist mir aber nach wie vor ein Gräuel.

Ein anderer Mann, den ich zufällig in einer Bar kennenlerne, sagt: „Das ist so wie bei Autos. Kein Mann macht freiwillig Carsharing. Männer kaufen sich das größte und schönste Auto, auch wenn sie es nicht brauchen, und benutzen es dann ganz für sich allein." Ja, der Vergleich passt.

Viola rät mir: „Mach, was dein Herz dir sagt. Es ist dein bester Ratgeber." Ich horche in mich hinein. Klar und deutlich sagt mir mein Gefühl: „Nicht lügen! Sag die Wahrheit." So gebe ich meinem „Opfer" wenigstens die Chance, Nein zu sagen. Und wenn er Ja sagt, trägt ganz alleine *er* die Verantwortung dafür.

Birkensohle hat's erwischt

Seit Wochen habe ich nichts mehr von Birkensohle gehört. Er treibt sein erotisches Unwesen in der Cyberwelt. Über Umwege erfahre ich, dass er eine Sexparty nach der nächsten besucht und sich dabei aufführt wie ein Kind, das versehentlich in der Spielzeugabteilung eines Warenhauses eingeschlossen und über Nacht vergessen wurde. Vor lauter Überangebot öffnet er alle Kisten und Schachteln und weiß am Ende doch nicht, womit er spielen soll. Ein trauriges Bild für einen Mann, der auf die 50 zugeht.

Ich schreibe ihm eine Mail: „Na, Jörg, bist du in den Abgründen des Internets verloren gegangen oder gar in einer Gebärmutterfalte hängen geblieben?"

Zu meiner Überraschung antwortet er prompt: „Es ist etwas passiert, was ich nie erwartet hätte … Ich habe eine Frau übers Internet kennengelernt, die mich komplett durcheinanderbringt."

Erstaunt lese ich diese Zeilen. Könnte es wirklich sein, dass sich Birkensohle an eine Frau binden will?

Abends bin ich in der Stadt unterwegs. Ich möchte seit langer Zeit mal wieder ins Kino. Ich staune nicht schlecht, als ich vor dem Eingang auf Jörg treffe. Er steht da, verschwitzt und aufgeregt und guckt nach links und rechts und zwischendrin auf sein Handy. Ich umarme ihn und spüre sein nasses T-Shirt auf meinen nackten Armen. Verstrubbelt strahlt er mich an. Ich könnte ihn auf der Stelle vernaschen. Der Schweiß und seine Zerstreutheit ergeben eine unwiderstehliche Kombination. „Was machst du denn hier?", sagen wir beide im Chor.

„Ich warte auf sie", ruft er mir zu, obwohl ich direkt neben ihm stehe. Sie? Alles klar. Sie!

„Oh, bitte erzähl!", dränge ich ihn. „Ich kann kaum glauben, dass dir so was passiert!"

Er hat sie über ein Erotikportal im Internet kennengelernt. Sie lebt in einer festen Beziehung und hat zwei Kinder. „Sie ist nicht wie die anderen Frauen auf der Seite", fühlt Jörg sich bemüßigt klarzustellen. „Wir haben uns drei oder vier Monate lang nur Nachrichten geschrieben. Vor zwei Wochen kam es zum ersten Treffen in einer Kneipe." Seine Ohren glühen.

„Ja, und?", frage ich verständnislos.

„Und vor einer Woche hatten wir den ersten Sex."

Es entsteht eine Pause. Er schaut zur Dachrinne des Nachbarhauses.

Ich bin gespannt wie ein Flitzebogen. „Und der war dann so umwerfend?" Ich will wissen, was es genau war, das ihn, den Mann mit der dicken Hornhaut auf der Seele, so aus der Bahn geworfen hat.

„Das war nicht einfach Sex", schleudert er mir entgegen und versinkt auf einen Schlag in tiefen Gedanken. Als er wieder auftaucht, sagt er atemlos: „Das war Sex mit ...", er ringt nach Worten, „... mit Liebe."

Hobby Sex

Tonio holt mich mit einem klapprigen Ford Taunus ab, dessen Farbe man nicht mehr eindeutig erkennen kann. Ich habe ihm eine Straßenecke genannt, zwei Häuserblöcke von meiner Wohnung entfernt. Mehr wollte ich nicht verraten. Nicht, dass ich irgendwann einen Stalker am Hals habe.

Ein weiteres Vorurteil wird widerlegt. Ich hätte erwartet, dass er in einem protzigen, tiefer gelegten Straßenkreuzer mit auffälligen Felgen vorfährt. Die Heizung ist kaputt, Staubflusen und Papierschnipsel sorgen für ein entsprechendes Stillleben. Er lacht mich an und ich finde, er sieht aus wie ein Gypsy-Musiker, fehlt nur noch die Gitarre.

Kaum sitze ich auf dem Beifahrersitz und erschnuppere seine körperliche Nähe, werde ich feucht. Mit Schrecken stelle ich fest, wie wild ich auf diesen Mann bin. Er stellt Fragen, die ich einsilbig beantworte. Ich konzentriere mich darauf, mir meine Erregung nicht anmerken zu lassen. Bemühe mich um geräuschlosen Atem, wie ich es beim Hatha-Yoga gelernt habe. Tonio lässt sich nicht beirren und fragt weiter. Ich dachte immer, Männer reden nicht gerne, doch er stellt Fragen über Fragen. Es ist nicht leicht, die eigene Identität zu verheimlichen, ohne dabei zu lügen. Worüber soll man sich denn unterhalten? Was ich beruflich mache? Ich bin selbstständig, hab ein Büro. Das stimmt ja auch. Bei anderen Männern bin ich schon mal Sekretärin oder Dolmetscherin oder Hausfrau. Das ist alles nicht gelogen. Das sind alles Dinge, die ich schon getan habe, Teile von mir. Ich wähle die Strategie Flucht nach vorne und beginne damit, Gegenfragen zu stellen, statt Antworten zu geben. Das funktioniert besser, als ich dachte. Er ist der geborene Narzisst. Als hätte ich ein geheimes Knöpfchen gedrückt, kommt er sofort in Fahrt.

Seit 32 Jahren arbeitet er bei einem größeren Bauunternehmen als Vorarbeiter. Ich rechne nach – da muss er schon als Jugendlicher dort angefangen haben. Er ist ein echter Arbeiter. Ich stelle ihn mir im Overall in einer Staubwolke vor und finde die Vorstellung geil. Später zeigt er mir Fotos von sich bei der Arbeit. Kein Durcheinander, keine Geröllberge, alles relativ aufgeräumt. Mit Vorurteilen sollte man aufpassen.

Er führt mich in ein griechisches Restaurant, das Freunden von ihm gehört. Er geht dort schon immer hin. Mit dem dickbäuchigen Besitzer Anastasios war er schon oft im Urlaub in Spanien und dort widmeten sie sich gemeinsam dem Frauenfang.

Ich erfahre in den nächsten Stunden viel über die sexuellen Probleme seiner Arbeitskollegen, Tonio erklärt mir bis ins letzte Detail den Unterschied zwischen türkischen, russischen und deutschen Frauen. Irgendwann wünsche ich mir, dass er einfach nichts mehr sagt.

Zwischendrin stellt er die obligatorische Frage, will wissen, ob ich eine Beziehung habe. Ich ignoriere alle Ratschläge meiner Freunde und erzähle ihm von meinem 5L-Projekt. Nebenbei lasse ich die Information fallen, dass ich kein Höschen anhabe. Er findet meine Einstellung super. Vor allem meine Einstellung bezüglich des Tragens von Unterwäsche. „Wohin soll ich dich bringen?", erkundigt er sich höflich nach dem Abendessen. Und ebenso höflich antworte ich: „Zu dir."

Als wir endlich auf seiner Ledercouch sitzen, küsst er mich weich auf den Mund. Öffnet meine Lippen mit seiner leicht nach mildem Sherry schmeckenden Zunge. Schiebt sie zwischen meine Zähne. Schiebt sie immer tiefer rein. Fährt mit ihr über meinen Zungenrand. Tastet die Oberfläche meiner Zunge ab. Steht auf und verschwindet ins Bad. Und da passiert etwas, was ich vorher noch nie erlebt habe: Mutterseelenallein auf der fremden Couch packt mich ein heftiger Orgasmus. Ich spüre ein tiefes Ziehen in der Mitte meiner Vagina, geradeaus nach oben zum Bauchnabel. Mein Unterleib beginnt ein merkwürdiges Eigenleben zu führen. Er zuckt. Immer wieder ziehen sich meine Beckenbodenmuskeln zusammen. Mein ganzer Körper zuckt, wie von Stromstößen durchzogen ...

Als er aus dem Bad kommt und sein Handtuch fallen lässt, erschrecke ich. Sein bestes Stück ist kleiner als alles, was ich bisher gesehen habe. Vielleicht zehn, zwölf Zentimeter? Fieberhaft denke ich nach, wie ich aus dieser Nummer wieder rauskomme. Könnte ich vielleicht irgendeinen wichtigen Termin aus dem Hut zaubern? Um ein Uhr nachts? Ein kleiner Penis ist einfach nichts für mich. Da habe ich Ansprüche entwickelt. Aber er lässt mir keine Zeit zum Nachdenken. Er umarmt mich mit einem tiefen Stöhnen. Wirft mich mit dem Rücken auf die bunten Kissen. „Ich genieße dich so", raunt er. Kaum ist er über und in mir, werde ich eines Besseren belehrt. Klein kann sich ganz schön groß anfühlen. Ich rätsele, wie diese zwölf Zentimeter einen solch heftigen Fick bewerkstelligen. Klein und hart wie Stein, ist das die Geheimlosung? Die Nacht ist endlos, er hat eine Energie, die alle fehlenden Zentimeter mehr als wettmacht.

Als ich am nächsten Tag Viola von der vergangenen Nacht erzähle, fordert sie mich auf, mein Erlebnis in meinem Lieblingsportal zu schildern. „Damit machst du allen Männern Mut, die einen kleinen Schwanz haben." Viola ist ein echtes Herzchen. Gregor hätte seine Freude an ihrer sozialen Ader.

Der Tag, an dem ich plötzlich gesund war

Im hinteren Raum meines Büros stehen drei Schreibtische, die früher den Mitarbeiterinnen meiner Künstleragentur gehörten. Die sind schon lange weg, die verlassenen Schreibtische erinnern an bessere Zeiten. Meine persönliche Lebenskrise, ergänzt durch die zeitgleich ausgebrochene Wirtschaftskrise, hat dafür gesorgt, dass meine Künstleragentur in einen langen Tiefschlaf gefallen ist. Den Raum habe ich in den letzten Jahren kaum betreten. Wenn ich nach Tag null überhaupt im Büro war, dann nur im vorderen Zimmer, dem Chefinnen-Zimmer. Eine tolle Chefin war das, die da meist unmotiviert vor dem PC herumsaß, kaum zu klaren Gedanken fähig. Was zieht mich heute ins hintere Zimmer, an den Platz meiner früheren Assistentin?

Ich setze mich auf den bequemen Stuhl und fahre den Rechner hoch. Auf Tastatur und Rechner liegen Staub, der Bildschirm ist fast blind. Ich springe auf und hole Eimer und Lappen, Glasreiniger und Küchenpapier und beginne wie ein aufgescheuchter Fasan zu putzen. Ich krabbele unter den Tisch, wo Nester von Staubwölkchen zwischen meterlangen ineinander verhedderten Kabeln liegen. Ich rücke den Beistelltisch zur Seite, stelle den Drucker an einen anderen Platz, räume Papiere auf, tröpfele noch ein paar Lavendeltropfen ins Putzwasser. Ich liebe diesen Geruch, so riecht Sauberkeit. Nach der Putzorgie öffne ich meine Datenbank im Computer und gehe ein paar Kundendaten durch. Wie merkwürdig, ich sehe bei allen als letzten Eintrag das Jahr meiner Trennung. Ich fühle mich, als sei ich auf einer Zeitreise gewesen. Ich war ganz weit weg. Habe Galaxien durchquert und ferne Sonnensysteme besucht. Und jetzt bin ich wieder zu Hause. Wie ein warmer Frühlingssonnenstrahl durchfährt mich die Gewissheit: Ich bin wieder gesund. Ganz und gar und 100 Prozent gesund.

Jede Zelle meines Körpers vibriert von ihm – dem Neuen. Das ist eine Art Naturereignis, chemische Verbindungen unbekannter Art. Wir sind beide körperlich komplett aufeinander abgefahren. Diesmal geht's tatsächlich nur um Sex. Aber der hat's in sich. Ich nenne ihn heimlich „Sexmachine". Ich fühle mich wie auf einem Drogentrip, als würde ich schweben. Ich grinse so breit, dass Menschen auf der Straße mich anstarren. Da meldet sich laut und unüberhörbar die Stimme der Vernunft: „Achtung, Annette! Gefahr in Verzug. Sexmachine droht deine zarte Balance zu stören. Du brauchst unbedingt einen Gegenpol!"

Zum Glück habe ich diesen Fall von Anfang an berücksichtigt. Aber wo nehme ich so schnell einen passenden Gegenpol her? Welchen Mann kann ich in mein Team aufnehmen, der so gewichtig ist, dass mein Gleichgewicht erhalten bleibt? So schnell und so effektiv? Nur ein Mann hat das Zeug dazu, diesem neuen Lover ernsthaft etwas entgegenzusetzen: Tekim!

Und da ich jetzt drei Neue habe, Spanier Tonio, Coach Thomas und Handlungsreisender Giovanni, und einen alten, den guten Kevin, ist seine Rolle klar definiert: Er ist die Nummer 5.

Seit ich die Beziehung zu ihm beendet habe, haben wir uns ein paarmal im Vorbeilaufen gesehen, uns kurz zugenickt.

Zweimal haben wir uns Mails geschrieben, einmal kurz Kaffee getrunken. Er ist in eine angenehme Distanz gerückt. Ich habe gelernt, ihn in Abwesenheit zu lieben. Ihn einfach sein zu lassen.

Kaum habe ich den Gedanken zu Ende gedacht, klingelt es an der Türe. Ich öffne und sehe Tekim, der mit einer Orchidee vor mir steht. Ich bitte ihn in mein Büro und da sitzt er auf meinem roten Plüschsofa, als sei nichts gewesen. Ich fliege noch auf der Hormonwolke von der letzten Nacht und stachele ihn ein bisschen an: „Ist es nicht ein Jammer, wir sind zwei Menschen, die so gerne Sex haben, und dann läuft alles so verkehrt."

Er öffnet leicht den Mund, will etwas sagen, aber ich lasse ihn nicht. „Aber das ist dein Fehler: Wenn du ein Käsebrötchen isst, denkst du dabei an ein Stück Kuchen, beim Kuchen denkst du an Bockwurst und saure Gurken, aber du denkst nie an das, was du gerade wirklich vor dir hast!" Kann er diesen Bildern folgen? „Du futterst und futterst und wirst nicht satt. Du kriegst noch nicht mal ein Zipfelchen vom Geschmack mit. Das ist Perlen vor die Säue werfen."

Ich denke an Sexmachine, der gestern Nacht mindestens 100 Mal geseufzt hat: „Ich genieße dich!"

Tekim guckt vorwurfsvoll: „Und unser Versprechen?" Andere versprechen sich lebenslange Treue. Wir hatten uns das Gegenteil versprochen: lebenslangen Sex, egal, was sonst noch in unserem Leben passieren sollte. Er bemüht sich um einen entschiedenen Tonfall, aber es klingt traurig. Er umarmt mich, es fühlt sich warm, kräftig und vertraut an. Dann holt er seinen Schwanz raus: „Guck mal!", strahlt er. „Ein Stück von mir, hast du das nicht vermisst?"

Ich bin fast ein bisschen gerührt.

„Lass mal", sage ich beschwichtigend.

Er versteht nicht, warum ich nicht sofort auf sein Angebot eingehe.

„Ich möchte, dass du ihn mir bläst!", erklärt er überflüssigerweise.

Das hat einmal funktioniert. Aber jetzt funktioniert es nicht mehr. „Wir können wieder anfangen, aber die Spielregeln müssen klar sein", erkläre ich. Doch er hört mir nicht mehr zu.

„Ich will keine Spielregeln", murmelt er.

Am Glänzen seiner Augen erkenne ich, dass er nur noch das Eine will. Er versucht es sich mit sanfter Gewalt zu holen, ich schubse ihn weg. Er hält mich am Arm fest, wir rangeln. Ich komme ganz aus der Puste, weil ich heute Nacht nur zwei Stunden geschlafen habe.

„Ich komme heute Nacht zu dir. Um Mitternacht. Mach dich hübsch für mich."

Wie bitte?, denke ich. Aber die Überraschung ist zu groß, um zu reagieren. Ich schaffe es gerade noch, schwach zu protestieren: „So spät?"

Unser Gespräch lässt mich nicht los. Ich weiß nicht, woran es liegt. Um 22 Uhr sitze ich in meiner kleinen Toskana und spüre plötzlich: Da stimmt was nicht mit meinem Gefühl. Nahtlos an die fehlende Wertschätzung anknüpfen? – Das will ich nicht.

Ich schicke ihm eine SMS: „Lieber Tekim, lass uns unser Treffen verschieben. Ich habe heute keine Zeit."

Ich weiß, dass ich ihn wiedersehen werde. Wir werden auch wieder Sex haben. Aber diesmal bin ich diejenige, die die Spielkarten austeilt. Ich bin frei. Ich bin ich!

La Galana Café Rattatatata

Die ersten Gäste trudeln ein. Meine Freundinnen drücken mir duftende Blumensträuße in den Arm und busseln mich ab. Ich stehe wie Alice im Wunderland an der mit rotem Samt im Chesterfield-Stil bezogenen Theke meines Zigarren-Cafés. Alte Radios neben uralten Überseekoffern auf den Schränken tragen die verwischten Spuren der Welt in mein Café. Hier treffen sich Vergangenheit und Zukunft. Meine Vergangenheit und meine Zukunft. Ich erinnere mich an Gregorio Fuentes, den Kapitän Ernest Hemingways, dessen irdische Überreste schon lange zu Staub geworden sind. Der Zigarrenrauch von jenem Milleniumstag ist längst verflogen. Doch der Nachmittag mit ihm ist unvergessen und nun genau zehn Jahre her.

Der Zigarrentag der jungen Geschäftsmänner vor einiger Zeit hatte ungeahnte Folgen. Er rüttelte mich wach. Plötzlich spürte ich das Potenzial, das zwischen meinen Händen schlummerte. Ich wollte Dornröschen endlich wecken. Dornröschen, das war La Galana. Zigarren, handgerollt, meine eigene Marke. Mir wurde bewusst, was dieser Name, den ich seinerzeit rein intuitiv gewählt hatte, wirklich bedeutete. Eine Frau, die das Leben genießt. Eine Frau, die frei ist. Eine emanzipierte und charmante Frau, die ihre Weiblichkeit in vollen Zügen genießt. Ein bisschen wie die Salonnièren der Dreißigerjahre in Berlin und Paris. La Galana, das bin ich. Ich bin auch das wach geküsste Dornröschen. Wach geküsst von fünf Prinzen. Wach geküsst von meiner eigenen Muse. Ich habe eine kleine eigene Welt geschaffen: Zigarrenladen, Manufaktur und Café, eine Insel, ein Stück Kuba mitten in Köln. Endlich bin ich da, wo ich hingehöre: im Mittelpunkt meines eigenen Lebens.

Nie mehr nur einen Mann

Ich treffe Anna, die Bilderbuchmami mit ihrem Bilderbuchkind. Aus dem Baby ist ein Kleinkind geworden, das dem Kinderwagen entwachsen ist und jetzt mit einem Ball durch den Park tollt. „Hallo Annette", ruft Anna schon von Weitem. Wir schlendern eine Weile gemeinsam durchs Grün. „Was ist aus deinem Projekt geworden?", fragt sie. „Bist du zufrieden mit deinem Leben?"

Ich lächle glücklich in mich hinein. „Ich war noch nie in meinem Leben so happy wie jetzt!", antworte ich ohne zu Zögern.

„Hast du immer noch fünf Lover?", will sie wissen.

„Na, die Zahl variiert immer mal ein bisschen", kläre ich sie auf. „Mal mehr, mal weniger, meistens sind es so um die drei."

„Und keinen Herzschmerz mehr?" Sie erinnert sich an meine schlimmen Phasen.

„Nein", erwidere ich gelassen.

„Wie kann man das denn verhindern?", will sie wissen. „Wenn ich daran zurückdenke, wie schlecht es dir damals ging ..."

Ich hole aus: „Liebeskummer ist wie ein Seelenloch. Das, was dir zu einem runden Selbst fehlt, suchst du bei deinem Liebespartner. Dein Gegenüber soll das schwarze Loch in dir füllen. So finden sich lauter Paare von Menschen, die sich gegenseitig ihre schwarzen Löcher füllen. Der Lahme und der Blinde. Das wird uns als die vom Schicksal vorbestimmte zweite Hälfte verkauft. Doch das ist der falsche Weg: Du kannst deine schwarzen Löcher nur selber füllen. Und wenn du das nicht tust, passiert das Unvermeidliche. Du wähnst dich neben deinem Liebsten in der Ganzheit. Und dann plötzlich ist der andere weg. Man reißt dir eine tiefe Wunde ins Herz. Aber es ist keine Wunde. Es ist dein eigenes Vakuum, das da schmerzt. Wahre Liebe baut nicht auf Behinderungen auf. Wir müssen erst das Glück in uns selbst finden."

Anna denkt nach. „Ist deswegen die Angst so groß, den Liebespartner zu verlieren?"

Ich erwidere: „Ja, ich denke schon. Und sei es nur zeitweise in den Armen einer anderen Frau. Wir brauchen den anderen wie einen Gehstock. Ich behaupte: Wahre Liebe verzichtet und lässt los. Jeden Tag, jeden Moment. Und sie findet sich jeden Tag neu. Aus der Fülle, aus der Selbstgenügsamkeit. Und dann entsteht der Wunsch zu teilen, zu schenken, aus dem Überfluss heraus und nicht aus Mangel."

Anna schaut mich erstaunt an. Meine Gedanken leuchten ihr ein.

„Das hättest du dir früher sicher niemals träumen lassen, dass du mal solche verrückte Sachen machst!", sagt sie und versorgt ihren herbeistürmenden Buben mit Eistee.

„Ich erinnere mich an eine Reise nach London mit meinem Vater. Damals war ich gerade 13 Jahre alt geworden. Während die grüne Landschaft an uns vorbeizog, grübelte ich, wer irgendwann mein Mann sein würde. Ich war mir sicher, es gab *den* Mann, den einen Meinen, und ich überlegte, wo dieser Mann jetzt in diesem Moment gerade war. Was er wohl gerade tat. Denn es war klar, dass er mir vorherbestimmt war."

„Wir wurden doch alle so erzogen, oder?", frage ich Anna. Sie spielt mit dem Ehering an ihrer rechten Hand.

„Ja, wir und unsere Mütter und Großmütter und endlos viele Generationen vor uns", sinniert sie.

„Ich habe ein sehr gutes Buch von Daphne Rose Kingma gelesen, es heißt ‚Future of Love'. Die Autorin schreibt darin, dass eine neue Zeit begonnen hat: ‚eine Ära der neuen Beziehungen, in der nichts mehr sein wird, wie es war'. Besonders leuchtete mir folgender Gedanke ein: Unser Liebes- und Lebenspartner muss so viele unserer Wünsche erfüllen, dass wir ihn damit doch komplett überlasten: Er soll uns glücklich machen, hervorragend ficken, der beste Vater für unsere Kinder sein, unsere Sehnsüchte erkennen und erfüllen, das ist eine totale Überforderung, das kann eine einzelne Person gar nicht leisten!"

Anna hört mir aufmerksam zu.

„Das ist einer der Gründe für die Erfindung meines 5L-Projektes. Nach meiner persönlichen Katastrophe tat mir schon im Voraus jeder Mann leid, der irgendwann meinen Weg kreuzen würde. Denn ich hätte dem armen Kerl eine viel zu schwere Last aufgeladen. Tonnenweise Dinge, die er *nicht* hätte sein dürfen. Ich hätte ihm von Anfang an misstraut. Jede minimale Bewegung mit Argusaugen überwacht. Er hätte ein toller Liebhaber sein müssen, gut situiert, großzügig, tolerant, geduldig, liebevoll, verständnisvoll …"

Anna stimmt mir zu: „Erzähl mir von deinen Liebhabern, wer ist das jetzt?"

„Oh, da gibt es so viel zu erzählen. Aber das machen wir mal in Ruhe bei einem Gläschen Wein, Okay?"

Anna füttert ihren kleinen blonden Buben mit Schokoladenkeksen und wischt ihm mit einem Feuchttuch den verschmierten Mund sauber, bevor er wieder losrennt.

„Erzähl mir wenigstens, was aus deinem Mann Number One geworden ist." Sie bleibt stehen.

„Wir sind noch zusammen." Die Geschichte muss präzise erzählt werden. „Er ist frei und ich bin frei. Der Sex spielt keine Rolle mehr. Tekim hatte zeitweise so viele Geliebte, dass mir ganz schwindlig wurde. Was ich schade finde: Er ist gegenüber seinen anderen Frauen noch immer nicht ehrlich. Aber mir wenigstens sagt er endlich die Wahrheit. Es macht mich glücklich, mit einem Mann wirklich alles zu teilen. Ohne gegenseitige Abhängigkeit. Er sagt, ich sei der wichtigste Mensch in seinem Leben. Für mich ist er es auch. Wir lieben uns und lassen uns gleichzeitig los. ‚Egal, was in unserem Leben passiert, wir müssen zusammenbleiben', sagt Tekim immer wieder. Er träumt davon, dass alle seine Frauen bei ihm bleiben und wir alle zusammenleben. Unter einem Dach. Die Kinder auch. Warum nicht? Meine Bedingungen kennt er: Ich muss immer meine Freiheit haben, ich mache, was ich will. Und ich habe auch andere Männer."

Anna setzt sich auf eine Parkbank und reicht mir einen Schokoladenkeks.

„Huch!", schnauft sie. „Das klingt ja fast zu schön, um wahr zu sein."

Ich beiße in den Keks. „Träume sind der erste Schritt zur Realität. Zu den wichtigsten Männern meines Projektes habe ich nach wie vor Kontakt. Birkensohle ist ja komplett in seine Neue verknallt, kam aber trotzdem mal vorbei für ‚eine kleine Monogamiepause zwischendurch', wie ich es nenne. Aber das zählt nicht. Wichtig ist, dass wir uns auf einer kameradschaftlichen Ebene begegnen. Wenn er irgendwann die Beziehung mit seiner neuen Flamme beenden sollte, was ich ihm nicht wünsche, wird er sicherlich wieder bei mir auftauchen. Und Buddha hat sowieso einen ganz besonderen Platz in meinem Herzen und in meinem Leben. Auch er ist inzwischen monogam und bis über beide Ohren verliebt. Nein, er liebt. ‚Ich bin endlich angekommen', sagt er. Und in zwei Monaten fliege ich nach Nordamerika und besuche Winston, meinen Opernsänger. Eines weiß ich inzwischen ganz bestimmt: Mein Herz ist zu groß für die Monogamie."

Wir verabschieden uns mit Küsschen links und rechts. Ich habe heute Abend noch etwas Wichtiges vor: Ich werde zum ersten Mal vor Publikum singen.

Mein neu(nt)es Leben

Das 5L-Projekt eignet sich, um nach einer Trennung den Weg in ein selbstbestimmtes Leben zu finden. Ich habe durch 5L vieles über Männer und Sex gelernt und vor allem über mich selbst.

Zwischenmenschliche Beziehungen sind für mich nun viel leichter und klarer einzuordnen und meine Menschenkenntnis hat sich verbessert. Mein Selbstvertrauen ist von Grund auf erneuert und gefestigt. In Zukunft kann mich kein Mann mehr in den Grundfesten meines Selbstbewusstseins erschüttern.

Ich habe Sex in vielen Varianten kennengelernt und habe aufgehört zu denken, dass der erstbeste Lover, der mich sexuell beeindruckt, der mir vorbestimmte Held ist. Stattdessen verfüge ich über Vergleichsmöglichkeiten. Ich habe erkannt, dass es sexuelle Verbindungen gibt, die nichts mit Liebe zu tun haben, sondern rein hormonell und physisch funktionieren. Mit Schicksal haben solche Begegnungen erst recht nichts zu tun.

Ich wurde mir meiner Macht als Frau bewusst, die ich aber nur im Positiven einsetzen möchte. Männer brauchen den Sex, den wir Frauen ihnen geben. Wir Frauen entscheiden, mit wem wir ins Bett gehen. Viele Männer sind da wesentlich weniger wählerisch, sie stehen schon rein körperlich unter größerem Druck.

5L ist für mich auch ein Sicherheitskonzept gegen Räuber und Betrüger. Seit ich als einzelne ausbeutbare Frau nicht mehr zur Verfügung stehe, sind diese Typen aus meinem Leben verschwunden. Es lohnt sich für sie nicht. Ihre Masche, von Frauen Besitz zu ergreifen, funktioniert bei mir nicht. Da brauchen sie sich keine Mühe geben, tun sie auch nicht, es wäre viel zu anstrengend gegen vier weitere Mitbewerber. 5L ist für mich somit auch ein Qualitätssiegel. Ein Mann, der eine Frau mit vier anderen Männern teilen kann, hat in der Regel Humor und ein gesundes Selbstbewusstsein. Daher ist 5L für mich ein gutes Auswahlverfahren auf der Suche nach geeigneten Liebhabern, Freunden und Partnern zum Teilen von Lebensmomenten.

Es täte vielen Frauen gut, sich einmal im Leben ein 5L-Projekt zu leisten. Erst dann ist eine Frau meiner Meinung nach wirklich bereit für eine monogame Beziehung, falls sie eine solche dann überhaupt noch will.

Zum Weiterlesen

Hauke Brost/Marie Theres Kroetz-Relin, *Wie Frauen ticken. Über 100 Fakten, die aus jedem Mann einen Frauenversteher machen*, Goldmann 2008

Hauke Brost, *Wie Männer ticken. Über 100 Fakten, die aus jeder Frau eine Männerversteherin machen*, Goldmann 2007

Nicola Burfeindt/Jutta Lang, *Lippenbekenntnisse. Frauen sprechen über Sex*, Heyne 2011

Rhonda Byrne, *The Secret – Das Geheimnis*, Audio-CD, Arkana 2007

Ricardo Coler, *Das Paradies ist weiblich. Eine faszinierende Reise ins Matriarchat*, Aufbau 2011

Nigel Davies, *Liebe, Lust und Leidenschaft. Kulturgeschichte der Sexualität*, Rowohl 1990

Dennis DiClaudio, *Der kleine Erotiker, Lexikon der unzüchtigen Vergnügungen*, DVA 2010

Clarissa Pinkola Estés, *Die Wolfsfrau – Die Kraft der weiblichen Urinstinke*, Heyne 1997

Flic Everett, *Die perfekte Sexgöttin*, Südwest 2006

Shahrukh Husain, *Die Göttin. Das Matriarchat, Mythen und Archetypen, Schöpfung, Fruchtbarkeit und Überfluss*, Taschen 2001

Daphne Rose Kingma, *The Future of Love. The Power of the Soul of Intimate Relationships*, Broadway Books 2001

Michael Mary, *Mythos Liebe. Lügen und Wahrheiten über Beziehungen und Partnerschaften*, Bastei Lübbe 2004

Bärbel Mohr, *Bestellungen beim Universum. Ein Handbuch zur Wunscherfüllung*, Omega 2007

Catherine Millet, *Das sexuelle Leben der Catherine M.*, Goldmann 2003

Yang Erche Namu, *Das Land der Töchter. Eine Kindheit bei den Moso, wo die Welt den Frauen gehört*, Ullstein 2005

Meike Rensch-Bergner, *Das Uschi-Prinzip: Von allem nur das Beste. Wie Frauen bekommen, was sie wollen*, Knaur 2004

Oliver Schott, *Lob der offenen Beziehung. Über Liebe, Sex, Vernunft und Glück*, Bertz + Fischer 2010

Anne West, *Handbuch für Sexgöttinnen. 696 Tipps für den besten Sex Ihres Lebens*, Knaur 2007

Ruth Westheimer, *Mythen der Liebe*, Collection Rolf Heyne 2010

Ruth Westheimer, *10 Geheimnisse für richtig guten Sex. Wie Sie jedes Mal genießen*, Campus 2009

Es wurde versucht, alles Quellen ordnungsgemäß zu benennen. Sollten sich Rechtsinhaber ungenannt wiederfinden, können sie sich gerne an den Verlag wenden.